Schlaglöcher des Baurechts

Andreas Neumann

Schlaglöcher des Baurechts

Baurecht, Bauträgerrecht und Immobilienrecht

PETER LANG

Bibliografische Information der Deutschen Nationalbibliothek
Die Deutsche Nationalbibliothek verzeichnet diese Publikation in der Deutschen Nationalbibliografie; detaillierte bibliografische Daten sind im Internet über http://dnb.d-nb.de abrufbar.

ISBN 978-3-631-86843-0 (Print)
E-ISBN 978-3-631-87062-4 (E-PDF)
E-ISBN 978-3-631-87063-1 (EPUB)
DOI 10.3726/b19307

Peter Lang – Berlin · Bern · Bruxelles · New York · Oxford · Warszawa · Wien

Diese Publikation wurde begutachtet.

www.peterlang.com

Inhaltsverzeichnis

Vorwort und Einführung

Das deutsche Baurecht ist eine Querschnittsmaterie wie etwa das Medizinrecht. Das Zivilrecht – insbesondere die drei ersten Bücher des Bürgerlichen Gesetzbuches und die VOB/B – spielt dabei ebenso eine zentrale Rolle wie das Verwaltungsrecht, Prozessrecht, Arbeitsrecht und Strafrecht.

Neben Rechtsnormen sind bei der Befassung mit baurechtlichen Themen auch die jeweils einschlägigen technischen Normierungen zu beachten, die von den anerkannten Regeln der Technik teils übertroffen werden. Die anerkannten Regeln der Technik eilen den vielen bekannten technischen Regelwerken, etwa den DIN-Normen, voraus. Konflikte am Bau sind in aller Regel unwirtschaftlich und daher schnellstmöglich zu schlichten, wenn sie nicht besser noch durch geeignete vertragliche Regelungen vermieden werden können. Wenn auch nur eine Idee in diesem Buch zu einem solchen Gewinn der Leserin oder dem Leser führt, ist das Hauptziel erreicht. Wenn darüber hinaus grundsätzliche Veränderungen mit angeregt werden sollten, wie etwa bei meiner Belohnungsformel für mehr Ehrlichkeit und Kooperation am Bau und damit eine bessere Fehlerkultur, dann ist das umso besser.

Seit sieben Jahren schreibe ich hin und wieder auf mehreren ausgewählten Internet-Portalen Fach-Artikel zu zentralen Themen aus dem zivilen und öffentlichen Baurecht und Immobilienrecht. Diese von mir sogenannten Schlaglöcher entstehen unmittelbar inspiriert durch meine praktischen Erfahrungen als Rechtsanwalt mit den Schwerpunkten Baurecht und Immobilienrecht in Münster in Westfalen. Wenn ich eine Idee habe, halte ich sie schriftlich fest, denke sie durch und arbeite sie zu einem solchen Artikel aus. Wegen des Wandels der Rechtslage konzentriere ich mich dabei auf Aspekte von bleibender Bedeutung. Meine Artikel sind zwar lediglich Entwürfe und Skizzen, sollen aber nicht mit Kirchmanns „Federstrich des Gesetzgebers" an Relevanz verlieren.

Motiviert wurde ich dabei von vielen Menschen, die mit mir über meine Artikel diskutierten, in den sozialen Medien mit meinen entsprechenden Postings interagierten oder diese sogar teilten. Hervorheben möchte ich dabei Herrn Dipl.-Ing. Volker Bechinger, der mich 2017 kurz nach Gründung meiner ersten Rechtsanwaltskanzlei in Münster für die lockere Mitarbeit an der reichhaltigen Internetseite bauprofessor.de gewann. Mancher beim Bauprofessor erschienener Artikel ist von Herrn Bechinger beeinflusst und durch seine redaktionellen Hinweise verbessert worden. Dafür danke ich ihm ebenso herzlich wie für die freundliche Genehmigung, auch die beim Bauprofessor bereits erschienenen Artikel in diesem Buch drucken zu dürfen. Sehr herzlich danke ich meiner lieben Frau, der Heilpraktikerin Dipl. oec. troph. Susanne Neumann, mit der ich viele der hier gedruckten Artikel bei erstmaliger Veröffentlichung im Internet diskutiert habe. Ihre psychologische Perspektive führte zu erheblichen Konkretisierungen und Präzisierungen.

Gewidmet ist das Buch meiner Familie, die mir die Selbständigkeit und damit die meisten meiner „Schlaglöcher des Baurechts" erst ermöglicht hat.

Zitiervorschlag: Neumann, Schlagloch Nr. …

1. Die Belohnungsformel im Bauvertrag – Beitrag zur Fehlerkultur

Verträge sollen wie Gesetze das Verhalten der Beteiligten steuern. Während gesetzliche Regelungen für alle gelten, können sich Vertragspartner kraft ihres Rechts auf Selbstbestimmung – der im Grundgesetz verankerten Privatautonomie – verbindliche Regelungen untereinander schaffen, soweit keine zwingenden Rechte und Rechte Dritter beeinträchtigt werden.

Bislang liegt der Schwerpunkt bei der Vertragsgestaltung aber immer noch auf der Vereinbarung von gegenseitigen Pflichten und sogar Strafen. Die Pflichten des einen sind die Rechte des anderen. Die Vertragsstrafe ist aber alles andere als eine gute Idee, vielmehr Konfliktfaktor und daher Kostenrisiko beim Bau.

Umgekehrt kann durch die Belohnungsformel ein Anreiz zur Mitwirkung an einer besseren Fehlerkultur auf der Baustelle geschaffen werden. Meine hier beispielhaft vorgeschlagene Belohnungsformel soll zur reibungsloseren Zusammenarbeit beim frühzeitigen Aufdecken und Mitteilen von Mängeln führen. Sie sollte – idealerweise anstelle der immer noch viel zu häufig genutzten Vertragsstrafe – künftig Bestandteil eines jeden Bauvertrags sein.

Bauhandwerkerinnen und Bauhandwerker haben mitunter nachvollziehbare Hemmungen, eigene Fehler zu melden. Schadensmeldungen bei der eigenen Versicherung führen zu Beitragserhöhungen. Und das Einräumen eines Fehlers wird von der Versicherung sogar als Obliegenheitsverletzung geahndet, so dass die Deckung schon aus diesem Grunde versagt werden kann. Die Versicherung will regelmäßig selbst prüfen, ob wirklich ein Fehler des Versicherungsnehmers vorliegt oder nicht doch ein Vorgewerk oder eine mangelhafte Planung oder Bauleitung dafür haftbar gemacht werden kann.

Die Belohnungsformel muss Rücksicht auf die Kardinalpflichten des Bauvertrags zur Herstellung eines mängelfreien Werks und zur Prüfung von Vorleistungen nehmen und darf auch die Rechte der Versicherungen aus dem jeweiligen Vertragsverhältnis nicht beeinträchtigen. Sie setzt aber durch Vorverlagerung und Erweiterung der Chance zur zweiten Andienung einen deutlichen Anreiz, eigene Fehler sofort offenzulegen und bei der Bereinigung von fremden Fehlern unkompliziert mitzuhelfen.

Sie kann bei der Einzelgewerkvergabe und in angepasster Form auch im Nachunternehmervertrag etwa wie folgt formuliert werden:

1. Der Auftraggeber unterstützt den Auftragnehmer bei der Bereinigung seiner eigenen unvorsätzlichen Fehler, wenn der Auftragnehmer sie spätestens 48 Stunden nach dem Auftreten in geeigneter Weise umfassend, transparent und ehrlich offenlegt.
2. Entstehender Mehraufwand wird bei rechtzeitiger und hinreichender Fehler-Mitteilung im Sinne von Absatz 1 zwischen Auftraggeber und Auftragnehmer hälftig geteilt. Die Vertragspartner bemühen sich gemeinsam um dessen Minimierung.
3. Der Auftraggeber (alternativ aber auch möglich: der Auftragnehmer) übernimmt bezüglich des entstehenden Mehraufwands das Vorleistungsrisiko und die Dokumentation.
4. Ist die Verantwortung für den Fehler nicht eindeutig, so wird der Auftragnehmer von der Haftung ganz frei, wenn er im Rahmen seiner Möglichkeiten unverzüglich bei der Fehler-Bereinigung mitwirkt.

Der Fehlerbegriff reicht weiter als der Rechtsbegriff des Mangels.

Bewusst wird dabei auch von Mehraufwand statt von Mehrkosten gesprochen, zumal auch Beschleunigungsmaßnahmen oder Umplanungen und Änderungen des Bauablaufs umfasst werden sollen. Auszugehen ist dabei vom ehrlichen Handwerker, so dass ein ausdrücklicher Verweis auf die zwingende Vorsatzhaftung nach § 276 Abs. 3 BGB eigentlich nicht erforderlich sein sollte. Dass eine Haftungserleichterung bei Vorsatz nicht greift, wird aber im Hinblick auf eine mögliche AGB-Kontrolle ergänzt.

Da die Bewertung zusätzlicher Maßnahmen ebenfalls ein Konfliktherd sein kann und die sehr umstrittenen Fragen von Nachträgen am Bau aufwirft, sollte zur Vermeidung weiterer Verzögerungen das Vorleistungsrisiko klar zugewiesen sein. Wer in Vorleistung geht, wird dies regelmäßig schon zum Selbstschutz dokumentieren. Meine Belohnungsformel kann somit künftig ein Beitrag zur Verbesserung der Fehlerkultur durch mehr Ehrlichkeit und mehr Kooperation auf Baustellen werden.

2. Anerkannte Regeln der Technik

Die Bauleistung muss bei Abnahme den anerkannten Regeln der Technik entsprechen. Dies gilt auch ohne Einbeziehung der VOB/B für sämtliche Bauverträge.

Die Nichteinhaltung der anerkannten Regeln der Technik ist mithin auch nach dem Werkvertragsrecht des BGB ohne abweichende Vereinbarung ein Mangel. Die anerkannten Regeln der Technik (Baukunst bzw. Bautechnik) sind als Mindeststandard geschuldet. Es kann ein höherer Standard vereinbart sein.

Die anerkannten Regeln der Technik stellen die Summe der im Bauwesen anerkannten, wissenschaftlichen, technischen und handwerklichen Erfahrungen dar, die bekannt und als richtig und notwendig anerkannt sind. Dies setzt also die Anerkennung in der Wissenschaft als erkenntnisgemäß einerseits, die Bekanntheit und Anerkennung als richtig in der Praxis andererseits voraus.

Die anerkannten Regeln der Technik verändern sich mit dem technischen Fortschritt gleitend. Die an der Bauausführung Beteiligten müssen sich hieran orientieren und auf dem Laufenden bleiben, so das Oberlandesgericht Dresden im Urteil vom 24.09.2009 – Aktenzeichen 9 U 1430/08. DIN-Normierungen hingegen werden nur zu bestimmten Zeitpunkten unter Berücksichtigung des Stands der Technik fortgeschrieben. DIN-Normierungen können daher hinter den anerkannten Regeln der Technik zurückbleiben.

Eine DIN-Normierung gilt dann nicht mehr als anerkannte Regel der Technik, wenn sie nicht mehr den Erkenntnissen von Theorie und Baupraxis entspricht. Dies ist selbst dann der Fall, wenn sie zu den eingeführten Technischen Baubestimmungen zählt. Es wird jedoch vermutet, dass DIN-Normierungen die anerkannten Regeln der Technik wiedergeben, so das Urteil des Oberlandesgerichts Hamm vom 13.04.1994 – Aktenzeichen 12 U 171/93. Derjenige, der geltend macht, dass eine DIN-Normierung im Einzelfall hinter den anerkannten Regeln der Technik zurückbleibt, ist dafür beweispflichtig, Urteil des Oberlandesgerichts München vom 08.11.1991 – Aktenzeichen 23 U 6990/90.

Damit hat der Bauherr eine Verletzung der anerkannten Regeln der Technik zu beweisen, wenn der Unternehmer sich an die DIN-Normierungen gehalten hat. Umgekehrt muss der Unternehmer bei Verletzung einer DIN-Normierung beweisen, dass im Einzelfall die anerkannten Regeln der Technik dennoch eingehalten worden sind.

Dem Architekten kann der Vorwurf eines Überwachungsfehlers gemacht werden, wenn er Überwachung schuldete und der Standard nicht eingehalten ist, Oberlandesgericht Hamm, Urteil vom 09.01.2003 – Aktenzeichen 17 U 91/01. Maßgeblicher Zeitpunkt ist – sofern nichts anderes vereinbart ist – die Abnahme der Bauleistung, vergleiche auch das Urteil des Bundesgerichtshofs vom 14.11.2017 – Aktenzeichen VII ZR 65/14.

3. Was sind DIN-Normen?

DIN-Normen – besser und präziser eigentlich Normierungen, weil es sich nicht um Rechtsnormen handelt – sind private technische Regelwerke mit Empfehlungscharakter. Sie werden von speziell einberufenen Normierungs-Ausschüssen erstellt und vom Beuth-Verlag, einem Tochterunternehmen des Deutschen Instituts für Normung e.V., herausgegeben.

Da sie nicht nur im Bau- und Immobilienbereich sondern für den Zugang zum Recht im allgemeinen oft entscheidungserheblich sind, werden Bezahlschranken mitunter für einen Verstoß gegen das Rechtsstaatsprinzip gehalten – hierzu Urteil des Europäischen Gerichts vom 14. Juli 2021 in der Sache T-185/19 sowie Neumann/Neumann, Kostenpflichtige Bereitstellung harmonisierter Normen, in Vorbereitung für 2022. DIN-Normen können hinter den anerkannten Regeln der Technik zurückbleiben. Letztere verändern sich fortlaufend mit dem technischen Fortschritt. DIN-Normen hingegen werden nur zu bestimmten Zeitpunkten unter Berücksichtigung des Stands der Technik fortgeschrieben.

Eine DIN-Norm gilt dann nicht mehr als anerkannte Regel der Technik, wenn sie nicht mehr den Erkenntnissen von Theorie und Baupraxis entspricht. Dies ist selbst dann der Fall, wenn sie zu den eingeführten Technischen Baubestimmungen zählt. Es wird jedoch vermutet, dass DIN-Normen die anerkannten Regeln der Technik wiedergeben, so das Urteil des Oberlandesgerichts Hamm vom 13.04.1994 – Aktenzeichen 12 U 171/93. Derjenige, der geltend macht, dass eine DIN-Norm im Einzelfall hinter den anerkannten Regeln der Technik zurückbleibt, ist dafür beweispflichtig, so dass Oberlandesgericht München im Urteil vom 08.11.1991 – Aktenzeichen 23 U 6990/90. Damit hat der Bauherr eine Verletzung der anerkannten Regeln der Technik zu beweisen, wenn der Unternehmer sich an die DIN-Normen gehalten hat. Umgekehrt muss der Unternehmer bei Verletzung einer DIN-Norm beweisen, dass im Einzelfall die anerkannten Regeln der Technik dennoch eingehalten worden sind.

Die VOB/C enthält die allgemeine DIN 18299 für alle Gewerke und weitere DIN-Normen zwischen DIN 18300 und DIN 18459 als die Allgemeinen Technischen Vertragsbedingungen für Bauleistungen. Diese sind gem. § 1 Abs. 1 S. 2 VOB/B automatisch Vertragsbestandteil, wenn die VOB/B einbezogen ist und keine anderen Standards vereinbart sind.

Auf europäischer Ebene werden entsprechende Europäische Normen (EN-Normen) durch europäische Normungsorganisationen wie CEN, CENELEC und ETSI erstellt. Diese europäischen Normen haben gegenüber DIN-Normen Vorrang.

Eine Unterform der Europäischen Normierungen sind die Eurocodes für die Bemessung im Bauwesen. Darüber hinaus existieren internationale Normen der Internationalen Organisation für Normung (ISO).

„DIN EN ISO x“ bezeichnet die deutsche Fassung einer Europäischen Normierung, die mit einer internationalen Norm identisch ist.

4. Abschlagszahlungen beim Bauvertrag

Bislang wurde die Höhe der geltend zu machenden Abschlagszahlungen danach bemessen, welcher Wertzuwachs auf Seiten des Bestellers durch die jeweils erfolgten Leistungen eingetreten ist. Nach neuem Recht kommt es auf den – kompliziert zu ermittelnden und nicht selten streitigen – Wertzuwachs nicht mehr an. Vielmehr ist ein Anspruch auf Abschlagszahlung in Höhe des Wertes der erbrachten und geschuldeten Leistung vorgesehen.

Maßgeblich sind also nunmehr die vereinbarte Vergütung und die erbrachten Mengen, die übersichtlich aufgestellt und dadurch nachgewiesen werden müssen. Die Abschlagszahlung wird anhand der Vertragspreise und der erbrachten Mengen ermittelt. Dies ist für den Unternehmer leichter als die Ermittlung eines etwa eingetretenen Wertzuwachses auf Seiten des Bestellers. Dadurch wird die zeitnahe Liquidität bei den Unternehmern erhöht, deren Vorleistungsrisiko effektiv abgemildert.

Nach früherem Recht konnte der Besteller Abschlagszahlungen bei Vorliegen von wesentlichen Mängeln der Bauleistung komplett verweigern. Bei unwesentlichen Mängeln musste zwar ein Abschlag gezahlt werden. Dabei bestand jedoch ein Leistungsverweigerungsrecht in Höhe des Doppelten der Mängelbeseitigungskosten (sogenannter Druckzuschlag). Der Besteller muss künftig auch bei Vorliegen wesentlicher Mängel den Abschlag zahlen. Es ist insofern unerheblich, ob ein wesentlicher oder unwesentlicher Mangel vorliegt. Der Besteller muss in Höhe der erbrachten Leistungen trotz jedweder Mängel einen Abschlag zahlen. Er kann allerdings nach wie vor in der Regel das Doppelte der Mängelbeseitigungskosten zurückhalten.

Die Abschlagszahlungen können zwar auch anderweitig vereinbart werden, dürfen in Allgemeinen Geschäftsbedingungen aber die eben genannten Grundsätze der Höhe nach nicht „wesentlich“ übersteigen. Der Gesetzgeber hat im AGB-Recht weitere Klauselverbote ohne Wertungsmöglichkeit aufgenommen, darunter den neuen § 309 Nr. 15 Buchstabe a BGB. Danach ist eine AGB unwirksam, in der ein Abschlag vereinbart wird, der den eigentlich nach § 632a BGB möglichen Abschlag „wesentlich“ – das sind nach den aktuellen Kommentaren 20 % – übersteigt.

In der Gesetzesbegründung heißt es hierzu:

> *„Die Regelung des § 632a dient dazu, die Vorleistungspflicht des Unternehmers abzumildern, indem ihm die Möglichkeit eröffnet wird, Abschlagszahlungen vom Besteller zu verlangen. Gleichzeitig soll mit der Begrenzung der Höhe der jeweiligen Abschlagszahlung der Besteller vor versteckten Vorauszahlungen geschützt werden."*

Hintergrund ist die zentrale Bedeutung der Abnahme mit all ihren Wirkungen. Erst zu diesem Zeitpunkt sei der Unternehmer verpflichtet, ein mangelfreies Werk zu übergeben. Es unterliege grundsätzlich seiner Disposition, wann er während der Herstellungsphase entstandene Mängel beseitige.

Daher ist die komplette Verweigerung einer Abschlagszahlung unter Verweis auf angebliche wesentliche Mängel nunmehr nicht mehr möglich. Im Gegenteil dürfte eine solche Verweigerung bei langfristigen Verträgen einen wichtigen Grund zur Kündigung bilden.

5. Festpreisvertrag

Man unterscheidet im Baurecht bzw. Bauvertragsrecht zwischen dem Einheitspreisvertrag, dem Pauschalpreisvertrag und dem Stundenlohnvertrag. Was die Vertragspartner mit dem Begriff „Festpreisvertrag" eigentlich vereinbaren wollten, ist daher im Einzelfall durch Auslegung zu ermitteln. Einheitspreise, Pauschalpreise und Stundenlohnsätze stellen allesamt Festpreise dar. Es empfehlen sich daher präzisere Formulierungen in der Vertragsgestaltung. Oft ist mit dem Begriff „Festpreis" gemeint, dass der Preis (Einheitspreis, Pauschalpreis oder Höhe des Stundenlohns) unverändert bleiben und Preisanpassungsklauseln wie Materialgleitklauseln oder Lohngleitklauseln unberücksichtigt bleiben sollen.

Nachtragsansprüche sind damit regelmäßig nicht ausgeschlossen. Ein Ausschluss berechtigter Nachtragsforderungen im Wege von Allgemeinen Geschäftsbedingungen kann den Auftragnehmer unangemessen benachteiligen und daher unwirksam sein, vergleiche den Beschluss des Bundesgerichtshofs vom 05.06.1997 – Aktenzeichen VII ZR 54/96. Auch ein Ausschluss der Anpassung der Vergütung aufgrund einer Störung der Geschäftsgrundlage mit einer Klausel wie

> *„Die dem Angebot des Auftragnehmers zugrunde liegenden Preise sind grundsätzlich Festpreise und bleiben für die gesamte Vertragsdauer verbindlich"*

benachteiligt den Auftragnehmer im Rahmen eines Einheitspreisvertrags unangemessen und ist unwirksam, Urteil des Bundesgerichtshofs vom 20.07.2017 – Aktenzeichen VII ZR 259/16.

Mit dem Begriff „Festpreis" ist häufig nichts anderes als ein Pauschalpreis gemeint, mit dem alle Einzelleistungen abgegolten sein sollen, die zur Herstellung einer vertragsgerechten, mängelfreien und ggf. funktionalen Leistung erforderlich sind. Besondere Formen des Pauschalpreisvertrags sind der Garantierte Maximal-Preis-Vertrag und der Schlüsselfertigbau.

Hiervon zu unterscheiden ist die ebenfalls zulässige Vereinbarung eines Richt- oder Circa-Preises, wobei die Überschreitung der Preisangabe bei entsprechendem Mehraufwand zulässig sein kann. Präzision bei der Vertragsgestaltung vermeidet wirksam Konflikte am Bau.

6. Vorbehalt bei Abnahme beim Bauvertrag

Der Auftraggeber muss sich bei der Abnahme seine Rechte bezüglich der erkannten Mängel – auch soweit sie vom Auftragnehmer nicht anerkannt werden – sowie etwa verwirkter Vertragsstrafen ausdrücklich vorbehalten. Ansonsten gehen sie aufgrund der Abnahmewirkungen verlustig.

Vor der Abnahme erklärte Vorbehalte bezüglich von Mängeln müssen ausdrücklich – „deutlich erkennbar" – bei der Abnahme aufrechterhalten werden, Urteil des Bundesgerichtshofs vom 12.06.1975 – Aktenzeichen VII ZR 55/73. Bezüglich Vertragsstrafen sind solche verfrüht erklärten Vorbehalte sogar grundsätzlich wirkungslos, Urteil des Bundesgerichtshofs vom 10.02.1977 – Aktenzeichen VII ZR 17/75. Der zur Durchführung der förmlichen Abnahme bevollmächtigte Vertreter kann den Vorbehalt erklären bzw. entgegennehmen, Urteil des Bundesgerichtshofs vom 25.09.1986 – Aktenzeichen VII ZR 276/84.

Für die Frage der Mangelhaftigkeit kommt es auf den Bauvertrag bzw. Werkvertrag sowie seine Auslegung an, Urteil des Bundesgerichtshofs vom 14.06.2007 – Aktenzeichen VII ZR 45/06. Leistungsverzeichnis und Baubeschreibung sind heranzuziehen. Soweit keine Beschaffenheitsvereinbarung vorliegt, ist auf die nach dem Vertrag vorausgesetzte Beschaffenheit oder – dritte Stufe – die Eignung für die gewöhnliche Verwendung abzustellen.

Nach § 633 Abs. 1 BGB hat der Unternehmer (Handwerker) dem Besteller (Bauherrn) das Werk frei von Sach- und Rechtsmängeln zu verschaffen. Hierfür muss das Werk an erster Stelle die vereinbarte Beschaffenheit aufweisen. Maßgeblich hierfür ist in erster Linie der Bauvertrag bzw. dessen Auslegung, so der Bundesgerichtshof im Urteil vom 14.06.2007 – Aktenzeichen VII ZR 45/06.

Leistungsverzeichnis und Baubeschreibung sind heranzuziehen. Soweit keine Beschaffenheitsvereinbarung (erste Stufe) vorliegt, ist auf die nach dem Vertrag vorausgesetzte Eignung (zweite Stufe) abzustellen. Kann diese nicht ermittelt werden, so ist die Eignung für die gewöhnliche Verwendung (dritte Stufe) maßgeblich.

Der Bundesgerichtshof folgt dem funktionalen Mangelbegriff. Danach soll das Werk funktionsfähig sein. Maßgeblich ist, welche Maßnahmen tatsächlich erforderlich sind, um die vereinbarte Funktionstauglichkeit herzustellen, Urteil des Bundesgerichtshofs vom 08.11.2007 – Aktenzeichen VII ZR 183/05. Ein Mangel liegt in der Regel auch vor, wenn die Bauleistung nicht den anerkannten Regeln der Technik entspricht. Diese finden sich oft in DIN-Normen, können aber auch, da sie mit der technischen Entwicklung Schritt halten, einen höheren Standard als den in DIN-Normen verkörperten Standard bedeuten.

Der Auftragnehmer haftet dann nicht für den Mangel, wenn die Ursache im Verantwortungsbereich des Auftraggebers oder im Verhalten Dritter liegt. Der Auftragnehmer ist aber gehalten, seine Bedenken dem Auftraggeber mitzuteilen. Ihm obliegt eine Prüfungs- und Hinweispflicht, für deren Erfüllung er die Beweislast trägt. Mit der Abnahme geht die Beweislast für das Vorliegen von Mängeln auf den Besteller über, mit Ausnahme der im Abnahmeprotokoll vorbehaltenen Mängel

Unterlässt der Auftraggeber den Vorbehalt trotz Kenntnis der Mängel, verliert er gem. § 640 Abs. 3 BGB (gilt auch für den VOB-Bauvertrag) bezüglich der Mängel seine Rechte auf Nacherfüllung, Selbstvornahme bzw. Kostenvorschuss und Ersatz der erforderlichen Aufwendungen, Rücktritt und Minderung sowie einen etwa gegebenen Neuherstellungsanspruch. Bezüglich etwaig verwirkter Vertragsstrafen verliert er das Recht auf deren Geltendmachung, wenn die Verpflichtung zu deren Vorbehalt bei Abnahme nicht wirksam abbedungen worden ist.

Die Parteien können vereinbaren, dass der Auftraggeber den Vorbehalt der Vertragsstrafe später geltend machen kann. Eine derartige Regelung ist in allgemeinen Geschäftsbedingungen oder Formularverträgen noch zulässig. Vollständig kann das Erfordernis des Vorbehalts im Hinblick auf § 341 Abs. 3 BGB in AGB jedoch nicht abbedungen werden.

Der späteste Zeitpunkt für die Vorbehaltserklärung ist die Schlusszahlung, wo sich die Frage der Ausschlusswirkung eines unterlassenen Vorbehalts unter besonderen Voraussetzungen und in besonderer Schärfe erneut stellt. Die Ausschlusswirkung gilt auch bei der konkludenten Abnahme und wohl auch für die fiktiven Abnahmeformen, wobei dem Auftraggeber aber eine Prüfungsfrist einzuräumen ist.

Schadensersatzansprüche nach § 634 Nr. 4 BGB bzw. § 13 Abs. 7 VOB/B werden vom Rechtsverlust durch unterlassenen Vorbehalt nicht berührt bzw. von der Ausschlusswirkung nicht erfasst, selbst wenn damit die Mängelbeseitigungskosten geltend gemacht werden.

7. Abnahmeformen

Das Abnahmeverlangen des Auftragnehmers ist regelmäßig bei Abnahmereife gerechtfertigt. Die Abnahme kann dann in unterschiedlichen Formen erfolgen. Bei der Abnahme von Bauleistungen ist unabhängig von der Abnahmeform an den Vorbehalt von Mängelrechten und Vertragsstrafen zu denken. Denn zu den Abnahmewirkungen gehört der Untergang nicht vorbehaltener Rechte trotz Kenntnis.

Man unterscheidet die ausdrückliche und die förmliche Abnahme von der konkludenten Abnahme. Unter bestimmten Umständen kann eine Abnahme bei unberechtigter Abnahmeverweigerung fingiert werden. Das Bauvertragsrecht schreibt hierfür eine bestimmte Vorgehensweise vor und ermöglicht dem Auftragnehmer eine Zustandsfeststellung. Man unterscheidet ferner die Gesamtabnahme von der unter bestimmten Umständen möglichen Teilabnahme.

a) Ausdrückliche Abnahme

Der Auftraggeber erklärt ausdrücklich die Billigung der Werkleistung als vertragsgemäß. Dabei muss nicht unbedingt der Begriff der „Abnahme" benutzt werden. Eine vorzeitige Abnahme ist möglich, aber nicht ratsam.

b) Förmliche Abnahme

Es handelt sich um eine ausdrückliche Abnahme unter Beachtung besonderer Förmlichkeiten. Sie ist dadurch gekennzeichnet, dass über sie ein schriftliches Protokoll, das Abnahmeprotokoll, zu fertigen und zu unterzeichnen ist. Hiervon wird regelmäßig bei Bauträgerverträgen Gebrauch gemacht. Dabei wird meist eine getrennte Abnahme des Sondereigentums und des gemeinschaftlichen Eigentums vorgesehen. Beim VOB-Bauvertrag sieht § 12 Abs. 4 Nr. 1 VOB/B vor, dass eine förmliche Abnahme auf Verlangen einer Vertragspartei stattzufinden hat. Ausnahmsweise lässt § 12 Abs. 4 Nr. 2 VOB/B eine förmliche Abnahme in Abwesenheit des Auftragnehmers zu, wenn ein Abnahmetermin vereinbart und der Auftragnehmer rechtzeitig dazu geladen war. Das Ergebnis der Abnahme ist dem Auftragnehmer unverzüglich mitzuteilen. Ist der Auftraggeber nicht anwesend, kann die Leistung nicht förmlich abgenommen werden. Der Auftraggeber gerät allerdings in Annahmeverzug.

c) Konkludente Abnahme

Bei einer konkludenten Abnahme erklärt der Auftraggeber nur indirekt durch sein Verhalten, dass er die Werkleistung als vertragsgemäß akzeptiert. Beispiele für solch ein schlüssiges Verhalten sind die beanstandungslose Ingebrauchnahme oder die vollständige Zahlung. Voraussetzung ist, dass der Auftraggeber Zeit genug hatte, das Werk zu prüfen und zu bewerten.

d) Fiktive Abnahme

Die Abnahmefiktion tritt ein, nachdem der zur Abnahme verpflichtete Auftraggeber fruchtlos zur Abnahme unter Fristsetzung aufgefordert worden ist. Wesentlich für die fiktive Abnahme ist, dass es auf den Willen des Auftraggebers, die Leistung abzunehmen oder die Abnahme zu verweigern, nicht ankommt.

Das Bauvertragsrecht bzw. allgemeine Werkvertragsrecht regelt die fiktive Abnahme in § 640 Abs. 2 BGB und lässt die Fiktion eintreten, wenn der Auftraggeber die Abnahme nicht innerhalb der gesetzten Frist unter Angabe mindestens eines Mangels verweigert hat. Bei Verbraucherverträgen muss der Verbraucher aber in Textform zusammen mit dem Abnahmeverlangen auf die Folgen einer nicht erklärten oder ohne Angabe von Mängeln verweigerten Abnahme hingewiesen worden sein.

Die fiktive Abnahme ist ferner auch in § 12 Abs. 5 VOB/B geregelt. Eine fiktive Abnahme tritt im VOB-Bauvertrag ein:

- durch Schweigen des Auftraggebers auf eine Fertigstellungsanzeige (auch Zusendung der Schlussrechnung nach Ablauf von 12 Werktagen) des Auftragnehmers oder
- durch Inbenutzungnahme nach § 12 Abs. 5 Nr. 2 VOB/B – nach Ablauf von 6 Werktagen gilt die Leistung als abgenommen.

In Verträgen mit Verbrauchern hält § 12 Abs. 5 VOB/B einer Inhaltskontrolle nicht stand, wenn die VOB/B – was meist der Fall ist – nicht als Ganze einbezogen ist.

e) Zustandsfeststellung

Bei Verweigerung der Abnahme hat der Auftragnehmer nach § 650g BGB die Möglichkeit, mit angemessener Frist eine gemeinsame Zustandsfeststellung zu verlangen. Diese soll mit der Angabe des Tages der Anfertigung versehen und von beiden Vertragsparteien unterzeichnet werden. Bleibt der Auftraggeber dem Termin unentschuldigt fern, so kann der Auftragnehmer die Zustandsfeststellung auch einseitig vornehmen.

Die Zustandsfeststellung ist zwar keine Abnahmeform im engeren Sinne, bringt aber Beweiserleichterungen für den Auftragnehmer mit sich. So wird widerlegbar vermutet, dass ein dort nicht aufgeführter Mangel erst entstanden ist, nachdem das Werk dem Auftraggeber verschafft worden ist.

Die gemeinsame Zustandsfeststellung ist ferner auch in § 4 Abs. 10 VOB/B vorgesehen und ist bei Einbeziehung der VOB/B auf Verlangen durchzuführen.

f) Technische Abnahme

Eine technische Abnahme kann vereinbart werden und beinhaltet die Überprüfung des Vertragsobjekts meist durch einen Sachverständigen auf seine Vertragsmäßigkeit. Abgesehen von möglichen Beweiserleichterungen realisiert eine solche technische Abnahme aber keine Abnahmewirkungen. Auch sie ist daher keine Abnahmeform im engeren Sinne.

g) Teilabnahme

Teilabnahmen in sich geschlossener Leistungen sind möglich und in der VOB/B in § 12 Abs. 2 ausdrücklich vorgesehen. Insbesondere wird in Bauträgerverträgen regelmäßig die getrennte Abnahme von Sondereigentum und gemeinschaftlichem Eigentum bei Wohnanlagen vereinbart, sowie manchmal die getrennte Abnahme der Außenanlagen.

Das Bauvertragsrecht sieht in § 650s BGB die Möglichkeit einer Teilabnahme im Architektenvertrag und Ingenieurvertrag ausdrücklich vor. Danach kann der Unternehmer ab Abnahme der letzten Leistung des (letzten) bauausführenden Unternehmers eine Teilabnahme der von ihm bis zu diesem Zeitpunkt bereits erbrachten Leistungen verlangen.

8. Abnahmewirkungen

Die Abnahme ist die Wasserscheide beim Werkvertrag. Denn der Auftraggeber (Besteller oder Erwerber) entscheidet damit, ob das Vertragsziel erreicht ist. Bei vertragsgemäßer Erstellung des Werkes ohne wesentliche Mängel (Abnahmereife) hat der Auftragnehmer (Bauunternehmer oder Bauträger) ein Recht auf Abnahme. Der Auftraggeber kann die Abnahme verweigern, wenn wesentliche Mängel vorliegen.

Die Abnahme nach § 640 BGB bzw. § 12 VOB/B 2016 ist die körperliche Entgegennahme der vollendeten Leistung verbunden mit der Anerkennung (Billigung) des Werks als eine in der Hauptsache vertragsgemäße Leistungserfüllung. Die Abnahme wirkt vertragsrechtlich wie eine Zäsur. Daher muss sich der Auftraggeber seine Rechte wegen erkannter Mängel und etwa verwirkter Vertragsstrafen bei allen Abnahmeformen ausdrücklich vorbehalten (Vorbehalt bei Abnahme).

Die Bedeutung der Abnahme als der wichtigste Meilenstein im Baugeschehen zeigt sich in ihren zahlreichen Rechtswirkungen, den Abnahmewirkungen. Der Auftragnehmer ist hinsichtlich dieser Wirkungen der Abnahme an einem möglichst frühen einheitlichen Abnahmetermin interessiert.

Im Einzelnen sind dies die folgenden Abnahmewirkungen

– Konkretisierung des Erfüllungsanspruchs

Mit der Abnahme geht der ursprüngliche Anspruch des Bestellers auf das Werk unter und konkretisiert sich auf die Mängelbeseitigung im Rahmen der Nacherfüllung.

– Fälligkeit des Werklohnes

Des Weiteren wird mit der Abnahme die Vergütung fällig, § 641 Abs. 1 BGB. Bei Bauverträgen muss der Auftragnehmer zusätzlich dem Auftraggeber eine prüffähige Schlussrechnung zukommen lassen, § 650g Abs. 4 BGB.

– Gefahrübergang

Bis zur Abnahme sind die Leistungen des Auftragnehmers regelmäßig noch erheblichen Gefahren ausgesetzt. Mitunter wird ein fertiggestelltes Werk vor der Abnahme zerstört. Im Fall einer solchen Zerstörung oder eines Schadens, der von keiner Vertragspartei zu vertreten ist, stellt sich die Frage, wer die

Mängel beseitigen oder die Leistung noch einmal erbringen muss. Wird die Leistung des Auftragnehmers vor der Abnahme zufällig beschädigt oder gar zerstört, so ist er zur Mängelbeseitigung oder zur Neuherstellung des Werkes verpflichtet. Erst mit der Abnahme geht diese Gefahr auf den Auftraggeber über. Für nach der Abnahme auftretende zufällige Beschädigungen des Bauwerkes ist der Auftragnehmer nicht mehr verantwortlich.

- **Beginn der Verjährungsfristen für Mängelansprüche**

Mit der Abnahme beginnt tag-genau die zweijährige oder fünfjährige Verjährungsfrist für Mängelansprüche. Die regelmäßige dreijährige Verjährungsfrist beginnt hingegen erst mit Schluss des Jahres, in dem die Abnahme erfolgt ist.

- **Umkehr der Beweislast**

Vor der Abnahme hat der Auftragnehmer zu beweisen, dass seine Leistung vertragsgemäß und vor allem mängelfrei ist. Nach der Abnahme ist der Auftraggeber verpflichtet, behauptete Mängel darzulegen und zu beweisen. Im Falle einer vorangegangenen technischen Abnahme ändert sich die Beweislast bereits mit dieser.

- **Verjährungsbeginn für den fälligen Werklohn**

Mit der Abnahme beginnt die Verjährung des Werklohnes. Innerhalb von drei Jahren ab dem Schluss des Jahres der Fälligkeit verjähren die Ansprüche des Auftragnehmers.

- **Verzinsung des Werklohnes**

Von der Abnahme des Werkes an ist der noch offene Werklohn des Auftragnehmers zu verzinsen. Bei Entgeltforderungen kommt der Auftraggeber spätestens 30 Tage nach Zugang der Rechnung in Verzug, wobei Verbraucher auf diese Rechtsfolge in der Rechnung besonders hingewiesen werden müssen.

- **Verlust nicht vorbehaltener Mängelansprüche**

Der unterlassene Vorbehalt wegen solcher Mängel, die dem Auftraggeber bei der Abnahme bekannt sind, führt zum Rechtsverlust der eigenen Mängelansprüche wie Nacherfüllung, Selbstvornahme, Kostenvorschuss und Rücktritt. Beim VOB-Vertrag verliert der Auftraggeber gemäß § 12 Abs. 5 Nr. 3 VOB/B bei unterlassenem Vorbehalt auch bei der fiktiven Abnahme sowohl seine Mängelansprüche als auch Ansprüche aus verwirkten Vertragsstrafen. Schadensersatzansprüche bleiben jedoch unberührt.

- **Verlust nicht vorbehaltener Vertragsstrafen**

Vertragsstrafen werden für den Fall vereinbart, dass Vertragstermine überschritten werden. Der Auftraggeber kann eine verwirkte Vertragsstrafe nur dann auch nach der Abnahme geltend machen, wenn er bei der Abnahme einen entsprechenden Vorbehalt erklärt hat.

- **Keine selbstständige Verfolgung von Abschlagszahlungen**

Hat der Auftragnehmer seine Leistungen abnahmereif erbracht, kann er seine Schlussrechnung stellen. Abschlagsforderungen kann der Auftragnehmer nach Abnahme allein als Teil der Schlussrechnung geltend machen, also keine weiteren Abschlagsrechnungen stellen.

- **Rückgabepflicht von Sicherheiten**

Die Stellung und die Rückgabe gestellter Sicherheiten muss zwischen Auftragnehmer und Auftraggeber vereinbart werden. Vertragserfüllungssicherheiten sind regelmäßig im Nachgang zur Abnahme zurückzugeben.

9. Wann wird das Werk abgenommen? Abnahmereife beim Bauvertrag

Die Abnahmereife bezeichnet den Zeitpunkt, zu dem das Werk ohne wesentliche Mängel vertragsgemäß hergestellt ist. Dann besteht eine Pflicht des Bestellers oder Auftraggebers zur Abnahme. Die Abnahmereife ist zu unterscheiden von dem Zeitpunkt der vollständigen Fertigstellung, die auch die Beseitigung unwesentlicher Mängel voraussetzt, siehe Urteil des Oberlandesgerichts Hamm vom 24.09.1993 – Aktenzeichen 12 U 175/92.

In Allgemeinen Geschäftsbedingungen darf der tatsächliche Zeitpunkt der Abnahme nicht unangemessen verzögert werden, da dies zu einer Benachteiligung des Werkunternehmers führt. Bei wesentlichen, insbesondere unbehebbaren Mängeln darf der Besteller die Abnahme verweigern, Urteil des Oberlandesgerichts Hamm vom 16.12.2003 – Aktenzeichen 21 U 102/03.

Ob ein Mangel wesentlich ist, bemisst sich unter Berücksichtigung der Art und des Umfangs des Mangels und seiner konkreten Auswirkungen. Es ist abzuwägen: Ist es dem Besteller unter den jeweiligen Umständen des Einzelfalls zuzumuten, die Leistung als Erfüllung anzunehmen und sich mit den Mängelrechten zu begnügen sowie die weiteren Abnahmewirkungen eintreten zu lassen? Unbedeutende Restarbeiten stehen einer Abnahme nicht entgegen, kleine Mängel berechtigen nicht zur Verweigerung der Abnahme. Seit Inkrafttreten des Gesetzes zur Beschleunigung fälliger Zahlungen mit Wirkung zum 01.05.2000 darf die Abnahme wegen unwesentlicher Mängel nicht mehr verweigert werden, § 640 Abs. 1 S. 2 BGB.

Beim VOB-Vertrag darf die Leistung nach § 12 Abs. 3 VOB/B umgekehrt formuliert keine wesentlichen Mängel aufweisen. Zudem muss sie im Wesentlichen fertiggestellt sein. Im Sinne von § 13 Abs. 7 Nr. 3 VOB/B berechtigen geringfügige Reparatur- oder Restarbeiten den Auftraggeber nicht zur Verweigerung der Abnahme, wenn die Gebrauchsfähigkeit dadurch nicht erheblich beeinträchtigt ist.

10. Als Druckmittel die Abnahme bei Bauverträgen und Werkverträgen verweigern? – Neuregelungen zur Abnahme im neuen Werkvertragsrecht

Bei der Abnahme eines Werks gibt es eine zentrale Neuerung. Ziel des Gesetzgebers war es, die Abnahmefiktion effektiver zu gestalten und die Kooperation unter den Vertragsparteien zu fördern. Die Neuerung ist Bestandteil der Reform des zivilen Bauvertragsrechts, die am 01.01.2018 in Kraft getreten ist. Dadurch sind zahlreiche neue Regelungen zum Bauvertrag ins BGB aufgenommen worden. Nahezu täglich erscheinen derzeit neue Bücher, Kommentare und Aufsätze als Diskussionsbeiträge zum neuen Bauvertragsrecht. Aber nicht nur das Bauvertragsrecht, sondern auch das allgemeine Werkvertragsrecht wurde in zentralen Bereichen reformiert, so die Regelung zur Abnahme.

a) Was ist eine Abnahme?

Die Abnahme nach § 640 BGB ist definiert als die körperliche Entgegennahme der vollendeten Leistung verbunden mit der Anerkennung (Billigung) des Werks als eine in der Hauptsache vertragsgemäße Leistungserfüllung. Der Auftraggeber akzeptiert das übergebene Werk und bestätigt, dass es im Wesentlichen den vertraglich festgelegten Eigenschaften entspricht. Die Abnahme ist damit der wichtigste Meilenstein bei der Umsetzung eines Werkvertrags, klassisch als Dreh- und Angelpunkt bezeichnet oder neuer und meines Erachtens treffender als Wasserscheide.

Denn Auftraggeber (Besteller oder Erwerber) entscheidet mit der Abnahme, ob das Vertragsziel erreicht ist. Wasserscheide bezeichnet in der Geologie den Grenzverlauf zwischen zwei benachbarten Flusssystemen. Sie entspricht der Grenze zwischen den Einzugsgebieten von zwei Flüssen hinsichtlich des abfließenden Regenwassers. Aufgrund der erheblichen Abnahmewirkungen passt dieser Begriff auf die Abnahme besser als die hergebrachte Bezeichnung als „Dreh- und Angelpunkt". Insbesondere scheidet die Abnahme die Phase der Erfüllung (allgemeines Schuldrecht) von der Phase der Nacherfüllung (Gewährleistung des Werkvertragsrechts).

Man unterscheidet die ausdrückliche und die förmliche Abnahme von der konkludenten Abnahme. Unter bestimmten Umständen kann eine Abnahme fingiert werden. Das neue Recht schreibt hierfür eine bestimmte Vorgehensweise vor und ermöglicht dem Auftragnehmer bei Bauverträgen unter bestimmten Umständen eine Zustandsfeststellung.

Die Zustandsfeststellung nach § 650g BGB ist keine Abnahmeform. Sie führt aber zu einer Beweiserleichterung und unter Umständen auch zur Beweislastumkehr zugunsten des Auftragnehmers. Der Auftragnehmer kann eine solche gemeinsame Dokumentation des Zustands des Werks verlangen, wenn die Abnahme unter Angabe zumindest eines Mangels verweigert worden ist. Die Dokumentation soll mit Datum versehen und von beiden Vertragspartnern unterschrieben werden. Wirkt der Auftraggeber daran nicht mit, ohne sich zu entschuldigen, so kann der Auftragnehmer sie auch einseitig durchführen. Dem Auftraggeber ist dann eine Abschrift zur Verfügung zu stellen. Für Mängel, die in der Zustandsfeststellung nicht aufgeführt sind, wird vermutet, dass sie erst nach der Dokumentation entstanden und vom Auftraggeber zu vertreten sind. Dies wiederum kann vom Auftraggeber widerlegt werden, wenn der Mangel nach seiner Art nicht von ihm verursacht worden sein kann, wie etwa Materialfehler oder auch Verstöße gegen die anerkannten Regeln der Technik.

Verlangt der Auftragnehmer unter Setzung einer angemessenen Frist die Abnahme, muss der Auftraggeber künftig aktiv werden, wenn er die Abnahmefiktion verhindern will. Dafür muss er bei Abnahmeverweigerung binnen der Frist auch mindestens einen Mangel benennen bzw. mitteilen, an welcher Stelle das Werk seiner Ansicht nach nicht vertragsgemäß ist. Die Anforderungen an diese Mitteilung dürfen im Hinblick auf die Symptom-Rechtsprechung des Bundesgerichtshofs nicht überspannt werden. Einerseits reicht es künftig also nicht mehr aus, einfach nur die Abnahme zu verweigern. Andererseits genügt zur Verhinderung der Abnahmefiktion grundsätzlich die Angabe jedweden Mangels.

Einer Verbraucherin oder einem Verbraucher gegenüber kann die Abnahmefiktion aber nur eintreten, wenn sie oder er über diese Rechtsfolge bei der Fristsetzung korrekt und verständlich in Textform belehrt worden ist.

b) Abnahmefiktion auch bei wesentlichen Mängeln möglich

Die Abnahmefiktion tritt künftig auch bei Vorliegen wesentlicher Mängel ein, sofern denn das Werk nach den vertraglichen Vereinbarungen der Parteien als „fertig“ anzusehen ist. Dies ist nach der Gesetzesbegründung der Fall, wenn die im Vertrag genannten Leistungen abgearbeitet beziehungsweise erbracht sind – unabhängig davon, ob wesentliche oder unwesentliche Mängel vorliegen oder nicht. Wesentlich ist ein Mangel dann, wenn es dem Auftraggeber nicht zugemutet werden kann, sich mit den Mängelrechten zu begnügen. Ob dies der Fall ist, bemisst sich anhand aller Umstände des Einzelfalls. Der Gesetzgeber will die häufigen Streitigkeiten über die Wesentlichkeit von Mängeln eindämmen.

Diskutiert wird, ob eine erfolgreiche Abnahmeverweigerung auch bei Benennung eines unwesentlichen oder tatsächlich nicht vorhandenen Mangels eintritt. Nach der Gesetzesbegründung kann die Benennung eines nur vorgeschobenen Mangels rechtsmissbräuchlich sein, so dass die Abnahmefiktion dadurch nicht verhindert wird. Ob die Abnahmefiktion wie vom Gesetzgeber beabsichtigt wirklich effektiver wird und die Parteien zu mehr Kooperation anhält, wird die praktische Umsetzung dieser Neuregelung zeigen.

c) Abnahme-Aufforderung

Hierzu empfehle ich das folgende Muster einer Abnahme-Aufforderung zur Herbeiführung der Abnahmefiktion mitsamt der nötigen Verbraucher-Belehrung. Ein Hinweis auf die Zustandsfeststellung ist entbehrlich, da die Zustandsfeststellung gerade nicht Folge des Fristablaufs ist, sondern einer erfolgten Abnahmeverweigerung (anders Palandt/Sprau, § 640 Rn. 17).

„Sehr geehrter (Besteller/in),
am … habe ich Ihnen wie vereinbart das fertiggestellte (Werk) … übergeben.
Ich fordere Sie auf, mir bis zum (angemessene Frist, regelmäßig zwei Wochen) die Abnahme zu erklären, also das Werk als in der Hauptsache vertragsgemäß anzuerkennen. Erklären Sie sich bis dahin nicht zur Abnahme, so gilt das Werk als abgenommen, § 640 Abs. 2 BGB.
Diese Rechtsfolge tritt auch dann ein, wenn Sie die Abnahme binnen der Frist zwar verweigern, aber dabei nicht zumindest auch einen konkreten Mangel bzw. zumindest ein konkretes Mängelsymptom benennen.“

11. Mangel

Nach § 633 Abs. 1 BGB hat der Unternehmer (Handwerker) dem Besteller (Bauherrn) das Werk frei von Sach- und Rechtsmängeln zu verschaffen. Hierfür muss das Werk an erster Stelle die vereinbarte Beschaffenheit aufweisen. Maßgeblich hierfür ist in erster Linie der Bauvertrag bzw. dessen Auslegung, so der Bundesgerichtshof im Urteil vom 14.06.2007 – Aktenzeichen VII ZR 45/06.

Leistungsverzeichnis und Baubeschreibung sind heranzuziehen.

Soweit keine Beschaffenheitsvereinbarung (erste Stufe) vorliegt, ist auf die nach dem Vertrag vorausgesetzte Eignung (zweite Stufe) abzustellen. Kann diese nicht ermittelt werden, so ist die Eignung für die gewöhnliche Verwendung (dritte Stufe) maßgeblich.

Der Bundesgerichtshof folgt dem funktionalen Mangelbegriff. Danach soll das Werk funktionsfähig sein. Maßgeblich ist, welche Maßnahmen tatsächlich erforderlich sind, um die vereinbarte Funktionstauglichkeit herzustellen, Urteil des Bundesgerichtshofs vom 08.11.2007 – Aktenzeichen VII ZR 183/05.

Ein Mangel liegt in der Regel auch vor, wenn die Bauleistung nicht den anerkannten Regeln der Technik entspricht. Diese sind oft in den DIN-Normierungen verkörpert, können aber auch, da sie mit der technischen Entwicklung Schritt halten und die technischen Regelwerke nicht laufend angepasst werden, einen höheren Standard bedeuten. So ist ein höherer Standard auch dann geschuldet, wenn sich dies aus der interessengerechten Auslegung des gesamten Vertragsverhältnisses ergibt.

Der Auftragnehmer haftet dann nicht für den Mangel, wenn die Ursache im Verantwortungsbereich des Auftraggebers oder im Verhalten Dritter liegt. Der Auftragnehmer ist aber gehalten, seine Bedenken dem Auftraggeber mitzuteilen. Ihm obliegt eine Prüfungs- und Hinweispflicht, für deren Erfüllung er die Beweislast trägt. Mit der Abnahme geht die Beweislast für das Vorliegen von Mängeln auf den Besteller über, mit Ausnahme der im Abnahmeprotokoll vorbehaltenen Mängel, hierzu meinen Rechtstipp über den Vorbehalt bei Abnahme.

12. Mängelanzeige hemmt Verjährung nicht

Viele sind der Auffassung, die bloße Anzeige eines Baumangels beim Bauunternehmer hemme den Ablauf der Verjährung bezüglich der Mängelrechte. Das trifft nicht zu. Die bloße Mängelanzeige des Bauherrn hemmt den weiteren Ablauf der Verjährungsfristen nicht. Hat der Bauherr also in unverjährter Zeit einen oder mehrere Mängel dem Bauunternehmer lediglich angezeigt, so ist er mitnichten auf der sicheren Seite.

Ursprung der häufig anzutreffenden Fehlvorstellung von der Hemmung durch bloße Anzeige dürfte die Regelung zum Quasi-Neubeginn der Verjährung in § 13 Abs. 5 VOB/B sein. Der Auftragnehmer ist danach verpflichtet, alle während der Verjährungsfrist hervortretenden Mängel auf seine Kosten zu beseitigen, wenn es der Auftraggeber vor Ablauf der Verjährungsfrist schriftlich verlangt. Der Zugang dieses Beseitigungsverlangens setzt eine neue Verjährungsfrist in Gang. Der Anspruch auf Beseitigung der gerügten Mängel verjährt danach frühestens zwei Jahre ab Zugang, nicht aber vor der ursprünglich vereinbarten, als AGB einbezogenen oder gesetzlich geltenden Regelfrist. Dafür muss die VOB/B aber wirksam in das Vertragsverhältnis zwischen Bauherrn und Bauunternehmer einbezogen sein. Das Beseitigungsverlangen ist zudem mehr als eine bloße Mängelanzeige.

Die Hemmung der Verjährung kann unter anderem durch Erhebung einer Klage oder Zustellung einer Streitverkündung oder des Antrags auf Durchführung eines selbständigen Beweisverfahrens herbeigeführt werden, § 204 BGB. Eine Mängelanzeige kann allenfalls zur Aufnahme von Verhandlungen im Sinne des § 203 BGB führen, die dann die Verjährung ebenfalls hemmen können. Dazu muss es aber zu einem ernsthaften Meinungsaustausch über die Ansprüche des Bauherrn kommen. Ein solcher Meinungsaustausch liegt insbesondere dann nicht vor, wenn der Bauunternehmer einfach gar nicht reagiert oder sofort ausdrücklich die Ansprüche zurückweist, Urteil des Bundesgerichtshofs vom 26.10.2006 – Aktenzeichen VII ZR 194/05.

Der Nachweis solcher Verhandlungen ist in jedem Falle schwierig zu führen. Insbesondere können Verhandlungen auch einschlafen. Es empfiehlt sich daher oft, zeitig zu reagieren und die Verjährung rechtssicher durch Rechtsverfolgung zu hemmen.

13. Wer trägt die Kosten unberechtigter Mängelvorwürfe?

Die Kehrseite des Rechts zur zweiten Andienung im Werk- und Bauvertragsrecht ist die Pflicht des Werkunternehmers bzw. Auftragnehmers zur Nacherfüllung bei vorhandenen Mängeln nach Abnahme, präziser auch Nachleistungspflicht genannt. Nicht selten kommt es dabei vor, dass die (Bau-)Handwerkerinnen und Handwerker – Dachdecker, Maurer, Elektroniker, Bauzeichner, Betonbauer, Estrichleger, Fliesenleger, Maler, Tischler und viele mehr – zu Unrecht von Bestellern bzw. Auftraggebern in Anspruch genommen werden. Vorfrage ist dabei immer – unabhängig von der Bezeichnung durch die Parteien selbst – die juristische Qualifikation des jeweiligen Vertragsverhältnisses. Die Abgrenzung zwischen Kauf- und Werkvertragsrecht ist zuweilen schwierig.

Ein vertragliches Verhältnis zwischen zwei Parteien kann sich nach unterschiedlichen Rechtsgebieten richten. So ist die Qualifizierung eines Vertrages als Kauf-, Werk- oder Bauvertrag maßgeblich für die Beantwortung zahlreicher Rechtsfragen, welche sich hieraus ergeben. Die Zuordnung hat unter anderem große Bedeutung für eine etwaige Obliegenheit zur Mängelrüge nach § 377 Handelsgesetzbuch, aber auch für den Zeitpunkt der Fälligkeit der Gegenleistung, sowie für Fragen der Verjährung

Ob ein Vertrag ins Kaufrecht einzuordnen ist – gegebenenfalls über die Brücke der Lieferung herzustellender oder zu erzeugender beweglicher Sachen nach § 650 BGB –, einen Werkvertrag darstellt oder etwa eine Kombination aus beiden Typen, wie der Bauträgervertrag, hängt von sämtlichen vereinbarten Regelungen und auch von der gelebten Praxis nach Vertragsschluss ab. Die Parteien können durch die Bezeichnung des Vertrags und eine bestimmte Wortwahl die rechtliche Einordnung in das jeweils andere Rechtsgebiet nicht verhindern und die nötige rechtliche Gesamtwürdigung nicht verbindlich vorwegnehmen, so die ständige Rechtsprechung, Urteil des Bundesgerichtshofs vom 15.03.2018 – Aktenzeichen III ZR 126/17 mit weiteren Nachweisen. Maßgeblich ist vielmehr der Schwerpunkt des Rechtsgeschäftes, welcher sich bei gebotener Gesamtbetrachtung der beiden Vertragsleistungen ergibt, Urteil des Bundesgerichtshofs vom 19.7.2018 – Aktenzeichen VII ZR 19/18.

Unberechtigte Nacherfüllungsverlangen führen bei Handwerksunternehmen zu immer mehr ärgerlichen Aufwendungen und Kosten. Die Grenze zur schädigenden Rechtsverfolgung bzw. zum Rechtsmissbrauch wird derzeit von der Rechtsprechung im Kaufrecht anders gezogen als im Bau- und Werkrecht.

Im Kaufrecht kann bereits bei fahrlässiger Verkennung der eigenen Verantwortung ein Schadensersatzanspruch des Verkäufers gegen den Käufer wegen schuldhafter Vertragsverletzung entstehen, so das Urteil des Bundesgerichtshofs vom 23.01.2008 – Aktenzeichen VIII ZR 246/06.

Wenn der Käufer also zur Mängelbeseitigung auffordert, in Wahrheit aber fahrlässig handelte, weil er beispielsweise die Betriebsanleitung hätte besser studieren müssen, so können Aufwendungen des Verkäufers zur Erforschung einer Mängelursache als Schadensersatz erstattungspflichtig sein. Dies ist im Werkvertragsrecht und insbesondere im Baurecht traditionell anders.

Denn nach dem Urteil des Bundesgerichtshofs vom 02.09.2010 – Aktenzeichen VII ZR 110/09 – darf die Untersuchung zur Fehleraufsuche nicht von der Zustimmung zur Kostentragung bei Unbegründetheit des Vorwurfs abhängig gemacht werden. Ein derartig bedingtes Angebot zur Mängelbeseitigung ist demnach keine ordnungsgemäße zweite Andienung. Eine daraufhin durch den Besteller dennoch durchgeführte Selbstvornahme ist somit im Ergebnis berechtigt, und der Unternehmer muss dafür trotz seines bedingt entgeltlichen Angebotes aufkommen.

Durch eine solche Bedingung würden Mängelrechte verkürzt, so die Begründung in der ständigen Rechtsprechung. Die Prüfung der Frage, ob tatsächlich ein Mangel vorliegt, ist Aufgabe des Unternehmers und liegt nicht im Verantwortungsbereich des Bestellers. Eine Schadensersatzpflicht bejaht die Rechtsprechung bei unberechtigten Mängelvorwürfen im Baurecht und Werkrecht derzeit allenfalls bei offensichtlich willkürlicher Inanspruchnahme und fehlender subjektiver Ehrlichkeit des Bestellers, siehe das Urteil des Oberlandesgerichts Düsseldorf vom 18.12.1998 – Aktenzeichen 22 U 148/98.

Fallbeispiel

Hierzu ein Fallbeispiel aus meiner Praxis: Ein Wohnungseigentümer macht gegenüber dem Elektromonteur geltend, dass der erworbene FI-Schalter defekt sei und unbemerkt zum Verderben seiner Lebensmittel im Gefrierschrank geführt habe. Aufgrund des dadurch entstandenen Schimmels habe er nun gegen den Monteur Anspruch auf einen neuen Gefrierschrank. Der Monteur wendet Fahrt- und Arbeitszeiten auf, untersucht die Elektrik in der Wohnung und wechselt sogar den beschädigten FI-Schalter aus, stellt dabei aber fest, dass der fragliche Gefrierschrank über 30 Jahre alt ist und die Ursache für den Fehlerstrom wohl selbst gesetzt haben dürfte.

Warum sollte der Monteur die Kosten der Untersuchung tragen, obwohl seine Verantwortung weitgehend ausgeschlossen werden und von einer

Anspruchshöhe nennenswert über Null im Hinblick auf die Vorteilsausgleichung kaum die Rede sein kann?

Zunächst ist fraglich, ob hier das Kaufrecht oder das Werkvertragsrecht anwendbar ist. Wie oben erläutert, hängt dies vom Schwerpunkt des Geschäfts ab. Wenn die Montageverpflichtung bei wertender Betrachtung als Leistung nicht ins Gewicht fällt und die Übertragung von Besitz und Eigentum dominiert, liegt ein Kaufvertrag vor. Dem ist hier jedoch nicht so. Denn die Montage eines FI-Schalters hat keine nur untergeordnete Bedeutung und ist sicher keine bloße Serviceleistung. Dem Besteller kommt es vielmehr auf eine funktionsfähige und sichere Elektrik im Haus entscheidend an. Daher ist im Beispielsfall das Kaufrecht nicht anwendbar, sondern das für den Unternehmer strengere Werkvertragsrecht. Es bleibt also dabei, dass der Monteur im Beispielsfall für seine Aufwendungen ohne weitere vertragliche Abreden keinen Ersatz verlangen kann.

Nach dem Urteil des Landgerichts Frankfurt am Main vom 30.01.2019 – Aktenzeichen 2-16 S 121/18 – kann auf der Grundlage einer unberechtigten Geschäftsführung ohne Auftrag gemäß § 684 BGB ein bereicherungsrechtlicher Ausgleichsanspruch bestehen, soweit noch eine Vermögensmehrung beim Besteller vorhanden sei. Diese kann in Gestalt der Kosten für die Arbeitsleistung des Unternehmers, mit welcher dieser den Grund für den Mangel aufdeckte und somit seine eigene Verantwortung ausschließen konnte, liegen. Denn diese Fehleraufsuche hätte der Besteller ansonsten anderweitig durchführen lassen müssen. Sein Vermögen war durch diese Leistung demnach gemehrt. Unter Umständen kann daher nun Wertersatz für ein erspartes Privatgutachten, welches der Besteller zur Fehleraufsuche sonst hätte in Auftrag geben müssen, durchsetzbar sein.

Entgegen den weiteren Ausführungen in diesem Urteil ist die Frage der Kostentragungspflicht bei Unbegründetheit des Nacherfüllungsverlangens allerdings auch im Werkrecht noch nicht hinreichend geklärt. Denn ein lediglich bereicherungsrechtlicher Anspruch führt aufgrund des möglichen Einwands der Entreicherung in vielen Fällen gerade nicht zu sachgerechten Ergebnissen. Es ist also noch viel juristische Fantasie gefragt und eine Weiterentwicklung des Rechts und der Rechtsprechung möglich und wünschenswert.

Insbesondere vor dem Hintergrund des neuen Baurechts, welches zu einer weiteren Annäherung des Bau- und Werkrechts an das Kaufrecht geführt hat, sollte nochmals gründlich über die Berechtigung einer solchen Inanspruchnahme von Bau- und Werk-Unternehmern und über die Übertragbarkeit der einschlägigen kaufrechtlichen Rechtsprechung auf das Bau- und Werkrecht nachgedacht werden. Bis dahin kommen Unternehmer zur Vermeidung einer möglicherweise doch berechtigten Selbstvornahme nicht umhin, bei der zweiten Andienung keine Bedingungen zu stellen. Erst vor Ort kann bei Feststellung einer anderen Verantwortlichkeit ein neues Vertrags- oder Nachtragsangebot unterbreitet werden. Besteller und Bauherren können das Risiko einer Inanspruchnahme aus §§ 684, 812 Abs. 1 S. 1, 2. Alt. BGB nur durch gewissenhafte Prüfung ihrer Mängelvorwürfe minimieren und durch Privatgutachten weitgehend ausschließen. Im Kaufrecht gilt nach dem Urteil des Bundesgerichtshofs vom 23.01.2008 – Aktenzeichen VIII ZR 246/06 – bereits die fahrlässige Verkennung der eigenen Verantwortung als schuldhafte Pflichtverletzung des Käufers, so dass in ähnlichen Fällen ein vertraglicher Schadensersatzanspruch gegen den Käufer durchgesetzt werden kann.

Dies ist im Werkrecht zumindest derzeit noch anders, weil nach herrschender Auffassung die Mängelrechte des Bestellers bzw. Auftraggebers ansonsten verkürzt würden. Im Werkrecht gilt nach herrschender Meinung eine vom Gesetzgeber gewollte viel schärfere und weitergehende Mängelhaftung als im Kaufrecht. Eine Untersuchung vorgeworfener Mängel darf nach dem Urteil des Bundesgerichtshofs vom 02.09.2010 – Aktenzeichen VII ZR 110/09 daher nicht von der Zustimmung zur Kostentragung bei Unbegründetheit des Vorwurfs abhängig gemacht werden.

Der Bundesgerichtshof hilft Bestellerinnen und Bestellern im Werkrecht zudem mit der sogenannten Symptomtheorie, wonach Ursachen von Mängeln nicht angegeben zu werden brauchen, die Benennung offensichtlicher Symptome vielmehr ausreiche. Eine Schadensersatzpflicht des Bestellers wegen unbegründeten Mängelvorwurfs ist im Rahmen von Werkverträgen bislang allenfalls bei offensichtlich willkürlicher Inanspruchnahme des nicht verantwortlichen Unternehmers und fehlender subjektiver Ehrlichkeit des Bestellers durchsetzbar, so bereits das Urteil des Oberlandesgerichts Düsseldorf vom 18.12.1998 – Aktenzeichen 22 U 148/98.

Nach meiner unmaßgeblichen Auffassung sollte insbesondere im Hinblick auf das Inkrafttreten des neuen Baurechts am 01.01.2018, das zu einer weiteren Annäherung der beiden Rechtsgebiete geführt hat, nochmals gründlich über die Berechtigung einer solchen Inanspruchnahme von Werkunternehmern und über die Übertragbarkeit der einschlägigen kaufrechtlichen Rechtsprechung auf das Werkrecht nachgedacht werden.

Kürzlich ist hierzu eine sehr belesene Entscheidung des Landgerichts Frankfurt am Main ergangen, Urteil vom 30.01.2019 – Aktenzeichen 2-16 S 121/18 mit wichtigen Literaturhinweisen. Danach kann auf der Grundlage einer unberechtigten Geschäftsführung ohne Auftrag gemäß § 684 BGB ein bereicherungsrechtlicher Ausgleichsanspruch bestehen, soweit noch eine

Vermögensmehrung beim Besteller vorhanden sei. In der Regel ist in solchen Fällen nunmehr also zumindest Wertersatz für ein erspartes Privatgutachten durchsetzbar.

Entgegen diesem Urteil ist die Frage der Kostentragungspflicht eines unbegründeten Mängelverdachts allerdings noch nicht hinreichend geklärt.

Denn ein lediglich bereicherungsrechtlicher Anspruch führt aufgrund des möglichen Einwands der Entreicherung in vielen Fällen gerade nicht zu sachgerechten Ergebnissen. Es ist also noch viel juristische Phantasie gefragt und eine Weiterentwicklung des Rechts und der Rechtsprechung möglich und wünschenswert.

14. Was müssen Handwerker rechtlich beachten? Interview zu den Themen Abnahme, Abschlagszahlung, Informationspflichten und andere

Was gilt bei Mängeln, welche Informationspflichten haben Handwerker und dürfen Kunden einfach 5 % von der Restsumme als Sicherheit einbehalten?

Frage: Fragen zum Handwerkerrecht gibt es ja schon, bevor der Auftrag überhaupt erteilt ist. Meist beginnt es mit einem Kostenvoranschlag. Darf ein Handwerker dafür eine Vergütung verlangen?
Antwort: Eine Vergütung setzt einen Vertrag voraus, also Angebot und Annahme, letztlich das vorangegangene Ja-Wort des Kunden. Normalerweise wird der Kostenvoranschlag lediglich als Angebot im Rahmen der kostenfreien Akquise erstellt. Dann gibt es keine Vergütung, wenn sich der Kunde gegen einen Vertragsschluss entscheidet.
Wenn man aber vorher klar kommuniziert, dass bereits der Kostenvoranschlag beziehungsweise die Angebotserstellung etwa aufgrund hohen Aufwands eine bestimmte Summe kostet und der Besteller sich damit nachweisbar einverstanden erklärt, dann kann man tatsächlich diese für den Kostenvoranschlag vereinbarte Summe durchsetzen.
Denn ein Vertrag über die kostenpflichtige Erstellung eines Kostenvoranschlags ist aufgrund der Vertragsfreiheit möglich. Ich halte eine solche Vergütung nicht zuletzt auch im Hinblick auf § 649 BGB für fair, da der Anbieter – auch ohne Gewähr für die Richtigkeit – erhebliche Rechtsnachteile erleidet, wenn er zu niedrig kalkuliert hat und der Besteller dann kündigt, weil es doch teurer wird als erwartet.

Frage: Oder wenn es auch mal länger dauert. Muss ich dem Kunden Verzögerungen anzeigen?
Antwort: Nicht nur Verzögerungen, sondern auch deren Ursachen sollte man schon aus reinem Eigennutz unbedingt sofort anzeigen. Auf Schlechtwetter, Streik und höhere Gewalt kann man sich im Nachhinein unproblematisch berufen, wenn dem Kunden die zeitnahe Gelegenheit gegeben wird, dies nachzuvollziehen. Es verbessert also die eigene Ausgangssituation ungemein, mit solchen Verzögerungen und deren Ursachen transparent umzugehen und die Folgen frühzeitig zu klären.

Frage: Was für Informationspflichten haben Handwerker sonst noch?
Antwort: Sehr vielfältige, von denen hier im Rahmen des Interviews leider nur wenige genannt werden können. Also ohne Anspruch auf Vollständigkeit:
Bevor es überhaupt losgeht, sollte über etwa bestehende Widerrufsrechte nachweisbar und korrekt belehrt werden, und zwar nach den gesetzlichen Mustern. Ansonsten kann der Besteller unter Umständen noch nach einem Jahr und 14 Tagen widerrufen. Der Vertrag selbst muss einen Mindestgehalt an Informationen aufweisen, kann ansonsten sogar unwirksam sein. Während der Vertragsdurchführung bestehen weitere äußerst wichtige Informationspflichten. So bestehen auch im reinen BGB-Vertrag die Hinweis- und Prüfungspflichten bezüglich der Vorgewerke auch ohne entsprechende Vereinbarung. Wenn also bestimmte Eigenschaften oder Anforderungen festgelegt sind und der Handwerker auf Vorgewerken aufbaut, dann haftet er, wenn sein Gewerk wegen Mängeln eines Vorgewerks nicht funktioniert. Selbst wenn er seine eigene Leistung tadellos erbracht hat. Den Letzten beißen die Hunde!

Frage: Ab wann kann der Handwerker Abschlagszahlungen verlangen?
Antwort: Schon bei der ersten Anlieferung von Baumaterial können Abschlagszahlungen fällig werden, wenn dies so vereinbart ist. Der Schlüssel hierzu ist der neue § 632a BGB, wonach der Unternehmer nicht nur eine Abschlagszahlung in Höhe des Wertes der von ihm erbrachten und nach dem Vertrag geschuldeten Leistungen verlangen kann.
Hintergrund ist die angestrebte Minimierung des Vorleistungsrisikos. Zwar muss der Handwerker in der Tat erst einmal loslegen. Es kann und sollte aber ein Zahlungsplan vereinbart werden, so dass das Risiko ungesicherter Vorleistungen für beide Seiten begrenzt ist.
Der Besteller will in der Regel ein fertiges Werk und kann mit einer nur halb erbrachten Leistung kaum etwas anfangen. Finden Sie heute mal ein Handwerksunternehmen, das bereit ist, bei voller Gewährleistung ein solches halbfertiges Werk zu vollenden.

Frage: Wie hoch dürfen diese Abschlagszahlungen denn konkret sein?
Antwort: Die Abschlagszahlungen müssen angemessen sein und dürfen insgesamt den Wert der erbrachten Leistungen nicht „wesentlich" übersteigen. Was wesentlich ist, hängt von allen Umständen des konkreten Einzelfalles ab. Die berechtigten Interessen und Risiken beider Seiten werden dabei sorgfältig gegenübergestellt und abgewogen, eine Spielwiese für juristisches Argumentationsgeschick.

Als Faustregel hat sich eine Überschreitung um 20 % herausgebildet, so die neueste Auflage des Palandt, § 309 Rn. 116. Das bedeutet: Zahlungspläne mit einer Vorleistung des Bestellers von über 20 % des Wertes der erbrachten Leistungen sind unwirksam. Dies hat zur Folge, dass sie zurückgewährt werden müssen und erst mit der Abnahme fällig werden können!

Frage: Gibt es Besonderheiten, wenn der Kunde ein Verbraucher ist?
Antwort: Aufgrund des Verbraucherschutzes gibt es zahlreiche zusätzliche Belehrungs- und Hinweispflichten, wenn der Kunde den Vertrag überwiegend zu privaten Zwecken abschließt, also als Verbraucherin oder Verbraucher. Auch eine Gesellschaft bürgerlichen Rechts kann diese Verbrauchereigenschaft übrigens haben. Bei Verbrauchern braucht man immer ausdrückliche Vertragserklärungen, und zwar zumindest in Textform, beispielsweise eine E-Mail. Auch bei vorangegangenen Verhandlungen reicht das Schweigen der Verbraucher auf ein Bestätigungsschreiben niemals aus, um daraus irgendwelche Rechte herzuleiten. Ferner haben Verbraucher zusätzliche Widerrufsrechte. Gegenüber Verbrauchern ist eine Einbeziehung der VOB/B zwecklos. Der Vertrag muss ferner strengeren Informationspflichten genügen. Im Falle des Bauvertrags sind diese Informationspflichten durch den Artikel 249 EGBGB verschärft worden. Auch bei der Abnahme bestehen zusätzliche Hinweis- und Belehrungspflichten.
Säumige Besteller sollten zunächst nachweislich in Verzug gesetzt werden

Frage: Wie setzen Handwerker die Rechnung durch, wenn der Besteller trotz Zahlungsaufforderung nicht zahlt?
Antwort: Am besten setzt man den Besteller zunächst nachweisbar in Verzug. Dies ist am sichersten durch eine Mahnung per Einwurf-Einschreiben unter Setzung einer Frist von regelmäßig zwei Wochen. Die Frist muss angemessen sein, eine zu kurze Frist setzt aber die angemessene in Gang. Was angemessen ist, bemisst sich wiederum an allen Umständen des Einzelfalles.
Erst nach Ablauf einer angemessenen Frist sollte man eine Anwältin oder einen Anwalt beauftragen, damit die Aussichten einer Kostenerstattung durch die Gegenseite aus dem Gesichtspunkt des Verzugs verbessert werden. Einwurf-Einschreiben deshalb, weil die Zustellung per Gerichtsvollzieher unnötig teuer ist und ein Übergabeeinschreiben oder Einschreiben mit Rückschein nicht angenommen oder abgeholt zu werden braucht.

Frage: Darf ich die eingebaute Tür wieder rausreißen, um eine Zahlung durchzusetzen? Oder wie der Baggerfahrer kürzlich bei einem Neubau die errichteten Balkone wieder abreißen?

Antwort: Nein, das ist nicht erlaubt. Es handelt sich um Selbstjustiz. Diese wird schon auf dem Schulhof nicht gern gesehen und ist in der deutschen Jurisprudenz und Gerichtsbarkeit verpönt. Konkret kann im ersten Fall mit der Tür das Eigentum schon an den Besteller übergegangen sein. Auch im zweiten Fall stehen neben Ansprüchen auf Schadensersatz sogar Straftaten im Raume.
Klären Sie solche Dinge unbedingt immer sachlich und beauftragen Sie Ihre persönliche Anwältin oder Ihren Rechtsanwalt mit dieser Angelegenheit, um Ihren Kopf davon freizubekommen. Sachlich bleiben – Recht bekommen, so mein Motto. Gutes Leben ist die beste Rache, wenn Rache schon sein muss.
Hierbei können wir Anwälte effektiv helfen, weil wir emotional selbst nicht betroffen sind und daher die nötige Ruhe bewahren.

Frage: Viel hängt bei Leistungen von Handwerkern von der Abnahme ab. Was genau ist denn diese Abnahme?
Antwort: Die Abnahme ist die Billigung des hergestellten Werkes als vertragsgemäß, verbunden mit der körperlichen Entgegennahme, soweit noch nicht geschehen und möglich. Vor einiger Zeit habe ich die Abnahme in einem oft gelesenen Ratgeber-Artikel zur Veranschaulichung mit der geologischen Wasserscheidelinie zwischen Flusssystemen verglichen.
Denn vor und nach Abnahme herrschen verschiedene Rechtsregime, so dass es entscheidend auf diese Trennungslinie ankommt. Andere bezeichnen die Abnahme als Dreh- und Angelpunkt des Werkvertrags. Ich halte dieses Bild aber nicht für einleuchtend. Eine Linie trifft es erheblich besser als ein Punkt, finde ich.
Mit der Abnahme geht der Erfüllungsanspruch unter und es beginnt die Verjährung zu laufen. Die Rechte bezüglich bekannter Mängel gehen ebenso unter wie verwirkte Vertragsstrafen, soweit sie nicht ausdrücklich vorbehalten werden. Falls nicht noch eine Schlussrechnung zu stellen ist, tritt mit der Abnahme auch die Fälligkeit des gesamten (restlichen) Werklohns ein. Es können keine Abschlagsrechnungen mehr gestellt und durchgesetzt werden.
Die Gefahr eines zufälligen Untergangs des Werkes geht erst mit der Abnahme auf die Bestellerin oder den Besteller über. Eine gewährte Vertragserfüllungssicherheit ist auszukehren bzw. zurückzugewähren. Etwaige Werkmängel muss, soweit nicht vorbehalten, nach der Abnahme der Besteller beweisen.

Frage: Wie kann ich die Abnahme hinbekommen, wenn der Besteller unter Verweis auf einen angeblichen Mangel die Abnahme verweigert?
Antwort: Ich würde als erstes prüfen, ob nicht doch schon – wie gar nicht so selten - eine konkludente oder fiktive Abnahme erfolgt ist, beispielsweise durch

Ingebrauchnahme des Werkes oder Fristablauf. Dann ist eine solche Abnahmeverweigerung schon treuwidrig.
Ist dies aber definitiv nicht der Fall und ein Teil der Schlussrechnung noch offen, etwa vorhandene Mängel aber nicht wesentlich, so sollte nicht etwa nur auf die geschuldete Abnahme, sondern auch auf die Restvergütung geklagt werden.

Frage: Was zählt denn alles zu Werkmängeln?
Antwort: Werkmängel liegen vor, wenn das hergestellte Werk nicht die Eigenschaften hat, die vertraglich möglichst präzise beschrieben sind. Kann den Vertragsunterlagen, insbesondere der Leistungsbeschreibung, ein solches konkretes Werk-Soll nicht entnommen werden, so kommt es darauf an, ob sich das Werk für die gewöhnliche Verwendung eignet und die übliche Beschaffenheit aufweist. Ist dies nicht der Fall, so liegen Werkmängel vor.

Frage: Kann der Handwerker die Mängelbeseitigung auch ablehnen?
Antwort: Das ist möglich, wenn ein Recht zur Leistungsverweigerung besteht oder die Gewährleistung abgelaufen ist. Dies sollte in beiden Fällen ausdrücklich erklärt und begründet werden. Um eine außerordentliche Kündigung, eine teure berechtigte Selbstvornahme oder sogar Schadensersatzansprüche zu vermeiden, lassen Sie sich hierzu aber unbedingt anwaltlich beraten.

Frage: Darf der Kunde eine Rechnung kürzen?
Antwort: Eine solche Kürzung wird juristisch als Minderung bezeichnet und ist nur unter ganz engen Voraussetzungen möglich. In jedem Falle muss vor einer solchen Minderung die Chance zur Mängelbeseitigung binnen angemessener Frist gewährt werden, so genanntes Recht zur zweiten Andienung, hierzu siehe näher meinen Fach-Artikel beim Bauprofessor: Das Recht zur zweiten Andienung.

Frage: Muss ein Handwerker immer Gewährleistung auf seine Arbeit geben?
Antwort: Die Gewährleistung ist gesetzlich vorgegeben. Man kann sie unter Umständen aber abbedingen. Zumindest bei einem Vergleich sollte man diese Möglichkeit stets in petto haben.

Frage: Kann der Kunde vom Handwerker Sicherheiten für die Erbringung der Arbeitsleistung verlangen?
Antwort: Das ist dann der Fall, wenn mit einer Verbraucherin oder einem Verbraucher wie gerade besprochen Abschlagszahlungen vereinbart werden. Der Verbraucher kann dann, wenn keine andere Sicherung gestellt wird, vom ersten Abschlag 5 % der Vertragssumme als Vertragserfüllungssicherheit einbehalten. Diese ist dann mit der Abnahme auszukehren, wenn keine

Gewährleistungssicherheit vereinbart und übergeben ist. Bei zahlungsunwilligen Kunden kann eine Handwerkersicherungshypothek erwirkt werden

Frage: Kann umgekehrt ein Handwerker gegenüber Kunden ebenfalls Sicherungsinstrumente nutzen?
Antwort: Zahlt der Besteller nicht, so kann man aus einer offenen Abschlagsrechnung oder mehreren Abschlagsrechnungen oder auch einer Schlussrechnung - auch noch nach Kündigung und Abnahme - eine Handwerkersicherungshypothek einklagen und im Eilverfahren eine entsprechende Vormerkung erwirken. Letztere gilt in der Insolvenz als Vollrecht. Ich empfehle daher häufig dieses Vorgehen.
Wenn allerdings kein Immobilieneigentum des Bestellers ermittelbar ist, kann auch auf andere Sicherungsformen – Geld oder Bankbürgschaft - geklagt werden, wobei zu der offenen Summe noch 10 % Nebenforderungen hinzugeschlagen werden können.

15. Gilt die VOB/B gegenüber Privaten?

Noch immer wird in Bauverträgen oder auch Generalübernehmer- und Generalunternehmer-Verträgen zwischen Unternehmern und Verbrauchern mitunter die Geltung der VOB/B vereinbart. Dies wird zumindest versucht, indem bei den Vertragsgrundlagen schlicht auf die VOB/B verwiesen wird. Ein solcher schlichter Verweis scheitert jedoch häufig. Unabhängig davon hat die Einbeziehung der VOB/B in Verbraucherbauverträge für den Unternehmer keine Vorteile.

Die VOB/B ist weder Gesetz noch Verordnung. Es handelt sich dabei schlicht um Allgemeine Geschäftsbedingungen. Dies zeigt schon der vollständige Titel, „Vergabe- und Vertragsordnung für Bauleistungen - Teil B: Allgemeine Vertragsbedingungen für die Ausführung von Bauleistungen".

Allgemeine Geschäftsbedingungen sind für eine Vielzahl von Verträgen vorformulierte Vertragsbedingungen, die eine Vertragspartei (Verwender) der anderen Vertragspartei bei Abschluss eines Vertrags stellt, § 305 Abs. 1 S. 1 BGB. Sie liegen auch dann vor, wenn sie von einem Dritten für mehrere Verträge vorformuliert wurden, selbst wenn der Verwender sie nur im Rahmen eines Vertrags stellt, Beschluss des Bundesgerichtshofs vom 23.06.2005 – Aktenzeichen VII ZR 277/04 – und Urteil des Bundesgerichtshofs vom 24.11.2005 – Aktenzeichen VII ZR 87/04.

Die wirksame Einbeziehung der VOB/B in einen Verbraucherbauvertrag setzt voraus, dass dem privaten Auftraggeber vor oder bei Vertragsabschluss ein vollständiger Text der VOB/B ausgehändigt wird oder sie ihm sonst zur Kenntnis gebracht worden ist, siehe zuletzt das Urteil des Oberlandesgerichts Frankfurt am Main vom 03.04.2017 – Aktenzeichen 29 U 169/16, entsprechend ständiger Rechtsprechung wie zum Beispiel Oberlandesgericht Nürnberg, Endurteil vom 27.11.2013 – Aktenzeichen 6 U 2521/09, bestätigt durch den Beschluss des Bundesgerichtshofs vom 10.09.2015 – Aktenzeichen VII ZR 347/13. Auf dieses Erfordernis wird unter Umständen verzichtet, wenn der Verbraucher bei den Vertragsverhandlungen durch seinen Architekten vertreten oder selbst hinreichend baukundig ist.

Sodann gilt die Privilegierung der VOB/B gem. § 310 Abs. 1 S. 3 BGB bei ihrer Einbeziehung als Ganze aber gerade nicht gegenüber Verbrauchern. Wird die VOB Teil B gegenüber Verbrauchern verwendet, unterliegen ihre einzelnen Klauseln auch dann einer Inhaltskontrolle, wenn sie als Ganze vereinbart worden ist, Urteil des Bundesgerichtshofs vom 24.07.2008 – Aktenzeichen VII ZR 55/07.

Die einzelnen Bestimmungen der VOB/B unterliegen daher der Inhalts- und Angemessenheitskontrolle von Allgemeinen Geschäftsbedingungen gem. §§ 305 ff. BGB. Da sich überdies in den allermeisten Verträgen vorrangige Abweichungen von den Bestimmungen der VOB/B finden, ist die Einbeziehung als Ganze ohnehin ein sehr seltener Fall.

Aufgrund der Inhalts- und Angemessenheitskontrolle hat man daher bestenfalls eine VOB/B mit Schlagseite: Derjenige, der die VOB/B einbezieht, kann sich auf eine ihn begünstigende Klausel in entscheidenden Fällen dann doch nicht berufen. Viele Bestimmungen der VOB/B halten einer solchen Inhaltskontrolle nicht stand und sind unwirksam. Der Deutsche Vergabe- und Vertragsausschuss für Bauleistungen wird hinsichtlich des neuen gesetzlichen Bauvertragsrechts noch reagieren müssen.

16. Das Recht zur zweiten Andienung

Das Werk muss bei Abnahme frei von Sach- und Rechtsmängeln sein. Gleiches gilt für die Kaufsache bei Gefahrübergang (Übergabe). Ob Mängelfreiheit vorliegt, bemisst sich in erster Linie nach der vereinbarten Beschaffenheit. Diese ergibt sich aus den gesamten Vertragsunterlagen und deren Auslegung.

Liegt nun aber ein Mangel vor, so hat der Käufer oder Auftraggeber (Besteller) zunächst das Recht auf Nacherfüllung, also Mängelbeseitigung oder Neuherstellung nach Wahl des Käufers bzw. des Auftragnehmers (Unternehmers). Der Vorrang der Nacherfüllung im Kaufrecht und Werkvertragsrecht wird anschaulich auch als Recht zur zweiten Andienung bezeichnet. Denn der Verkäufer oder Unternehmer soll durch Setzung einer Frist zur Mängelbeseitigung eine zweite Chance erhalten, ordnungsgemäß zu erfüllen.

Dabei handelt es sich allerdings nicht um einen regelrechten Anspruch. Vielmehr beinhaltet das Recht zur zweiten Andienung eine Obliegenheit des Käufers oder Bestellers. Eine Obliegenheit ist eine nicht einklagbare Verpflichtung zu einer Handlung in eigenem Interesse, eine Pflicht gegenüber sich selbst. Kommt man ihr nicht nach, führt dies zu Rechtsnachteilen.

Vor Erfüllung der Obliegenheit, dem Vertragspartner die Chance zur Nacherfüllung zu geben, sind weitergehende Mängelrechte wie Rücktritt, Minderung oder Schadensersatz statt der Leistung und im Werkrecht die Selbstvornahme oder der Kostenvorschuss unzulässig. Die Fristsetzung ist nur ausnahmsweise entbehrlich.

Entbehrlich ist die Fristsetzung beispielsweise beim Fehlschlag oder Verweigerung der Nacherfüllung oder wenn die Mängelbeseitigung unmöglich ist und der Käufer bzw. Besteller hierfür nicht verantwortlich ist. Das Recht zur zweiten Andienung kann also nicht umgangen werden, indem ein Mangel ohne Fristsetzung selbst beseitigt und dadurch die Nacherfüllung unmöglich gemacht wird. Entbehrlich ist die Fristsetzung auch bei Vorliegen von Arglist.

Leistungsort für die Nacherfüllung ist im Kaufrecht die Niederlassung des Verkäufers, im Werkrecht der Belegenheitsort der Sache. Beim Verbrauchsgüterkauf beinhaltet die Nachlieferung aufgrund der Rechtsprechung des Europäischen Gerichtshofs auch den Ausbau der mangelhaften und den Einbau der neu gelieferten Sache, sofern der Käufer die mangelhafte Kaufsache gutgläubig und bestimmungsgemäß eingebaut hat, Urteil des Europäischen Gerichtshofs vom 16.06.2011 – Aktenzeichen C-65/09, C-87/09.

Aufgrund dieser Rechtsprechung wurde mit dem Gesetz zur Reform des Bauvertragsrechts und zur Änderung der kaufrechtlichen Mängelhaftung in § 445a BGB eine entsprechende Rückgriffsmöglichkeit gegenüber dem Lieferanten geschaffen. Diese gilt auch zwischen Unternehmern. Beabsichtigt wurde eine Verbesserung der Rechtstellung von Werkunternehmern, die eine mangelhafte Sache gekauft und verbaut haben. Ob dies gelungen ist, muss die künftige Umsetzung des Gesetzes noch zeigen.

17. Widerrufsrecht des Verbrauchers bei Bauverträgen

Für ab dem 01.01.2018 geschlossene Verbraucherbauverträge gilt zwingend das neue Widerrufsrecht des Verbrauchers, außer im Falle der notariellen Beurkundung. Beim Notarvertrag sind private Bauherren bereits durch die Notarin oder den Notar und die Vorschriften des Beurkundungsgesetzes vor Übereilung geschützt. Ein Verbraucherbauvertrag gem. § 650i BGB ist ein Vertrag zwischen Verbraucher und Unternehmer, bei dem sich der Unternehmer zum Bau eines neuen Gebäudes oder zu erheblichen Umbaumaßnahmen an einem bestehenden Gebäude verpflichtet. Es geht um das Bauen aus einer Hand im Auftrag eines Verbrauchers.

Bei der Einführung des neuen Widerrufsrechts hatte man insbesondere die Verträge über die schlüsselfertige Herstellung von Häusern im Auge. Verbraucher würden beim Schlüsselfertigbau häufig durch zeitlich begrenzte Rabattangebote zum Vertragsschluss gedrängt, so die Gesetzesbegründung. Dabei haben solche Verträge eine erhebliche Größenordnung, werden zumeist nur einmal im Leben geschlossen und sind mit hohen finanziellen Belastungen verbunden. Diese Schutzlücke wird mit dem neuen Widerrufsrecht bei Verbraucherbauverträgen gem. § 650l BGB geschlossen. Der Verbraucherbauvertrag bedarf zu seiner Wirksamkeit zumindest der Textform, so dass nur mündliche Abreden nicht reichen, die Schriftform (mit Unterschriften) aber genügt.

Ob jemand Verbraucher ist, bemisst sich nach dem Zweck des Rechtsgeschäfts. Ist dieser Zweck privat, betrifft er also überwiegend weder die gewerbliche oder selbständige berufliche Tätigkeit der Person, so wird die Verbrauchereigenschaft bejaht. Dies kann auch bei einer Gesellschaft bürgerlichen Rechts (GbR) oder einer Wohnungseigentümergemeinschaft (WEG) der Fall sein. Auch Baugemeinschaften können daher Verbraucher sein.

Der Unternehmer ist verpflichtet, den Verbraucher über das Widerrufsrecht in Textform zu belehren. Ein Link reicht nicht. Der Unternehmer sollte sich dabei an das gesetzliche Muster halten. Denn bei fehlerhafter Belehrung ist der Unternehmer zwölf Monate und 14 Tage nach Vertragsschluss einem möglichen Widerruf ausgesetzt. Bei Widerruf sind in erster Linie empfangene Leistungen zurückzugewähren. Dies ist beim Bau jedoch häufig nicht möglich. Dann schuldet der Verbraucher dem Unternehmer gem. § 357d BGB Wertersatz entweder nach Maßgabe der vereinbarten Vergütung oder im Falle deren Unverhältnismäßigkeit entsprechend dem Marktwert der erbrachten Leistungen.

Bauverträge konnten früher nicht widerrufen werden. Dennoch spielte das Widerrufsrecht auf dem Bau auch vor dem 01.01.2018 eine Rolle, da zahlreiche Verträge auf dem Bau gerade keine Bauverträge sind, so zum Beispiel der Architektenvertrag, so das Oberlandesgericht Köln im Beschluss vom 23.03.2017 – Aktenzeichen 16 U 153/16.

Ein Widerrufsrecht bestand schon vorher und besteht nach wie vor insbesondere auch bei „außerhalb von Geschäftsräumen geschlossenen Verträgen". Das sind solche Verträge, die bei gleichzeitiger körperlicher Anwesenheit des Verbrauchers und des Unternehmers an einem Ort geschlossen werden, der kein Geschäftsraum des Unternehmers ist. Solch ein Ort ist typischerweise auch eine Baustelle. Es reicht, wenn der Verbraucher in solch einem Rahmen einen Antrag macht. Bei Werkverträgen am Bau ist das Widerrufsrecht in der Regel auch nicht gem. § 312g Abs. 2 BGB ausgeschlossen, vergleiche das Oberlandesgericht Stuttgart, Urteil vom 19.09.2017 – Aktenzeichen 6 U 76/16. Dies wäre unter Umständen nur bei dringenden Reparatur- oder Instandhaltungsarbeiten der Fall.

Für Unternehmer kann das Widerrufsrecht des Verbrauchers im Baurecht tückisch sein. Häufig wird gar nicht daran gedacht und daher auch eine Belehrung unterlassen. Dann aber gilt die Frist von zwölf Monaten und 14 Tagen. Verträge mit Verbrauchern sollten möglichst in den eigenen Geschäftsräumen geschlossen werden. Das Widerrufsrecht für den Verbraucherbauvertrag gilt aber auch in diesem Falle. Es ist zumindest an die korrekte Widerrufsbelehrung zu denken, damit das Risiko in jedem Falle auf 14 Tage nach Vertragsschluss begrenzt ist.

18. Wünsche sind keine Anordnungen – Anmerkungen zum Urteil des Landgerichts Bochum vom 19.12.2014 – Aktenzeichen 2 O 160/12

Wann liegen bloße Wünsche vor und wann Anordnungen des Auftraggebers, die zu einer Nachtragsforderung führen? Hierzu hat das Landgericht Bochum in seinem Urteil vom 19.12.2014 – Aktenzeichen 2 O 160/12 – einige interessante Ausführungen gemacht, in der Sache jedoch eine zweifelhafte Entscheidung getroffen.

Der Unterschied zwischen Wünschen und rechtsverbindlichen Anordnungen hat nach Inkrafttreten des neuen Bauvertragsrechts am 01.01.2018 neue Virulenz erhalten, weil das Anordnungsrecht des Bestellers nicht nur für VOB/B-Verträge, sondern auch für Bauverträge nach dem BGB gilt.

a) Sachverhalt

Die Beklagte B ist Hauptauftragnehmerin eines Bauvorhabens, die Klägerin U eine Nachunternehmerin. Die Parteien streiten um restliche Vergütung aufgrund der Leistungen der U aus diesem Bauvorhaben. Zugrunde liegt der folgende vereinfachte Sachverhalt:

B übersendet U ein Leistungsverzeichnis bezüglich der Errichtung eines Nebengebäudes und bittet um Nennung der Preise. Nach Unterbreitung verschiedener Angebote werden die Parteien schließlich einig, dass U entsprechend dem letzten Angebot unter Einräumung eines Rabatts von 3 % und unter Einbeziehung der VOB/B beauftragt wird. Der Vertragsschluss erfolgt schriftlich.

U erhält daraufhin den Architektenplan und übersendet der Beklagten im weiteren Verlauf Detailpläne mit der Bitte um deren Freigabe sowie Klärung von einzelnen Punkten, die noch nicht Bestandteil des Vertrags seien, aber aus dem Architektenplan hervorgingen. Eine solche bleibt zunächst aus, vielmehr mahnt B die fristgerechte Erbringung der „beauftragten Leistungen“ an.

B übersendet U sodann die „den Wünschen entsprechenden Pläne“. Die Klägerin ändert daraufhin ihre Ausführungsplanung entsprechend diesen Plänen. Die geänderten Ausführungspläne werden von B freigegeben.

Bezüglich der Wandflächenverkleidung weist der Bauleiter U zu einer höherwertigen Ausführung an (sibirische Lärche mit Rhomboid-Holzprofilen anstatt der ursprünglich vereinbarten Glattkantbretter). Diese wird von B dann auch genehmigt.

Die Leistungen von U sind frei von Mängeln und werden von B abgenommen. B zahlt dennoch nur einen Teil der ihr in Rechnung gestellten Vergütung. Sie beruft sich im Wesentlichen darauf, keine vom angenommenen letzten Angebot abweichenden Leistungen gefordert zu haben.

b) Entscheidung

Das Landgericht gibt B zum großen Teil Recht und hält den Anspruch der U nur im Umfang der Nachtragsforderung bezüglich der höherwertigen Wandflächenverkleidung für begründet.

Es führt aus, dass zunächst einmal nicht § 2 Abs. 6, sondern § 2 Abs. 5 VOB/B einschlägig sei, da es nicht um neue, sondern um geänderte Leistungen gehe. Für einen Anspruch nach § 2 Abs. 5 VOB/B fehle es jedoch an der hierfür erforderlichen Anordnung. Eine Anordnung sei „eine die eindeutige Befolgung durch den Auftragnehmer heischende Aufforderung des Auftraggebers, eine Baumaßnahme in bestimmter Weise auszuführen."

Dem Auftragnehmer gegenüber müsse eindeutig zum Ausdruck kommen, dass es sich um eine verpflichtende Vertragserklärung handele.

Dies sei vorliegend nicht der Fall, da die Auftraggeberin B nur einen Wunsch nach einer anderen Ausführung geäußert habe, ohne sich damit zu einer höheren Vergütung verpflichten zu wollen. Auch die Freigabe der geänderten Pläne durch B reiche für eine Anordnung nicht aus.

Ebenfalls wird ein Anspruch auf die übliche Vergütung nach den §§ 631, 632 BGB im Hinblick auf den Vorrang der wirksam einbezogenen VOB/B verneint. Die Billigung durch B sei vielmehr allein dahingehend zu verstehen, dass wegen der geänderten Ausführung keine Mängelrechte entstehen sollten. U schulde die Funktionstauglichkeit des Gebäudes wie versprochen, sodass die Mehraufwendungen durch die ursprünglich vereinbarte Vergütung abgegolten seien. Sie hätte die Erfüllung der bloßen Wünsche der B von einer Mehrvergütung abhängig machen können. Dem eigenmächtig bzw. aufgrund bloßer Wünsche eine bessere Variante ausführenden Auftragnehmer stehe kein Mehrvergütungsanspruch zu.

Allein bezüglich der Wandflächenverkleidung könne der Anspruch der U auf ein nachträgliches Anerkenntnis gem. § 2 Abs. 8 Nr. 2 VOB/B gestützt werden.

c) Anmerkungen und Praxishinweise

Die Entscheidung ist zweifelhaft. Zu berücksichtigen gewesen wäre insbesondere das Abhängigkeitsverhältnis zwischen U und B, die konkret gegebene strukturelle Ungleichheit gegenüber dem übermächtigen Generalunternehmer. Die Äußerung von Wünschen hatte für U in diesem Verhältnis imperativen Charakter.

Es erscheint praxisfern, in einem solchen Abhängigkeitsverhältnis dem Auftragnehmer, dem es daran liegt, die Auftraggeberin zufriedenzustellen, regelmäßig die Rückversicherung aufzuerlegen, dass für von dieser ausdrücklich „gewünschte" Mehrleistungen auch eine Mehrvergütung anfällt. Der Auftragnehmer wäre davon abhängig, dass seine Mehrleistungen anerkannt werden.

Für ein solches Anerkenntnis besteht für einen Auftraggeber, der auf diese Weise gratis zu einer höherwertigen Ausführung gelangen kann, überhaupt kein Anlass. Daher ist die Entscheidung abzulehnen.

Ausführenden Bauunternehmen ist zu raten, sensibel zu sein für den Unterschied zwischen unverbindlichen Wünschen und mehrvergütungspflichtigen Anordnungen. Im Zweifel muss beim Auftraggeber doch lieber einmal mehr schriftlich nachgehakt werden, um eine Klarstellung zu erhalten, dass tatsächlich ein vergütungspflichtiger Nachtrag gewollt ist. Der Auftraggeber könnte sich ansonsten erfolgreich gegen die Mehrvergütung wehren, wenn er nachweist, dass seine Anordnung doch nur ein Wunsch gewesen sei.

19. Bauen im Bestand

Zur Vermeidung von Fallstricken beim Planen und Bauen im Bestand (Sanierung, Renovierung und Modernisierung von Altbauten oder deren Restauration, Wiederaufbau bzw. Erweiterungs- oder Umbau) ist ein hoher Grad an Präzision in der Vertragsgestaltung erforderlich.

Voraussetzung dafür ist zunächst die Wahl des zutreffenden Vertragsmodells einerseits sowie andererseits eine genaue und eingehende Bestandserkundung und Bestandsaufnahme auch unter Einbeziehung von Bauteilöffnungen, Ausgrabungen, Durchbrüchen, Materialproben etc. Es kommen das Bauträgermodell und das Käufermodell sowie Mischformen aus beiden in Betracht. Von werbenden Anpreisungen ist wegen der Prospekthaftung zu warnen. Bestandserkundung und Bestandsaufnahme ermöglichen hingegen präzise Beschaffenheitsvereinbarungen und die Erstellung einer sogenannten „negativen Baubeschreibung" bzw. „Nichtleistungsbeschreibung" bezüglich ausdrücklich nicht übernommenen Sanierungsarbeiten.

Es ist zu raten, in jedem Fall nur „punktuelle Sanierungsleistungen" zu übernehmen. Auf diese Leistungen selbst ist zwar in jedem Fall Werkvertragsrecht mit der werkvertraglichen strengen Mängelhaftung anwendbar. Daneben kommt aber bei entsprechender Vertragsgestaltung die Anwendung des Kaufrechts bezüglich der unberührten und in zulässiger Weise ausgeklammerten Altbausubstanz und damit die Möglichkeit eines weitgehenden Haftungsausschlusses in Betracht. Es bestehen mithin durchaus Instrumente, die enormen Haftungsrisiken bei der Altbausanierung in den Griff zu bekommen. Es empfiehlt sich, bereits in der Phase der Projektentwicklung Klarheit über das zu wählende Vertragsmodell oder die passende Mischung aus den dargestellten Modellen zu schaffen und den Bestand gründlich zu erkunden und präzise zu beschreiben.

a) Haftung für die Altbausubstanz

Bauträgermodelle sind beim Bauen im Bestand verbreitet. Die Möglichkeit einer Freizeichnung von der Mängelhaftung ist dabei eng verknüpft mit der Frage, inwieweit Kauf- oder Werkvertragsrecht anwendbar ist. Ein formularmäßiger Ausschluss der Mängelhaftung verstößt bei Anwendung des Werkvertragsrechts gegen § 309 Nr. 8b BGB und damit gegen ein Klauselverbot ohne

Wertungsmöglichkeit; das heißt, eine solche Vertragsregelung wäre als allgemeine Geschäftsbedingung (AGB) unter allen Umständen unwirksam.

Insbesondere kann nach der Rechtsprechung des Bundesgerichtshofs auch für die von einer Sanierung nicht betroffenen Teile der Altbausubstanz eine Haftung nach Werkvertragsrecht in Betracht kommen, wenn die übernommenen Herstellungsverpflichtungen nach Umfang und Bedeutung mit Neubauarbeiten vergleichbar sind (Urteile des Bundesgerichtshofs vom 26.04.2007 – Aktenzeichen VII ZR 210/05 –, und vom 16.12.2004 – Aktenzeichen VII ZR 257/03). Hierbei kommt es auf das Gesamtbild der bereits erbrachten und gegebenenfalls noch zu erbringenden Leistungen an. Auch bei einer Kernsanierung werde häufig nicht in den Baubestand der Fundamente, Außenwände und Geschossdecken eingegriffen, argumentieren die Richterinnen und Richter am Bundesgerichtshof. Dies hindert die Anwendung des Werkvertragsrechts auch auf diese Bauteile bei entsprechendem Gesamtbild nicht. Eine Vereinbarung der Geltung des Kaufvertragsrechts ist insoweit unwirksam und stellt einen Verstoß gegen § 309 Nr. 8b BGB sowie gegen das sich aus § 307 BGB ergebende Verbot dar, einen Vertrag einem nicht einschlägigen Regelungsbereich zuzuordnen.

Es ist unbedeutend, ob sich die Parteien im Vertrag als „Käufer“ und „Verkäufer“ oder als „Erwerber“ und „Veräußerer“ bezeichnen. Entscheidend ist vielmehr, dass sich aus dem Inhalt des Vertrags, aus seinem Zweck und seiner wirtschaftlichen Bedeutung sowie aus der Interessenlage die Verpflichtung des Veräußerers zur mangelfreien Erstellung eines Bauwerks ergibt. An eine solche Verpflichtung knüpft die Sachmängelhaftung nach Werkvertragsrecht an. Dies gilt auch dann noch, wenn die „verkaufte“ Altbauwohnung bei Vertragsschluss bereits fertig saniert ist. Ein Haftungsausschluss kommt dann wegen Verstoßes gegen das vorgenannte Klauselverbot ohne Wertungsmöglichkeit nicht in Betracht. Denn beim Bauträgervertrag wird nach Inhalt und Gestaltung das Vorliegen allgemeiner Geschäftsbedingungen vermutet, so das Urteil des Bundesgerichtshofs vom 14.05.1992 – Aktenzeichen VII ZR 204/90. Ist der Erwerber ein Verbraucher, gelten allgemeine Geschäftsbedingungen als vom Unternehmer gestellt. Damit ist die AGB-Kontrolle in der Regel eröffnet. Insbesondere bringt es nach ständiger Rechtsprechung nichts, sich das „Aushandeln“ von Bestimmungen im Vertrag bestätigen zu lassen, vgl. Urteil des Bundesgerichtshofs vom 20.03.2014 – Aktenzeichen VII ZR 248/13.

Die AGB-Kontrolle kann damit nicht umgangen werden.

b) Prospekthaftung

Erhöhte Haftungsrisiken können sich auch aus Prospektangaben, der Werbung oder sonstigen – im Zusammenhang mit dem Vertragsschluss auch nur beiläufig getätigten – Äußerungen ergeben, die für die Ermittlung der vereinbarten Beschaffenheit herangezogen werden und die „berechtigte Erwartung" des Erwerbers dem Veräußerer zurechenbar erhöhen können.

So kann es für die vereinbarte Beschaffenheit maßgeblich auf einen – im Zusammenhang mit dem Vertragsschluss übergebenen – Werbeprospekt ankommen, Urteil des Bundesgerichtshofs vom 25.10.2007 – Aktenzeichen VII ZR 205/06. Von pauschalen Erfolgsversprechen ist dabei im Hinblick auf den funktionalen Mangelbegriff des Bundesgerichtshofs abzuraten. Sie können den Umfang der geschuldeten Leistungen dramatisch erhöhen. Verspricht der Veräußerer eines Altbaus weitgehende Sanierungsleistungen, darf der Erwerber dies grundsätzlich dahingehend verstehen, dass der Veräußerer zu diesem Zweck im Rahmen des technisch Möglichen die Maßnahmen angewandt hat, die erforderlich sind, um den Stand der anerkannten Regeln der Technik zu gewährleisten, Urteil des Bundesgerichtshofs vom 16.12.2004 – Aktenzeichen VII ZR 257/03. Etwas anderes kann sich je nach der berechtigten Erwartung des Erwerbers unter Berücksichtigung der gesamten Vertragsumstände, insbesondere des konkreten Vertragsgegenstands und der jeweiligen Gegebenheiten des Bauwerks, ergeben.

Regelmäßig kann die ordnungsgemäße Herstellung der von der Instandsetzung auch nur berührten Bauteile erwartet werden, so zum Beispiel die Überarbeitung und Abdichtung der Balkone bei einer Fassadensanierung nach dem Stand des Dachdeckerhandwerks und dem Stand der Technik zum Zeitpunkt der Sanierung, Urteil des Oberlandesgerichts Düsseldorf vom 22.05.2003 – Aktenzeichen I-5 U 33/00.

Können Anforderungen des Stands der Technik und technische Normen, beispielsweise des Wärme- und Schallschutzes, nur durch erhebliche Eingriffe in die Altbausubstanz erfüllt werden, die jedoch nicht übernommen werden sollen, sind präzise und transparente vertragliche Regelungen erforderlich, um die Mängelhaftung zu begrenzen.

c) Beschaffenheitsvereinbarung und Nichtleistungsbeschreibung

Von zentraler Bedeutung sind ausdrückliche vertragliche Beschaffenheitsvereinbarungen im Vertragstext selbst und in der Bau- bzw. Sanierungsbeschreibung, die – auch bei der Totalsanierung – durch eine „negative Baubeschreibung“ bzw. „Nichtleistungsbeschreibung“ komplettiert werden sollte. Dies bedeutet, dass zum einen die unveränderte Beschaffenheit der vorhandenen Bausubstanz präzise beschrieben und vorhandene Mängel, wie etwa eine Braunfärbung des Wassers, ausdrücklich mit in den Vertrag aufgenommen werden.

Zum anderen sind bestimmte Leistungen oder auch Untersuchungen, die ansonsten hätten erwartet werden können, aber nicht durchgeführt werden sollen, ausdrücklich vom Leistungsumfang auszuschließen. Die Nichteinhaltung aktueller technischer Normen und üblicher technischer Standards ist präzise offenzulegen.

Auch bei Übernahme nur „punktueller Leistungen“ ist der Bauträger bzw. Projektentwickler jedoch grundsätzlich zur fehlerfreien Planung und Untersuchung der Sanierungsbedürftigkeit der Altbausubstanz verpflichtet – er haftet dafür nach werkvertraglichen Grundsätzen. Er kann allerdings durch präzise und klare Regelungen objektiv nicht erforderliche Untersuchungspflichten bezüglich Sanierungsleistungen nicht berührter Bauteile ausschließen. Der Erwerber muss dabei hinreichend auf die Risiken verborgener Mängel, wie beispielsweise eines Befalls mit Hausschwamm, hingewiesen werden.

Ohnehin ist der Bauträger bezüglich aller ihm bekannter Mängel zur Offenbarung verpflichtet; ansonsten kommt eine Haftung wegen Arglist in Betracht. Hierfür kann sogar die Zusicherung „ins Blaue hinein“ reichen, verborgene Mängel seien nicht bekannt. In einem solchen Fall liegt die Arglist im bewussten Verschweigen der fehlenden Sachkenntnis, Urteil des Oberlandesgerichts Frankfurt vom 10.02.2006 – Aktenzeichen 21 U 57/05.

d) Käufermodell

Beim Käufermodell wird die Verantwortung für die Sanierung des gemeinschaftlichen Eigentums der (werdenden) Wohnungseigentümergemeinschaft aufgebürdet. Es werden mithin unsanierte Altbauwohnungen unter – in gewissen Grenzen zulässigem – Gewährleistungsausschluss an die Erwerber verkauft und in der Teilungserklärung wird die Verpflichtung der Gemeinschaft niedergelegt, das gemeinschaftliche auf eigene Kosten und auf eigenes Risiko zu sanieren, zu renovieren und zu modernisieren.

Die genauen Sanierungsleistungen können insoweit in der Teilungserklärung oder in einem Beschluss der Wohnungseigentümergemeinschaft mitsamt Baubeschreibung festgelegt werden, in den dann alle folgenden Käufer eintreten. Die Finanzierung der Sanierungsmaßnahmen am gemeinschaftlichen kann insbesondere durch ein Bausonderkonto der Wohnungseigentümergemeinschaft geregelt werden, wobei dem Risiko einer erheblichen Erhöhung der Sanierungskosten aufgrund altbauspezifisch unvorhergesehener Schwierigkeiten ausreichend Rechnung zu tragen ist. Das Sondereigentum hat der jeweilige Erwerber bei diesem Modell selbst zu sanieren.

Der Verkäufer haftet auf diese Weise grundsätzlich weder für die Bauleistungen noch für die Umsetzung der – in der Teilungserklärung oder einem Beschluss der Wohnungseigentümergemeinschaft niedergelegten – Planung. Der jeweilige Käufer übernimmt mithin sämtliche, aus der Umsetzung der vorgegebenen Planung erwachsenden Risiken.

Ein Haftungsrisiko des Verkäufers ergibt sich allerdings wiederum aus der Prospekthaftung oder auch aus etwaigen Planungs- und Untersuchungsdefiziten oder -fehlern.

e) Haftungsbegrenzung

Vorzugswürdig erscheint eine auf das konkrete Projekt abgestimmte Mischform aus Bauträger- und Käufermodell dahingehend, dass der Veräußerer zumindest einige genau und eng begrenzte „punktuelle Eingriffe" in die Altbausubstanz nach hinreichender Untersuchung der Sanierungsbedürftigkeit planen und auch durchführen lässt, wie beispielsweise die Verlegung neuer Steigleitungen.

Der Projektentwickler sollte dabei in eigenem Interesse nur solche Bauleistungen übernehmen, bei denen böse Überraschungen durch hinreichende Untersuchungen weitgehend ausgeschlossen werden können.

Für die unberührte Altbausubstanz kommt bei solch einer Teilsanierung ein Haftungsausschluss in Betracht. Dabei sind aber die Klauselverbote ohne Wertungsmöglichkeit zu beachten, in Sonderheit § 309 Nr. 8b BGB.

Danach können bzw. kann bei einem Vertrag über Lieferungen neu hergestellter Sachen und über Werkleistungen und damit insbesondere bei Bauverträgen die Ansprüche gegen den Verwender wegen eines Mangels insgesamt oder bezüglich einzelner Teile

- nicht ausgeschlossen, auf die Einräumung von Ansprüchen gegen Dritte beschränkt oder von der vorherigen gerichtlichen Inanspruchnahme Dritter abhängig gemacht werden (aa);
- die Ansprüche gegen den Verwender insgesamt oder bezüglich einzelner Teile auf ein Recht auf Nacherfüllung nicht beschränkt werden, sofern dem anderen Vertragsteil nicht ausdrücklich das Recht vorbehalten wird, bei Fehlschlagen der Nacherfüllung zu mindern oder, wenn nicht eine

Bauleistung Gegenstand der Mängelhaftung ist, nach seiner Wahl vom Vertrag zurückzutreten (bb);
- die Verpflichtungen des Verwenders nicht ausgeschlossen oder beschränkt werden, die zum Zweck der Nacherfüllung erforderlichen Aufwendungen, insbesondere Transport-, Wege-, Arbeits- und Materialkosten, zu tragen (cc);
- die Nacherfüllung nicht von der vorherigen Zahlung des vollständigen Entgelts oder eines unter Berücksichtigung des Mangels unverhältnismäßig hohen Teils des Entgelts abhängig gemacht werden (dd);
- dem anderen Vertragsteil für die Anzeige nicht offensichtlicher Mängel keine Ausschlussfrist gesetzt werden, die kürzer ist als die Verjährungsfrist (ee);
- die Verjährung von Ansprüchen gegen den Verwender wegen eines Mangels des Bauwerks bzw. hierfür verwendeter Sachen nicht erleichtert oder in den sonstigen Fällen eine weniger als ein Jahr betragende Verjährungsfrist ab dem gesetzlichen Verjährungsbeginn vorgeschrieben werden (ff).

Des Weiteren sind bei solchen Haftungsausschlüssen die restriktiven Klauselverbote des § 309 Nr. 7 BGB zu beachten, wonach eine Einschränkung des Verschuldensmaßstabs und eine Haftungsbegrenzung der Höhe nach

- im Fall der Verletzung von Leib, Gesundheit und Leben (a) sowie
- im Fall einer grob fahrlässigen Pflichtverletzung (b)

völlig ausscheiden. Eine Schwierigkeit besteht praktisch in der Abgrenzung zwischen leichter und grober Fahrlässigkeit.

In Anbetracht des schwierigen Nachweises einer individualvertraglich „ausgehandelten“ – nicht nur „verhandelten“ – Bestimmung sind diese Klauselverbote insbesondere bei Verbraucherverträgen zu beachten, zumal hier oftmals das Vorliegen von AGB vermutet wird, die zudem gem. § 310 Abs. 3 BGB als vom Unternehmer gestellt gelten. Darüber hinaus kann die Wirksamkeit einer Haftungsbegrenzung auch bei einer individualvertraglichen Regelung an einem gesetzlichen Verbot, an Sittenwidrigkeit, an Treu und Glauben und am Verbot des Haftungsausschlusses für Vorsatz gem. § 276 Abs. 3 BGB scheitern.

20. Unabdingbar für die Projektberatung: Rezension zu Reister, Nachträge beim Bauvertrag

Kaum ein größeres Bauprojekt kommt ohne die Regelung von Nachtragsansprüchen dem Grunde und der Höhe nach aus, welche regelmäßig ein hohes Konfliktpotential in sich bergen. Nachtragsstreitigkeiten werden allgemein als das wirtschaftlich bedeutsamste Konfliktfeld der Bauprojektabwicklung gewertet. Wesentliches Konfliktpotential ist in den Baustellengemeinkosten zu sehen, die eine eigenständige Vergütungsposition darstellen sollten.

Das starke Grundlagenwerk überzeugt durch seine klare, chronologische Strukturierung orientiert am Ablauf eines Nachtrags sowie durch hilfreiche Praxis-Hinweise, Checklisten, Anwendungsbeispiele, Flowcharts und Illustrationen. Es geht aus von den Vertragsgrundlagen, dem vertraglich ursprünglich geschuldeten „Bau-Soll", behandelt die Preisbildung und Vergütung, die Leistungsfeststellung und Abrechnung eines Bauvertrags und sodann die Nachträge.

Nachtrag ist dabei gemäß der üblichen Definition „eine Anpassung der Vergütung für eine vom Bau-Soll abweichende Leistung", die erkannt werden muss und durchzusetzen ist. Zu einem Nachtrag kommt es demnach, wenn dem Auftraggeber zuzurechnende „Einflüsse" (etwa eine unzureichende Leistungsbeschreibung, Verletzung von Mitwirkungspflichten, Anordnungen) oder sonstige Einflüsse wie Streik, Witterung oder höhere Gewalt zu Abweichungen des Bau-Solls führen. Dementsprechend werden die Anspruchsgrundlagen für die Vergütungsanpassung sorgfältig durchdekliniert, die Möglichkeit einer Kündigungsabrechnung aufgezeigt und ausführlich die Bauzeitnachträge und ihre unterschiedlichen rechtlichen Grundlagen behandelt.

Das Buch enthält eine Fülle von Hinweisen zum Umgang mit Nachträgen, beispielsweise nützliche Praxistipps zur Durchsetzung von Nachtragsforderungen. Die zehn Kapitel lassen sich unabhängig voneinander lesen und sind in sich verständlich. Aufgrund des logisch stringenten Aufbaus kann man das Buch aber auch sehr gut von vorne bis hinten durchlesen:

Kapitel I betrifft den Bauvertrag selbst und das vertraglich vereinbarte Bau-Soll, von welchem auszugehen ist. Es erläutert das Werkvertragsrecht des BGB, die Vergabe- und Vertragsordnung für Bauleistungen, die Leistungsbeschreibung mit Leistungsverzeichnis bzw. mit Leistungsprogramm, die klassischen

Vertragstypen (Stundenlohnvertrag, Selbstkostenerstattungsvertrag, Einheitspreisvertrag, Pauschalvertrag, Detailpauschalvertrag, einfacher und komplexer Globalpauschalvertrag) sowie als „neue Vertragsmodelle“ bezeichnete Vertragsarten (Projektentwickler-Vertrag, Bauträgervertrag, Funktionsbauvertrag) sowie die Vereinbarung der Bauzeit (Ausführungsfristen und Bauzeitenpläne beziehungsweise Terminpläne).

Kapitel II beschäftigt sich mit der Preisbildung und Vergütung und geht davon aus, dass die Kalkulation die Grundlage der Preisbildung ist. Im Streit, ob es für die Nachtragsbewertung auf die tatsächlichen Mehr- bzw. Minderkosten („Ist-Kosten-Elemente“), die übliche Vergütung oder die Fortschreibung des Vertragspreisniveaus ankommt, nimmt das Buch mithin – abgesehen vom Sonderfall der verspäteten Vergabe – Stellung zugunsten der inzwischen vom Gesetzgeber stark eingeschränkten (vor-)kalkulatorischen Preisfortschreibung. Die verschiedenen Kalkulationsphasen und Kalkulationsverfahren werden differenziert dargelegt. Auch der Aufbau der Kalkulation wird eingehend beschrieben. Hier werden die zahlreichen möglichen Einzelpositionen übersichtlich aufgegliedert und erschlossen.

Es wird die Kalkulation von Alternativ- und Eventualpositionen dargelegt. Die bewusste und die unfreiwillige Spekulation des Auftragnehmers und Lösungsansätze zu deren Vermeidung werden behandelt. Die Möglichkeit der Verwendung von Preisgleitklauseln (Lohnpreisgleitklauseln oder Materialpreisgleitklauseln) wird mit entsprechenden Illustrationen, die der Veranschaulichung dienen, aufgezeigt.

Das III. Kapitel handelt sodann von der zeitlich nachfolgenden Leistungsfeststellung und der Abrechnung eines Bauvertrags. Hier werden die Möglichkeiten der Leistungsfeststellung durch ein selbständiges Beweisverfahren oder durch ein privates Beweissicherungsgutachten oder Schiedsgutachten dargelegt. Die Rolle der DIN-Normen der VOB/C wird berücksichtigt. Beim Abschnitt über die Abrechnung wird sinnvollerweise zwischen den Vertragsformen (Einheitspreisvertrag, Pauschalvertrag, Stundenlohnvertrag, Selbstkostenerstattungsvertrag) differenziert.

Ein weiterer Abschnitt befasst sich mit den Anforderungen an die Prüfbarkeit von Leistungsfeststellung und Abrechnung, wobei die zu beachtenden Kriterien auch hier übersichtlich in Form einer Checkliste dargestellt werden.

Erst das IV. Kapitel geht auf das eigentliche Thema des Buches ein, nämlich die Nachträge. Die zu beachtenden Schritte bei der Behandlung von Bau-Soll-Abweichungen werden übersichtlich anhand einer To-Do-Liste aufgeführt. Nachtragspotentiale müssen aber erst erkannt werden, um auch durchgesetzt werden zu können. Die Dokumentation spielt dabei eine ganz zentrale Rolle.

Wird nicht hinreichend dokumentiert, werden sonst aussichtsreiche Nachtragschancen aufs Spiel gesetzt.

„Nur ein gut dokumentierter Anspruch kann auch bewertet und durchgesetzt werden."

Auf die Dokumentation wird daher vertieft eingegangen.

Es werden die verschiedenen Mittel der Dokumentation (Bautagebuch, Terminplan, Betonier-Tagebuch, Schriftwechsel, insbesondere Behinderungsanzeigen, Mehrkostenanmeldungen, sowie des Weiteren Besprechungsprotokolle, Bedenkenanmeldungen) und deren Anforderungen wiederum in übersichtlichen Checklisten dargelegt. Bei der großen Zahl an anfallenden Dokumenten kommt dem Dokumentenmanagement eine zentrale Rolle zu. Zur Dokumentation gehören auch Planlisten und Planvergleiche, Erfassung der Wetterdaten, etwaige Foto- und Videodokumentationen, Aufmaß-Protokolle, Preissteigerungen, Soll-Ist-Vergleiche und Bautenstands-Feststellungen. Bei der Fülle an dargebotenen Informationen ist der Leser dankbar für die konzisen und verständlichen Zusammenfassungen am Ende vieler Abschnitte.

Kapitel IV zu den Nachträgen befasst sich des Weiteren mit der Nachtragsbegründung und stellt die Wege der Nachtragskalkulation und des Nachtragsangebotes dar. Sodann wird auch die Abrechnung und Vereinbarung von Nachträgen behandelt. Die Anforderungen an die Prüfbarkeit einer Abrechnung werden wiederum in Form einer Checkliste präsentiert. Der Abschnitt zur „Nachtragsvereinbarung" handelt eigentlich von der Annahme des

Nachtragsangebots und könnte entsprechend umbenannt werden. Eine Checkliste zur Durchsetzung von Nachträgen („Praxistipps für Nachtragsforderungen") und ein eingängiges Beispiel für einen Nachtrag runden das reichhaltige Kapitel IV ab.

Kapitel V behandelt eingehend den Hintergrund des § 2 VOB/B. Die Praxisbezogenheit der diesbezüglichen Ausführungen über die Anspruchsgrundlagen gem. dessen Absätzen 3 bis 10 VOB/B sind eine willkommene technische Ergänzung zu den bekannten juristischen Kommentaren mit anschaulichen Beispielen.

Kapitel VI behandelt sodann die Kündigungsabrechnung. Hier wird dargestellt, von wem die Einstellung der Arbeiten ausgehen kann und welche Rechte dem jeweils zugrunde liegen. Sodann wird differenziert auf die Abrechnungsmöglichkeiten infolge Kündigung eingegangen. Beispiele für Kündigungsabrechnungen und eine in nummerierte Einzelschritte gegliederte Anleitung zur Erstellung einer prüffähigen Abrechnung finden sich am Schluss des Kapitels.

Die weiteren Kapitel des Buchs widmen sich den Bauzeitnachträgen. Der erste Unterabschnitt des Kapitels VII enthält eine Fülle von griffigen Definitionen, die die Grundlage der nachfolgenden Ausführungen bilden. Als Beispiel sei die treffende Definition des Begriffs der Beschleunigungsmaßnahme herausgegriffen:

> „*Beschleunigungsmaßnahmen bezeichnen das direkte Eingreifen des Unternehmers in den Bauablauf, mit dem Ziel, die Bauzeit zu verkürzen und den Zwischen-/Endtermin einzuhalten*".

Solche Definitionen ermöglichen einen schnellen Einstieg in die Materie, vermitteln das notwendige Handwerkszeug und können der vom Deutschen Baugerichtstag angemahnten Vereinheitlichung des Begriffsverständnisses Vorschub leisten. Ausgehend von den Ausführungsfristen nach der VOB/A und der VOB/B werden mögliche Störungsursachen und deren Folgen dargestellt und die Bauablaufstörungen systematisch erfasst. Die Mitteilungspflichten des Auftragsnehmers bei Behinderungen und Nachtragssachverhalten werden gestreift und die Möglichkeit eines störungsmodifizierten Soll-Bauablaufplans aufgezeigt.

Eingehend wird der Umgang mit Produktivitätsverlusten beschrieben. Hier zeigt sich wieder der Vorzug des Buchs, die praxisrelevanten Seiten mit Illustrationen technischer Sachverhalte besonders gut zu durchleuchten. Eher technisch ist auch das folgende Teilkapitel über die Berechnung der Kostenänderungen. Hier werden die verschiedenen Möglichkeiten der Preisänderung und Kostenerhöhung dargelegt.

Die Kapitel VIII, IX und X behandeln schließlich die Bauzeitnachträge nach § 2 Abs. 5 VOB/B, § 6 Abs. 6 VOB/B und § 642 BGB. Bekanntlich setzt § 642 BGB ein Verschulden nicht voraus, was zu seiner häufigeren Anwendung führt.

Das Werk ist gut eingeführt und entspricht vollumfänglich den durch seine bereits große Bekanntheit genährten hohen Erwartungen. Der Buchtitel beschreibt treffend und schlaglichtartig das zentrale Anliegen des Buchs, wenngleich es hierüber sogar weit hinausgeht. Das Buch ist auch Dank des ansprechenden und übersichtlichen Layouts sehr gut zu lesen. Bei der Beratung von Mandanten, die größere Projekte durchführen, stellt dieses Buch eine Fundgrube an nützlichen Hinweisen dar, die man den Mandanten zusätzlich zur rein juristischen Beratung im Sinne einer umfassenderen Projektberatung gerne weitergibt.

21. Schadensberechnung nach den fiktiven Mängelbeseitigungskosten im Baurecht

Bei der Geltendmachung des Schadens am eigenen Auto, der bei einem Verkehrsunfall entstanden ist, reicht die Darlegung der voraussichtlichen Reparaturkosten gegenüber dem Unfallverursacher bzw. dessen Versicherung aus. Der Nachweis über die erfolgte Reparatur braucht nur dann erbracht zu werden, wenn auch die Umsatzsteuer geltend gemacht werden soll, § 249 Abs. 2 S. 2 BGB. Dies ist nach wie vor der Fall und wird auch auf absehbare Zeit so bleiben. Hintergrund ist die sogenannte Dispositionsfreiheit des Geschädigten, die gemeinhin anerkannt ist. Danach ist es ins freie Belieben des Anspruchsberechtigten gestellt, ob eine Reparatur erfolgt oder er das zur Abgeltung des Schadens erlangte Geld anderweitig verwendet.

Wie es im Verkehrsrecht und auch im Kaufrecht immer noch gang und gäbe ist, so war es auch im Baurecht lange Zeit gängige Methode, die Höhe eines ersatzfähigen Schadens, der bereits in Mängeln eines Bauwerks gesehen wird, nach den Mängelbeseitigungskosten zu bemessen, auch wenn diese Mängel gar nicht beseitigt werden sollten. Man spricht insoweit von fiktiven Mängelbeseitigungskosten. Diese Berechnung war für die Bauherren in der Regel günstiger und einfacher. Im Prinzip genügte die Vorlage von seriösen Angeboten. Die Einholung teurer Sachverständigengutachten über den mängelbedingten Minderwert eines Bauwerks war dann nicht erforderlich.

Diese Methode war auch bei Richterinnen und Richtern beliebt, ist sie zum Teil sogar immer noch, und führte zudem zu erheblich höheren Schadensersatzbeträgen als die Begutachtung des mängelbedingten Minderwerts, da eine Mängelbeseitigung beim Bau häufig kostenträchtige Vor- und Nacharbeiten erfordert, insbesondere auch die Einbeziehung anderer Gewerke.

Damit ist nun aber im Baurecht weitgehend – zumindest für nach dem Inkrafttreten der Schuldrechtsreform am 01.01.2002 geschlossene Bau- und Werkverträge – Schluss.

Der Bundesgerichtshof hat mit Urteilen vom 22.02.2018 – Aktenzeichen VII ZR 46/17 (zu einem BGB-Vertrag) und vom 21.06.2018 – Aktenzeichen VII ZR 173/16 (zu einem VOB-Vertrag) und vom 06.12.2018 – Aktenzeichen VII ZR 71/15 (zum Bauträgervertrag) sowie mit Beschluss vom 08.11.2018 – Aktenzeichen VII ZR 100/16 (zum Architektenvertrag) entschieden, dass der in einem Baumangel liegende Vermögensschaden des Bauherrn nicht mehr nach den fiktiven Mängelbeseitigungskosten bemessen werden kann.

Altverträge, also solche vor der Schuldrechtsmodernisierung vom 01.01.2002, sind nach dem Urteil des Bundesgerichtshofs vom 27.09.2018 – Aktenzeichen VII ZR 45/17 – davon ausgenommen. Viele solcher Fälle dürfte es allerdings ohnehin nicht mehr geben.

Begründet wird diese inzwischen bekräftigte Rechtsprechungsänderung mit dem Bereicherungsverbot bzw. der sogenannten Überkompensation des Geschädigten: Der abstrakte Ersatz von Mängelbeseitigungskosten, die konkret gar nicht anfallen, stellt den Besteller besser, als dieser bei mangelfreier Herstellung durch den Unternehmer stünde.

Ein Mangel des Werks ist eigentlich ein Leistungsdefizit, weil das Werk hinter der eigentlich geschuldeten Leistung zurückbleibt. Selbst wenn man dieses Leistungsdefizit bereits als Vermögensschaden ansieht, so sagt dies doch noch nichts über dessen Höhe aus. Die Schadensbemessung nach fiktiven Mängelbeseitigungskosten bilde das Leistungsdefizit im Werkvertragsrecht – insbesondere im Baurecht – nicht richtig ab, so der Bundesgerichtshof. Vielmehr führe sie häufig zu einer Überkompensation und damit einer – nach allgemeinen schadensrechtlichen Grundsätzen nicht gerechtfertigten – Bereicherung des Bestellers. Der Aufwand einer Mängelbeseitigung hänge von vielen verschiedenen Umständen ab und könne die vereinbarte Vergütung, mit der die Parteien das mängelfreie Werk bewertet hatten, sogar deutlich übersteigen. Es bildet das beim Besteller bzw. Bauherrn ohne Mängelbeseitigung verbleibende Leistungsdefizit daher nicht gerecht ab.

Die Schadensberechnung ist im Falle eines Baumangels somit umzustellen. Entweder es wird die Differenz zwischen dem (hypothetischen) Wert der geschaffenen Sache ohne Mangel und der tatsächlich vorliegenden Sache mit Mangel ermittelt. Oder man geht von der für das Werk vereinbarten Vergütung aus und schätzt den Minderwert des Werks wegen des nicht beseitigten Mangels anhand der Vergütungsanteile, die auf den mangelhaften Teil der Leistung entfallen. Im Falle der Weiterveräußerung kann der Schaden auch nach dem konkreten Mindererlös der Sache bemessen werden, der auf den Mangel zurückzuführen ist. Dies bereitet allerdings Schwierigkeiten, zumal ein Mehr- oder Mindererlös stets auch auf entsprechendes Verhandlungsgeschick zurückzuführen ist.

Der Bauherr kann weiterhin anstelle des Schadensersatzes auch Vorschuss zur Mängelbeseitigung verlangen, über den nach Mängelbeseitigung dann abzurechnen ist. Er ist andererseits aber auch weiterhin nicht verpflichtet, die Mängel beseitigen zu lassen. Allein die Durchsetzung des Mängelschadens im Falle der Nichtbeseitigung ist nunmehr erschwert, was insbesondere bei bereits laufenden Klageverfahren zumindest zu Mehraufwand, mitunter auch zu Komplikationen führt.

Der VII. Zivilsenat des Bundesgerichtshofs betont, dass diese Entscheidung den Besonderheiten des Baurechts geschuldet ist, so dass es für die andersartige Behandlung ähnlicher Fälle im Kaufrecht einen sachlichen Grund gibt.

22. Baugefährdung

Die Baugefährdung gemäß § 319 StGB ist echtes Sonderdelikt und konkretes Gefährdungsdelikt. Rechtsgut der Baugefährdung sind Leib und Leben anderer Menschen. Der Tatbestand kann verwirklicht werden, ohne dass es tatsächlich zu einem Baustellenunfall gekommen sein muss. Ein „Beinahe-Unfall" wie bei den einschlägigen Straßenverkehrsdelikten reicht aus. Geldstrafe und Freiheitsstrafe von bis zu fünf Jahren können die Folgen sein.

a) Verstoß gegen anerkannte Regeln der Technik und Täterkreis

Die Tathandlung ist ein Verstoß gegen die anerkannten Regeln der Technik.

Der Täterkreis ist gesetzlich definiert und auf Planerinnen und Planer, Bauleiterinnen und Bauleiter sowie auf die Ausführenden von Bauprojekten beschränkt. Bauherren sind grundsätzlich keine Täter der Baugefährdung, können aber nach § 222 bzw. § 229 StGB oder wegen Beihilfe verantwortlich sein. Trotz Einhaltung der anerkannten Regeln der Technik kann zum Beispiel im Hinblick auf ein Sonderwissen des Täters und damit einen höheren Sorgfaltsmaßstab im Einzelfall Fahrlässigkeit zu bejahen sein.

Die Nichteinhaltung der anerkannten Regeln der Technik, insbesondere von Unfallverhütungs- und Sicherheitsvorschriften, im Falle der Kampfmittelfrage etwa des Arbeitsschutzgesetzes und der Arbeitsschutzverordnung, legt die Vermutung einer Sorgfaltspflichtverletzung und damit der Fahrlässigkeit nahe. Wird neben der Baugefährdung auch eine Ordnungswidrigkeit nach der jeweiligen Landesbauordnung verwirklicht, wird nach § 21 Abs. 1 S. 1 OWiG nur das Strafgesetz angewendet. Nur wenn im konkreten Fall keine Strafe verhängt wird, kann die Handlung als Ordnungswidrigkeit verfolgt werden.

Von § 319 StGB erfasst sind ferner Vorschriften, die bei der Planung und Berechnung zu beachten sind, die Unfallverhütungsvorschriften und baurechtliche Sicherheitsvorschriften sowie Regeln zur gesundheitsmäßigen Beschaffenheit oder über die Feuersicherheit. Auch die Regelungen zur Kampfmittelüberprüfung und Kampfmittelbeseitigung sind solche Vorschriften.

b) Bau oder Abbruch eines Bauwerks

Täter der Baugefährdung kann nur sein, wer entweder einen Bau oder den Abbruch eines Bauwerks plant, leitet oder ausführt, § 319 Abs. 1 StGB. Ebenso wird bestraft, wer die Tathandlung in Ausübung eines Berufs oder Gewerbes bei der Planung, Leitung oder Ausführung eines Vorhabens, technische Einrichtungen in ein Bauwerk einzubauen oder eingebaute Einrichtungen dieser Art zu ändern begeht, § 319 Abs. 2 StGB. Technische Einrichtungen sind beispielsweise Maschinen, Aufzüge, Heiz- und Klimaanlagen, Gasrohre sowie elektrische Anlagen wie Boiler und eingebaute Kühlschränke. Die Begriffe Bau und Abbruch eines Baus sind weit zu verstehen, umfassen die gesamte Bau- bzw. Abbruchtätigkeit im Bereich des Hoch-, Tief-, Wasser-, Straßen- und Bergbaus. Baubegleitende Nebentätigkeiten oder Hilfsarbeiten, die mit der Errichtung des Baus oder dem Abbruch des Bauwerks zusammenhängen, wie zum Beispiel der Baugrubenaushub oder die Errichtung eines Baugerüsts, sind ebenfalls erfasst. Beim Abbruch genügt es, wenn Teile eines Gebäudes oder eines sonstigen Bauwerks abgerissen werden.

Bauplaner ist, wer konkrete Planungsarbeiten wie etwa die Erstellung des Bau- oder Abrissplans, einer Baustatik oder von Bauzeichnungen für das jeweilige Vorhaben vornimmt. Ein Statiker muss seine Berechnungen nachprüfbar in die Statik aufnehmen und festhalten. Ein Prüfingenieur für Baustatik, der hoheitlich tätig wird, ist ebenso wenig strafrechtlich nach § 319 StGB verantwortlich wie die Beamten der Baugenehmigungsbehörde.

c) Beauftragung von Subunternehmern schließt Haftung nicht aus

Bauleiter ist derjenige, der die maßgebenden Anordnungen für die Ausführung des Baus bzw. Abbruchs tatsächlich gibt. Es genügt dabei, wenn dies nur für ein bestimmtes Gewerk zutrifft. Der tatsächliche Bauleiter kann sich durch eine Beauftragung von Subunternehmern seiner strafrechtlichen Haftung nicht entledigen; eine entsprechende vertragliche Vereinbarung ist unbeachtlich. Die Übertragung der Bauüberwachung allein reicht demgegenüber aber für eine strafrechtliche Verantwortung nach herrschender Meinung noch nicht.

Der Bauherr kann unter Umständen als Bauleiter qualifiziert werden. Das ist der Fall, wenn er „selbst ausnahmsweise von vornherein sich die Bauaufsicht ganz oder zum Teil vorbehalten hat“. Vereinzelte Anweisungen reichen dafür aber nicht. Da Eigentümer die Kampfmittelanfrage auch selbst stellen können, kommt an dieser Stelle eine Entlastung der Architektin oder des Architekten in Betracht.

d) Konkrete Gefahr als Beinahe-Unfall

Der Eintritt einer konkreten Gefahr für Leib oder Leben ist Tatbestandsvoraussetzung. Im Falle einer Körperverletzung oder gar Tötung eines Menschen kann eine vorangegangene konkrete Gefahr ohne weiteres unterstellt werden. In diesem Falle wird § 319 StGB jedoch regelmäßig durch die §§ 222, 229 StGB überlagert und die Strafverfolgung gem. § 154a StPO auf letztere beschränkt.

Ansonsten wird die konkrete Gefahr wie bei der Straßenverkehrsgefährdung als Beinahe-Unfall verstanden. Ausreichend hierfür ist, dass das feuergefährliche Haus zwar fertig, aber noch nicht bezogen ist. Andererseits genügt eine bloß künftig drohende allgemeine Gefahr nicht.

Die konkrete Gefahr muss gerade auf den Verstoß gegen die anerkannten Regeln der Technik zurückzuführen sein. Der Verstoß darf im Sinne der Äquivalenztheorie nicht hinweggedacht werden können, ohne dass der Erfolg, die konkrete Gefahr, entfiele (*conditio sine qua non*). Die konkrete Gefahr muss dem Täter auch adäquat zurechenbar sein, also nicht völlig außerhalb der Erfahrung und Erwartung eines objektiven, durchschnittlich informierten Dritten liegen.

Die objektive Zurechnung kann insbesondere in Fällen atypischen Kausalverlaufs, Dazwischentreten eines Dritten (etwa einer Arbeiterin oder eines Arbeiters), oder im Falle des Erfolgseintritts auch bei rechtmäßigem Alternativverhalten zweifelhaft sein.

23. Allgemeine Geschäftsbedingungen und Bauvertrag

Das Werkvertragsrecht des Bürgerlichen Gesetzbuchs wurde den Besonderheiten von Bauverträgen vor Einführung des Baurechts ins BGB am 01.01.2018 nur unzulänglich gerecht. Welcher Anwendungsbereich der Vergabe- und Vertragsordnung für Bauleistungen Teil B: Allgemeine Vertragsbedingungen für die Ausführung von Bauleistungen (VOB/B) verbleiben wird, ist noch offen.

Allgemeine Geschäftsbedingungen (AGB) sind für eine Vielzahl von Verträgen vorformulierte Vertragsbedingungen, die eine Vertragspartei (Verwender) der anderen Vertragspartei bei Abschluss eines Vertrags stellt, § 305 Abs. 1 S. 1 BGB. Sie liegen auch dann vor, wenn sie von einem Dritten – beispielsweise dem Notar – für mehrere Verträge vorformuliert wurden, selbst wenn der Verwender sie nur im Rahmen eines Vertrags stellt, Beschluss des Bundesgerichtshofs vom 23.06.2005 – Aktenzeichen VII ZR 277/04; Urteil des Bundesgerichtshofs vom 24.11.2005 – Aktenzeichen VII ZR 87/04.

Bei einem Bauträgervertrag besteht ein Anschein für das Vorliegen von AGB, Urteil des Bundesgerichtshofs vom 14.05.1992 – Aktenzeichen VII ZR 204/90. Gegenüber Verbrauchern gelten AGB als vom Verwender gestellt, § 310 Abs. 3 Nr. 1 BGB. Der Verwender trägt die Beweislast für das Vorliegen einer Individualvereinbarung.

Hierfür müsste die betreffende Regelung im Einzelnen *ausgehandelt* worden sein. Aushandeln setzt mehr voraus als nur verhandeln und kann nicht durch entsprechende Vereinbarung bestätigt und damit umgangen werden, Urteil des Bundesgerichtshofs vom 20.03.2014 – Aktenzeichen VII ZR 248/13.

Die Regelung muss dafür vielmehr auch tatsächlich ernsthaft zur Disposition gestellt werden. Auch eine Individualvereinbarung kann der AGB-Kontrolle der §§ 307 ff. BGB unterzogen werden, Urteil des Oberlandesgerichts Frankfurt vom 31.10.2012 – Aktenzeichen 24 U 150/12.

Wird die VOB/B in den Vertrag als Ganzes einbezogen (insbesondere bei Verbraucherbauverträgen problematisch), ist sie privilegiert, da ihr Gesamtgefüge als ausgewogen gilt. Im Fall der Abbedingung auch nur einer einzigen Regelung der VOB/B ist sie jedoch nicht mehr als Ganzes vereinbart, sodass die AGB-Kontrolle wieder in vollem Umfang eröffnet ist und eine unangemessene Benachteiligung gem. § 307 Abs. 1 BGB auch durch Regelungen der VOB/B vorliegen kann.

Eine unangemessene Benachteiligung liegt auch dann vor, wenn eine Bestimmung nicht klar und verständlich ist. Denn es gilt das Transparenzgebot. Dies gilt auch für Preis- und Leistungsbestimmungen, Urteil des Bundesgerichtshofs vom 09.05.2001 – Aktenzeichen IV ZR 138/99.

Besonders zu beachten sind die Klauselverbote ohne Wertungsmöglichkeit gem. § 309 BGB, welche über § 310 Abs. 1 S. 2 in Verbindung mit § 307 leicht modifiziert auch für Verträge zwischen Unternehmern gelten.

24. Bauhandwerkersicherungshypothek

Die Hypothek ist neben der Grundschuld und der Rentenschuld ein Grundpfandrecht, das Grundbuch einzutragen ist, und zwar in die Abteilung III. Sie sichert Zahlungsansprüche dinglich. Im Falle eines Zahlungsausfalls kann Befriedigung aus dem Grundstück erlangt werden, indem dieses zwangsversteigert und der Erlös an die eingetragenen Berechtigten ausgekehrt wird. Da es dabei entscheidend auf den Rang im Grundbuch ankommt, sichert man sich eine günstige Rangstelle im Eilverfahren durch einstweilige Verfügung auf Eintragung einer Vormerkung in Abteilung II des Grundbuchs. Vorher sollte aber geprüft werden, ob nicht schon Vormerkungen vorhanden sind, denen gegenüber die eigene unwirksam und auf Verlangen kostenpflichtig wieder zu löschen wäre.

Die Bauhandwerkersicherungshypothek gemäß dem Bürgerlichen Gesetzbuch - § 648 alter Fassung bzw. 650e neuer, seit 01.01.2018 geltender Fassung – ist eine spezielle Form der Hypothek, die zur Sicherung des vorleistungspflichtigen Bauwerkunternehmers dient. Weitere Sicherungsmittel sind in § 650f BGB neuer Fassung – § 648a BGB alter Fassung – verankert. Die alten Regelungen haben immer noch Relevanz für vor 2018 abgeschlossene Werk- und Bauverträge.

Der Anspruch auf Einräumung einer Sicherungshypothek ist ausgeschlossen, soweit der Unternehmer eine Sicherheit nach § 650f BGB n.F. erlangt hat. Hat der Unternehmer umgekehrt bereits eine Vormerkung auf Eintragung einer Sicherungshypothek erlangt, kann der Anspruch auf eine sonstige Sicherung entfallen. Denn der Unternehmer könnte übersichert sein. Der Anspruch auf Sicherheitsleistung kann auch nach Abnahme im Hinblick auf eine Mängelbeseitigung geltend gemacht werden.

Für den Anwalt sind entsprechende Mandate sehr anspruchsvoll, da zur Rangsicherung Eile geboten ist. Der Rang im Grundbuch ist für den Wert des einzutragenden Rechts von erheblicher Bedeutung, da die Befriedigung der eingetragenen Gläubiger bei der Zwangsvollstreckung nach der Rangfolge und nicht etwa wie beim Insolvenzverfahren anteilig erfolgt.

So ist unverzüglich unter Glaubhaftmachung eines berechtigten Interesses ein Grundbuchauszug einzuholen und die Markentabelle beim Grundbuchamt einzusehen. Denn aus der Markentabelle sind die eingegangenen aber noch nicht erledigten Anträge ersichtlich.

25. Konflikte am Bau

Ob Großbauvorhaben oder Doppelhaushälfte – jedes Bauprojekt birgt Konfliktpotential. Von einem Konflikt spricht man laut gängiger Definition, wenn Interessen, Zielsetzungen oder Wertvorstellungen von Personen, gesellschaftlichen Gruppen, Organisationen oder Staaten miteinander unvereinbar sind oder unvereinbar erscheinen.

Die Konfliktforschung unterscheidet zwischen Konfliktformen wie Rollenkonflikten, Interessenkonflikten, Status- oder Führungskonflikten und Akzeptanzkonflikten.

Die Folgen von Konflikten am Bau können gravierend sein:

- Bauverzögerungen,
- Baustopp,
- Mehrkosten,
- Reputationsverlust,
- Kündigung.

Diese Konfliktfolgen haben oftmals weiterreichende Auswirkungen auch auf andere Vertragsverhältnisse und ziehen gerichtliche Auseinandersetzungen nach sich.

Häufige Konfliktursachen sind

- unpräzise Vertragsregelungen über das Bausoll,
- fehlerhafte Kalkulation bzw. Urkalkulation,
- mangelnde Kooperation und Kommunikation zwischen den Baubeteiligten,
- Bauzeitstörungen und nachträgliche Leistungsänderungen (Nachträge),
- fehlendes Mängel- und Konfliktmanagement.

Zur Konfliktvermeidung und Konfliktlösung empfehle ich unter anderem

- äußerst präzise und verständliche vertragliche Regelungen, insbesondere Vertragsprüfung und Vertragsergänzung durch juristischen Beistand,
- Aufnahme der **Belohnungsformel** – dazu siehe bereits oben das Schlagloch Nr. 1 – in den Bauvertrag zur Steigerung einer positiven Fehlerkultur und der Kooperation am Bau,
- frühzeitige Überprüfung und Klärung von Unstimmigkeiten auch in der Kalkulation,

- offene Kommunikation, Dokumentation und Konfliktbeilegung,
- kooperatives Management von Behinderungsanzeigen und Bedenkenanmeldungen sowie genaue Analyse der Störungen,
- effektives Konfliktmanagement am besten unter Einschaltung juristischen Beistands bereits im Frühstadium.

26. Miteinander statt gegeneinander – alternative Streitbeilegung in Bausachen

Außergerichtliche Verfahren der Konfliktlösung werden auch im Baubereich immer attraktiver. Es lohnt sich oft, früh über seinen Schatten zu springen und auf Sachebene eine schnelle Lösung zu vereinbaren. Vor Gericht droht eine Verzettelung im Klein-Klein und ein großer Verlust an Zeit und Geld, umso mehr in Zeiten einer Überlastung der Justiz. Auch im Bereich des Baurechts werden außergerichtliche Angebote zur Streitlösung immer häufiger und mit Erfolg angewandt. Es handelt sich dabei um Schlichtungsverfahren, Schieds- und Schlichtungsgutachtenverfahren, schiedsrichterliche Verfahren oder beschleunigte Streitbeilegungs- und Feststellungsverfahren, wie Sie schon die VOB/B in § 18 kennt, sowie um die Mediation.

Aufgrund der Mehrbelastung der Justiz bei Krisen wie der aktuell erlebten Pandemie empfiehlt es sich umso mehr, den Gang zum Gericht auch im Baubereich möglichst zu vermeiden. Die Erlangung eines gerichtlichen Titels – ohnehin schon immer mit erheblichen Kosten und Risiken verbunden – dauert in Sondersituationen noch länger. Die Lösung der aufgetretenen Probleme und Spannungen wird dadurch aber auf die lange Bank geschoben, was zur Emotionalisierung führen kann.

Die ARGE Baurecht hat ihre reformierte Schlichtungs- und Schiedsordnung vorgelegt (SOBau), die noch in diesem Jahr verabschiedet werden soll. Die Vielfalt solcher Schiedsordnungen ist zwar zu begrüßen. Ob die neue SOBau aber ein ernsthaftes Gegenangebot zur etablierten Streitlösungsordnung für das Bauwesen (SL Bau) der Deutschen Gesellschaft für Baurecht werden kann bezweifle ich. Denn der aktuelle Entwurf der neuen SOBau ist zu lang und zu kompliziert. Die Regelungstiefe geht zu weit und erinnert an das Bienenrecht im Bürgerlichen Gesetzbuch (BGB). Die Väter des BGB haben die ausdifferenzierte Rechtsprechung zu Fällen mit Beteiligung von Imkern in den §§ 961–964 BGB niedergelegt, komplizierte Sonderregelungen, die es für keine andere Landwirtschaft gibt.

Kompliziertheit führt aber gerade zu einer erhöhten Konfliktgefahr, wie Albrecht Merkle in seinem wichtigen Buch über den Baukonflikt vorzüglich – unter Rückgriff etwa auf Paul Watzlawick und Robert Axelrod – dargestellt hat. Das gilt nicht nur für die technische Seite, sondern auch aus der Perspektive der Vertragsinhalte.

Das Problem am Bau ist kaum jemals zu wenig Text, sondern gerade umgekehrt die Masse an einzuhaltenden Regelungen, denen es nicht selten an Präzision oder sogar Verständlichkeit fehlt.

In meiner beruflichen Praxis empfehle ich daher eher die Einschaltung eines professionellen Mediators. Auf diese Weise kann auch das Verfahren selbst frei vereinbart werden und entsteht kein unnötiges Korsett. Eine Mediation kann jederzeit von allen Beteiligten auch wieder abgebrochen werden. Noch mehr als bei der Güteverhandlung bei Gericht hängt hier alles entscheidend von der Persönlichkeit der Mediatorin oder des Mediators ab.

27. Das selbständige Beweisverfahren – Fehlkonstrukt in der deutschen Prozesslandschaft und Anwaltsfehler im Baurecht

Im Bereich des Baurechts (nicht etwa im Bereich des Mietrechts) entspricht das Beweissicherungsverfahren oder selbständige Beweisverfahren nicht dem Mandanteninteresse. Eine Klage gerichtet zum Beispiel auf Vorschuss hemmt sicherer die Verjährung und führt in aller Regel auch schneller zur Streitbeilegung. Bei erkennbarer Vergleichsbereitschaft bietet sich ein Schlichtungsverfahren oder ein Schiedsgutachten an.

Der Antrag auf Einleitung eines selbständigen Beweisverfahrens kann rein theoretisch im Rahmen eines anhängigen Rechtsstreits nach § 486 Abs. 1 der Zivilprozessordnung (ZPO) eingeleitet werden. Während eines laufenden Gerichtsverfahrens wird allerdings die Ruhendstellung vorgezogen. Statt durch ein förmliches Beweisverfahren die Verfahrenshoheit auf eine(n) Sachverständige(n) zu übertragen holen die Parteien besser ein gemeinsames Gutachten zur Klärung streitiger Fragen ein. Nur dann kann auf Antrag jeder Partei jederzeit die streitige Verhandlung fortgeführt werden.

Meistens wird ein selbständiges Beweisverfahren hingegen zur Vorbereitung bzw. Vermeidung eines Rechtsstreits nach § 486 Abs. 2 ZPO eingeleitet, sogenanntes isoliertes selbständiges Beweisverfahren. Zuständig ist das Gericht, das für die Hauptsache zuständig wäre. Für dringende Fälle besteht zusätzlich eine sogenannte Eilzuständigkeit des örtlich zuständigen Amtsgerichts. Der Antragsteller muss den Gegner und die Tatsachen bezeichnen, über die Beweis erhoben werden soll, die Beweismittel benennen und durch geeignete Mittel - zum Beispiel eine eidesstattliche Versicherung – die Tatsachen glaubhaft machen, die die Zuständigkeit des Gerichts begründen.

Die Beweisfragen müssen aber auch aus technischer Sicht korrekt formuliert werden. Sind die Fragen auch nur teilweise falsch gestellt, weist sie spätestens die oder der vom Gericht bestellte Sachverständige zurück. Auf Beschwerde der Antragsgegner wird der Antrag zudem von der nächsten Instanz überprüft. Ein solches Hin und Her zwischen den Instanzen kann sich über Jahre hinziehen. Falsch gestellte Fragen führen weder zu einem Ergebnis noch zur Hemmung der Verjährung. Daher ist vor Einleitung eines solchen Beweisverfahrens im

Hinblick auf die Anforderungen an die Fragestellung ohnehin die Einholung eines Privatgutachtens ratsam.

Weder eine Beschleunigung der Konfliktbereinigung noch eine Vermeidung streitiger Verfahren sind empirisch belegbar. Im Gegenteil sind selbständige Beweisverfahren bekannt, die sich über Jahre und sogar Jahrzehnte hinziehen. Am Ende eines solchen Verfahrens hat man noch keinen Titel, sondern muss sich zusätzlich auch noch über die zwischenzeitlich angefallenen Kosten streiten. Zumindest im Bereich des Baurechts entspricht das Beweissicherungsverfahren oder selbständige Beweisverfahren daher in aller Regel nicht dem Mandanteninteresse.

Ein Grund für die Fortexistenz eines solchen Relikts aus dem römischen Recht ist die Fachanwaltsordnung (FAO). Um sich Fachanwalt für Baurecht nennen zu dürfen muss man zum Nachweis der besonderen praktischen Erfahrungen nach § 5 als Rechtsanwalt persönlich und weisungsfrei sechs solcher selbständiger Beweisverfahren im Baurecht durchgeführt haben. Die FAO übt dadurch eine Anreiz- und Steuerungswirkung aus, die aus rechtsstaatlicher Sicht bedenklich ist. Es liegt nahe, dass es viel weniger solcher Verfahren geben würde, wenn diese Fehlsteuerung durch die FAO nicht erfolgen würde.

Eine Klage gerichtet zum Beispiel auf Vorschuss hemmt allein schon wegen der Symptomtheorie sicherer die Verjährung und führt bei zeitnaher Einräumung eines Gütetermins auch schneller zur Streitbeilegung. Zu erinnern ist auch an die noch zu selten genutzte Möglichkeit eines frühen ersten Termins im streitigen Verfahren. Ist der Konflikt noch frisch kann er in aller Regel im Keim erstickt werden. Sind die Parteien erkennbar noch vergleichsbereit empfehle ich ein Schiedsgutachten oder ein Schlichtungsverfahren. Es lohnt sich in einer solch frühen Phase eines jeden Konflikts wirtschaftlich und auch persönlich, über seinen Schatten zu springen.

Wenn man aber in die Verlegenheit eines solchen selbständigen Beweisverfahrens gerät, sollte man als Antragsgegner auch daran denken, die in Wahrheit nicht vorhandenen Mängel bewerten zu lassen. Denn jede Partei will im Anschluss an die Beendigung des Verfahrens gegenüber der Gegenseite einen möglichst hohen Erstattungsanspruch bezüglich der Anwalts- und Verfahrenskosten geltend machen – entweder über eine isolierte Kostenentscheidung über § 494a Abs. 2 ZPO oder im Rahmen eines anschließenden Hauptsacheverfahrens. Die Kosten des Rechtsstreits richten sich nach der Quote des Unterliegens. Die Kosten des Rechtsstreits müssen die Parteien anteilig je nach Quote des jeweiligen Unterliegens tragen, bei geringfügigem Unterliegen (weniger als ein Zehntel) die Gegenseite sogar ganz, § 92 ZPO. Daher ist es für den

Auftragnehmer günstig, wenn der wertmäßige Anteil der nicht vorhandenen Mängel möglichst hoch ist.

Das rechtliche Interesse der Festsetzung des zutreffenden Streitwerts und der quotalen Kostenverteilung ist weithin anerkannt. Daher ist ein entsprechender Antrag, gerichtet auf die Bewertung der Beseitigungskosten der bloß behaupteten Mängel, in der Regel auch zulässig.

Es handelt sich dabei insbesondere nicht um eine Ausforschung, die unzulässig wäre, denn der Auftraggeber selbst hat die angeblichen Mängel ja geltend gemacht. Daher ist es auch gerecht, wenn er einen entsprechenden Anteil der Kosten trägt.

28. Privatgutachten oder selbständiges Beweisverfahren?

Wenn Mängel vorliegen, fragt es sich oft, ob besser ein Privatgutachten eingeholt oder gleich ein selbständiges Beweisverfahren oder gar Klageverfahren vor Gericht eingeleitet werden soll.

Das selbständige Beweisverfahren wurde früher Beweissicherungsverfahren genannt. Es hat seine Wurzeln im römischen und kanonischen Recht. Neben der vorsorglichen Beweissicherung gewährt es Möglichkeiten der Schlichtung, Prozessvermeidung, Beschleunigung des Rechtsstreits und Hemmung der Verjährung. Dies gilt, selbst wenn das selbstständige Beweisverfahren in den letzten Jahren in die Kritik geraten ist. Die Kritik gründet sich vor allem in der Dauer, die ein solches Verfahren mitunter einnimmt und darin, dass es oft eine Klage gerade nicht vermeidet, sondern nur vorbereitet.

Bei Bauvorhaben hat dieses Verfahren dennoch eine sehr große Bedeutung. Es wird häufig zur Feststellung von bestimmten Mängeln beantragt. Diese müssen im Antrag in Frageform konkretisiert werden. Die Frage der Mangelhaftigkeit selbst ist eine Rechtsfrage und kann vom Sachverständigen nicht beantwortet werden. Abzustellen ist bei der Formulierung der Beweisfragen auf die Anknüpfungstatsachen.

Die Mängelrechte verjähren je nachdem, wann die Begutachtung des jeweiligen Mangels abgeschlossen wurde. Schließt der Sachverständige die Begutachtung des Mangels A also vorzeitig ab und benötigt für den Mangel B noch länger, läuft die Verjährung nach der Nachlaufhemmung von sechs Monaten weiter. Möglicherweise können dann wegen des Mangels A keine Rechte mehr geltend gemacht werden, wenn nicht ein arglistgleiches Organisationsverschulden vorliegt.

Die Bezugnahme auf das den Parteien bekannte Gutachten aus einem selbständigen Beweisverfahren reicht für eine Aufforderung zur Mängelbeseitigung aus. Die Auflistung der Mängel ist dann nicht erforderlich, so der Bundesgerichtshof im Urteil vom 09.10.2008 – Aktenzeichen VII ZR 80/07. Ein Bestreiten der im selbständigen Beweisverfahren festgestellten Mängel wird als endgültige Verweigerung der Mängelbeseitigung gewertet, so das Oberlandesgericht München, Beschluss vom 22.12.2010 – Aktenzeichen 9 U 5082/09.

Der Antrag auf Einleitung eines selbständigen Beweisverfahrens kann entweder im Rahmen eines anhängigen Rechtsstreits nach § 486 Abs. 1 der Zivilprozessordnung (ZPO) eingeleitet werden, oder zur Vorbereitung bzw.

Vermeidung eines Rechtsstreits nach § 486 Abs. 2 ZPO bei dem Gericht eingereicht werden, das für die Hauptsache zuständig wäre. Im letzteren Falle spricht man von einem isolierten selbständigen Beweisverfahren.

Für dringende Fälle besteht ausnahmsweise unabhängig vom Streitwert die Eilzuständigkeit (Notzuständigkeit) des örtlich zuständigen Amtsgerichts. Der Antragsteller muss den Gegner und die Tatsachen bezeichnen, über die Beweis erhoben werden soll, die Beweismittel benennen (neben dem Sachverständigengutachten kommen auch Zeugen in Betracht) und die Tatsachen glaubhaft machen, die die Zuständigkeit des Gerichts begründen sollen. Tatsachen, die voraussichtlich nicht bestritten werden, brauchen nicht glaubhaft gemacht zu werden. Ein gängiges Mittel der Glaubhaftmachung ist die eidesstattliche Versicherung.

Die private Beauftragung eines Sachverständigen durch eine Partei stellt eine weitere wichtige Möglichkeit zur Vorbereitung der Beweisaufnahme im Bauprozess dar. Sie kommt aber auch in Betracht, um ein gerichtlich eingeholtes Gutachten zu erschüttern. Ein Privatgutachten ist zwar lediglich Parteivortrag, aber als Grundlage der Überzeugungsbildung des Richters nach § 286 ZPO geeignet und darf aufgrund des Anspruchs auf rechtliches Gehör aus Art. 103 Abs. 1 Grundgesetz (GG) nicht übergangen werden.

Neben den Feststellungen im selbständigen Beweisverfahren und eingeholten Privatgutachten kommen als Grundlage für eine gerichtliche Entscheidung auch Feststellungen aus anderen gerichtlichen Verfahren in Betracht, § 411a ZPO.

Die Frage, ob zunächst ein Privatgutachten eingeholt oder gleich durch Einleitung eines selbständigen Beweisverfahrens oder einer Klage gerichtliche Hilfe in Anspruch genommen werden soll, wird häufig zugunsten des Privatgutachtens entschieden. Denn das selbständige Beweisverfahren dauert regelmäßig länger und führt regelmäßig gerade nicht zur Prozessvermeidung. Ein Privatgutachten kann zudem ein selbständiges Beweisverfahren oder auch eine Klage sinnvoll vorbereiten, sodass insbesondere die Beweisfragen im Antrag oder die Beweisantritte zielführend formuliert werden können. Der privat beauftragte Sachverständige steht zudem als sachverständiger Zeuge zur Verfügung und kann vom Gericht sogar als sachverständiger Zeuge vernommen werden.

Andererseits kann eine sichere Hemmung der Verjährung der Mängelrechte im Hinblick auf die Schwierigkeit des Nachweises von Verhandlungen nur mit einem selbständigen Beweisverfahren oder einer Klage herbeigeführt werden. Die selbständige Beweiserhebung steht einer Beweisaufnahme im Hauptsacheverfahren gleich, § 493 ZPO.

Oft ist die Einholung eines Privatgutachtens parallel zu einem laufenden Gerichtsverfahren oder selbständigen Beweisverfahren angezeigt. Mit einem solchen kann der Auftraggeber insbesondere die Beweiskraft eines gerichtlich eingeholten Gutachtens erschüttern und die Einholung eines „Obergutachtens" bewirken. Hier empfiehlt es sich, den Aufbau am bereits vorliegenden Gutachten zu orientieren, um dem Richter den erforderlichen Vergleich zu erleichtern. Sein Ermessen zur Einholung eines gerichtlichen Zweitgutachtens, eines neuen Gutachtens im Sinne von § 412 ZPO, ist in diesem Fall reduziert.

Streitig und in vielen Fällen nicht geklärt ist, wer die Kosten eines Privatgutachtens zu tragen hat. Kostenschuldner des Privatgutachters ist zunächst einmal dessen Auftraggeber. Ob der Auftraggeber des Gutachtens die Erstattung der Kosten verlangen kann, hängt entscheidend davon ab, ob diesem ein materiell-rechtlicher (Nacherfüllungskosten, Schadensersatz) oder prozessualer (Kosten des Rechtsstreits, Erforderlichkeit zur zweckentsprechenden Rechtsverfolgung) Anspruch zusteht. Insoweit existiert eine differenzierte Rechtsprechung. Es empfiehlt sich daher, vor Einholung eines solchen Gutachtens Rechtsrat zu suchen, um im Zweifel noch die Grundlage eines Erstattungsanspruchs zu schaffen.

29. Sind Privatgutachterkosten erstattungsfähig?

Mängel sind das Thema Nummer eins bei nahezu jedem Bauprojekt. Zur Aufklärung und zur Vorbereitung der Abnahme oder eines Prozesses wird oftmals ein privater Sachverständiger beauftragt. Wer hat die Kosten solcher Privatgutachten zu tragen? Dies ist sehr umstritten.

Nur ausnahmsweise sind die Kosten für die Einholung eines Privatsachverständigengutachtens im Rahmen der Prozesskosten erstattungsfähig. Nach der Rechtsprechung des Bundesgerichtshofs sind von der unterlegenen Seite nach § 91 ZPO zu erstattende „notwendige" Kosten solche, die für Maßnahmen anfallen, die eine verständige und wirtschaftlich vernünftig denkende Partei im Zeitpunkt der Veranlassung als sachdienlich ansehen darf. Sie müssen dafür unmittelbar prozessbezogen sein.

Sachdienlichkeit wird bejaht, wenn der Bauherr infolge fehlender Sachkenntnis ohne die Einholung des Privatgutachtens nicht zu einem sachgerechten Vortrag in der Lage gewesen wäre. Dazu gehören nach den Beschlüssen des Bundesgerichtshofs vom 07.02.2013 – Aktenzeichen VII ZB 60/11 – und vom 20.12.2011 – Aktenzeichen VI ZB 17/11 – auch Fälle, in denen die Partei ohne Einholung eines Privatgutachtens ein ihr nachteiliges Gerichtssachverständigengutachten nicht hätte erschüttern können. Dies wird bei eigener Sachkunde verneint.

Die sogenannte „Waffengleichheit" spielt ebenso wenig eine Rolle wie der tatsächliche Einfluss des eingeholten Gutachtens auf den Prozess. Insbesondere ist nach dem aktuellen Beschluss des für das Baurecht und Internetrecht zuständigen Siebten Zivilsenats des Bundesgerichtshofs vom 01.02.2017 – Aktenzeichen VII ZB 18/14 – bloßer Parteivortrag genauso gewichtig wie ein durch ein Privatgutachten untermauerter Vortrag. Begründet wird dies mit dem Anspruch auf rechtliches Gehör nach Art. 103 Abs. 1 GG.

Die Erstattungsfähigkeit der Kosten für ein prozessbegleitend eingeholtes Privatgutachten ist nicht deshalb gegeben, weil ihm im Rahmen des Rechtsstreits ein höheres Gewicht zukäme als sonstigem Parteivortrag.

Privatgutachterkosten können ferner aber auch als Schadensersatz neben der Leistung gem. § 634 Nr. 4 BGB erstattungsfähig sein. Dies setzt allerdings neben dem Ablauf einer Frist auch das Verschulden des Bauunternehmers voraus, also Vorsatz oder Fahrlässigkeit. Nach der vom Bundesgerichtshof entwickelten „Symptomtheorie" genügt es nämlich, wenn der Auftraggeber das objektive Erscheinungsbild eines Mangels angibt. Er braucht Ursachen eigentlich nicht zu benennen.

Der für das Kaufrecht und Wohnraummietrecht zuständige achte Zivilsenat des Bundesgerichtshofs hat im Urteil vom 30.04.2014 – Aktenzeichen VIII ZR 275/13 – allerdings einen großzügigeren Maßstab angelegt. Auch aus § 439 Abs. 2 BGB ergebe sich ein verschuldensunabhängiger Anspruch auf Ersatz von zur Klärung von Mängelursachen erforderlichen Sachverständigenkosten. Denn das Gutachten ermögliche die Durchsetzung des Nacherfüllungsanspruchs, sodass dessen Kosten „zum Zwecke der Nacherfüllung" aufgewandt würden.

Vor Beauftragung eines Privatgutachters empfiehlt sich jedenfalls eine anwaltliche Prüfung der Erstattungsfähigkeit seiner Kosten. Oft lassen sich noch die Voraussetzungen für die Erstattungsfähigkeit der Privatgutachterkosten schaffen.

30. Schlüsselfertigbau

Schlüsselfertigbau bezeichnet die vollständige Erstellung eines Objekts durch einen Unternehmer zu einer pauschalen Vergütung. Die schlüsselfertige Herstellung zeichnet sich somit durch drei Elemente aus, nämlich

a) die komplette Herstellung in der Regel einschließlich Planungsleistungen
b) durch nur einen einzigen Vertragspartner, in der Regel einen Generalunternehmer
c) zu einem im Voraus feststehenden Preis.

Es handelt sich mithin um eine Unterform des Pauschalpreisvertrags.

Zum Bausoll gehören in der Regel alle Leistungen, die für die Erreichung der Schlüsselfertigkeit nach den anerkannten Regeln der Technik für ein zweckgerechtes und mangelfreies Bauwerk erforderlich und vorhersehbar sind.

Die Frage, was unter dem Begriff „Schlüsselfertigkeit" im Einzelfall zu verstehen und damit Leistungsziel beziehungsweise Leistungsinhalt sein soll, ist aber nach den gesamten vertraglichen Vereinbarungen und der Leistungsbeschreibung (Leistungsverzeichnis, Pläne) zu beurteilen und im Zweifel durch Auslegung der Vertragsunterlagen einschließlich etwa einbezogener Allgemeiner Geschäftsbedingungen und gegebenenfalls weiterer Absprachen nach den §§ 133, 157 BGB festzustellen. Das zu errichtende Objekt muss nach fachlicher Meinung bei Abnahme vollständig und funktionsfähig sein, Urteil des Bundesgerichtshofs vom 22.03.1984 – Aktenzeichen VII ZR 50/82 und ständige Rechtsprechung (funktionaler Mangelbegriff).

Die Schlüsselfertigkeitsklausel ist eine der drei Unterformen der Vollständigkeitsklauseln. Sie bestimmt, dass zum Leistungsumfang des Auftragnehmers „alles was notwendig ist" gehört.

Zum Leistungsumfang gehören die regelmäßigen Kosten der Bauausführung, beispielsweise

- Aushub und Verfüllung der Baugrube, siehe das Urteil des Bundesgerichtshofs vom 29.09.1983 – Aktenzeichen VII ZR 225/82,
- Aufbringung einer Nutzschicht aus Estrich oder Kunstharz auf der Betonbodenplatte einer Lagerhalle, hierzu das Urteil des Oberlandesgerichts Düsseldorf vom 16.08.1995 – Aktenzeichen 22 U 256/93,
- eine den anstehenden Wasserverhältnissen entsprechende Kellerabdichtung, hierzu die Urteile des Oberlandesgerichts Celle vom 14.01.1998 – Aktenzeichen 6 U 209/96 – sowie vom 26.03.2001 – Aktenzeichen 14 U 141/98,

- die Einholung der nach Sachlage notwendigen Informationen, um eine ordnungsgemäße Entwässerung zu gewährleisten, siehe das Urteil des Bundesgerichtshofs vom 10.05.2001 – Aktenzeichen VII ZR 248/00,
- die Verlegung einer Ringdrainage, siehe Landgericht Nürnberg-Fürth, Urteil vom 25.08.1988 – Aktenzeichen 6 O 2825/88 – mit Ausführungen zur Unzulässigkeit einer Abwälzung auf den Bauherrn im Wege von Allgemeinen Geschäftsbedingungen,
- sowie der Anschluss des Grundstücks an die öffentlichen Ver- und Entsorgungsleitungen, Urteil des Oberlandesgerichts Koblenz vom 26.02.2002 – Aktenzeichen 3 U 498/01.

Es besteht beim Schlüsselfertigbau zwar eine Vermutung für einen pauschalen Leistungsumfang. So besteht bei offenkundigen Lücken der Leistungsbeschreibung keine über den Pauschalpreis hinausgehende Vergütungspflicht für zusätzlich erbrachte Leistungen, soweit diese erkennbar erforderlich zur Erstellung des Bauwerks sind, Urteil des Oberlandesgerichts Koblenz vom 31.03.2010 – Aktenzeichen 1 U 415/08.

Diese Vermutung kann aber widerlegt werden. Haben die Parteien den Umfang der geschuldeten Leistungen vertraglich detailliert festgelegt und damit gerade nicht pauschaliert, werden später geforderte oder notwendige Zusatzarbeiten nicht vom „Festpreis“ erfasst und können vom Besteller nur gegen zusätzliche Vergütung verlangt werden, Urteil des Oberlandesgerichts Koblenz vom 30.05.2008 – Aktenzeichen 10 U 652/07.

Um Streit über den Leistungsumfang von vorneherein zu vermeiden, empfehlen sich präzise und möglichst eindeutige Vertragsunterlagen. Verbleibende Auslegungsmöglichkeiten führen oft zu Konflikten am Bau. Auslegung ist Kaffeesatzleserei. Verträge sind möglichst vor Unterzeichnung sorgfältig und fachmännisch zu prüfen.

31. Zielfindungsphase beim Architektenvertrag

Durch einen Architekten- oder Ingenieurvertrag wird die Unternehmerin oder der Unternehmer (Architekt oder Ingenieur) nach dem neuen § 650p Abs. 1 BGB verpflichtet, diejenigen Leistungen zu erbringen, die nach dem Stand der Planung und Ausführung erforderlich sind, um die zwischen den Beteiligten vereinbarten Planungs- und Überwachungsziele zu erreichen. Solche Planungs- und Überwachungsziele sind unter anderem die Geschosszahl und Dachform des Bauwerks (so die Gesetzesbegründung), Kosten und Termine, Standort und Einordnung auf dem Grundstück, Gestaltung und Materialität, Einhaltung von Vorgaben des öffentlichen Baurechts, Vorgaben zur Gebäudekubatur, Nutzungszweck und spezielle Nutzungsanforderungen, Qualitäts- und Ausstattungsstandard, energetische oder bauökologische Anforderungen, Vorgaben von Fördermittelgebern, aber beispielsweise auch die gewählte Unternehmenseinsatzform. Es geht um die Klärung von Qualität, Quantität und Kosten des Vorhabens unter Beibehaltung von genügend Spielraum für den weiteren Planungsprozess.

Soweit wesentliche Planungs- und Überwachungsziele noch nicht bestimmt sind, ist die neue Zielfindungsphase eröffnet und sogar eine regelrechte Vertragspflicht. Werden die Planungs- und Überwachungsziele aber bereits während der Akquise-Phase zwischen den Beteiligten geklärt, so kann ein Vertrag geschlossen werden, der diese Planungs- und Überwachungsziele im Leistungsumfang bereits enthält. Die Versicherbarkeit allzu genauer Zielvereinbarungen ist mitunter zweifelhaft, da es sich um Garantien handeln könnte. Es besteht ferner trotz Ermittlung der Planungs- und Überwachungsziele keine Vermutung für einen Rechtsbindungswillen und Vertragsschluss oder gar für einen Vollauftrag. An der Notwendigkeit eines möglichst schriftlichen Vertragsschlusses hat sich durch die neue Zielfindungsphase also nichts geändert. Allerdings erleichtert die Möglichkeit einer vertraglichen Zielfindungsphase einen frühen Vertragsschluss.

Denn aufgrund der nach der Zielfindungsphase grundsätzlich eingeräumten Sonderkündigungsrechte gem. § 650r BGB wird die Hemmschwelle zum Vertragsschluss gesenkt. Ferner bietet die Zielfindungsphase Indizien für einen Vertragsschluss. Sind die wesentlichen Planungs- und Überwachungsziele bereits bestimmt, was weiterhin häufig im Rahmen der Akquise erfolgen dürfte, so kann geregelt werden, dass die Sonderkündigungsrechte erloschen sind. Ein Ausschluss des Sonderkündigungsrechts des Bestellers im Wege von Allgemeinen Geschäftsbedingungen des Unternehmers wird allerdings zu Recht für unwirksam gehalten. Denn die Sonderkündigungsrechte nach Abschluss der Zielfindungsphase bilden das neue gesetzliche Leitbild.

Mit Abschluss der Zielfindungsphase soll der Planer dem Besteller eine Planungsgrundlage – nicht etwa Planung – mit einer Kosteneinschätzung – nicht etwa Kostenschätzung nach DIN 276 – überreichen. Der Bauherr hat dann ein Sonderkündigungsrecht binnen der gesetzlichen Frist von nur zwei Wochen, die vertraglich verlängert werden sollte. Bei Verbrauchern muss zudem zwingend über die Rechtsfolgen der Sonderkündigung belehrt werden. Ist die Belehrung fehler- oder lückenhaft, kann der Verbraucher noch mitten in der weiteren Abwicklung des Vertrags ohne die Rechtsfolgen der freien Kündigung kündigen. Er erhält ein von der Vergütungspflicht für nicht erbrachte Leistungen befreites freies Kündigungsrecht.

Die Gesetzesbegründung versteht die Planungsgrundlage als grobe Skizze oder ungefähre Beschreibung des potentiellen Bauvorhabens. Sie müsse einen für die weitere Planung belastbaren Wert haben und dem Besteller die fundierte Entscheidung ermöglichen, ob er das Bauprojekt mit diesem Planer realisieren will. Der Gesetzgeber will die Besteller vor den Folgen übereilt abgeschlossener Architekten- und Ingenieurverträge schützen.

Die Planungsgrundlage überschneidet sich – auch wenn sie der „eigentlichen Planung" vorgeschaltet sein soll – mit der Grundlagenermittlung. Diese sieht insbesondere in den Leistungsbildern „Gebäude und Innenräume" und „Freianlagen" als Grundleistungen ein „Klären der Aufgabenstellung" und ein „Beraten zum gesamten Leistungs- und Untersuchungsbedarf" vor. Darüber hinaus umfasst die Planungsgrundlage auch Leistungen der Vorplanung gem. Leistungsphase 2. Statt der Vorplanung gem. Leistungsphase 2 Buchstabe c) genügt aber eine grobe Skizze, und statt der Kostenschätzung gem. Leistungsphase 2 Buchstabe g) reicht die Angabe eines Kostenrahmens. Bei Angabe von Mittelwerten ist auf die Möglichkeit von Abweichungen unbedingt hinzuweisen.

Planungsgrundlage und Kosteneinschätzung bilden einen werkvertraglichen Erfolg. Der Besteller kann etwa unzureichende Unterlagen zurückweisen, so dass die Kündigungsfrist erst bei Vorlage der adäquaten Unterlagen beginnt. Der Architekt sollte den Ablauf der Frist abwarten, bevor er weiterplant, da weitere Leistungen verfrüht und damit im Falle der Kündigung nicht abrechenbar wären. Bei Kündigung auf Basis des Sonderkündigungsrechts ist eine Abnahme der Planungsgrundlage und Kosteneinschätzung durchzuführen. Kündigungsgründe sind nicht erforderlich. Die Norm ist rein anlassbezogen und bezieht sich allein auf die Vorlage der Planungsgrundlage und Kosteneinschätzung. Es handelt sich um ein neues ordentliches Kündigungsrecht.

Auch die Architektin oder der Architekt kann kündigen, wenn der Besteller die Zustimmung verweigert oder innerhalb der gesetzten Frist keine Erklärung zu den Unterlagen abgibt, § 650r Abs. 2 BGB. Der Planer wird aber regelmäßig kein Interesse an einer frühen Vertragsbeendigung haben. Er wird in der Regel dazu verpflichtet sein, zunächst eine Abstimmung mit seiner Auftraggeberin oder seinem Auftraggeber zu suchen.

Die vertragliche Festlegung der wesentlichen Planungs- und Überwachungsziele kann dem Architekten bei der Durchsetzung von Nachtragsansprüchen helfen. Denn bei nachträglichen Änderungen wird künftig zwischen notwendigen und gewillkürten Änderungen differenziert. Eine notwendige Änderung liegt nur dann vor, wenn sie für die Erreichung der bereits vereinbarten Ziele unabdingbar ist, wie beispielsweise die Erfüllung behördlicher Auflagen. Bei notwendigen Änderungen ist eine Ablehnung des Architekten nur in seltenen Ausnahmefällen wegen subjektiver oder objektiver Unmöglichkeit zulässig. Bei gewillkürten Änderungen hingegen, also Änderungen der bereits vereinbarten Ziele selbst, kann der Architekt sich auf die Unzumutbarkeit berufen und sie ablehnen.

Es wird empfohlen, Regeltatbestände der Unzumutbarkeit im Vertrag zu definieren, um Streit darüber vorzubeugen. So kann vereinbart werden, dass eine Änderung für den Architekten insbesondere dann unzumutbar ist, wenn sich die Planung auf ein anderes Grundstück beziehen soll, wenn sich der Charakter des Gebäudes insgesamt so verändern würde, dass die Identität des Gebäudes nicht mehr gewahrt wäre oder wenn der Auftraggeber von vorneherein endgültig und ernsthaft die Zahlung einer dem Auftragnehmer für die zusätzlich zu erbringenden Planungsleistungen zustehenden Vergütung verweigert, sowie wenn das Büro des Architekten auf die Ausführung der geänderten Leistungen nicht eingerichtet ist.

32. Vorvertragsmängel: Konkrete Klarstellungen im Vertrag notwendig

Die vorvertraglichen Beschreibungen eines Kauf-, Bau- oder Werkobjekts werden Bestandteil der vereinbarten Soll-Beschaffenheit. Im Folgenden entwerfe ich eine Methode, daraus resultierende Haftungsrisiken zu begrenzen.

Durch das neue Baurecht wurden zum 01.01.2018 die Informationspflichten zugunsten von Verbraucherinnen und Verbrauchern erheblich verschärft, siehe Art. 249 EGBGB. Nach dessen § 2 muss die Baubeschreibung mindestens die folgenden Informationen enthalten:

- Beschreibung des herzustellenden Gebäudes oder der vorzunehmenden Umbauten,
- Art und Umfang der angebotenen Leistungen,
- Gebäudedaten, Pläne mit Raum- und Flächenangaben sowie Ansichten, Grundrisse und Schnitte,
- Energiestandard, Brandschutz- und Schallschutzstandard sowie Angaben zur Bauphysik,
- Beschreibung der Baukonstruktionen aller Gewerke,
- Beschreibung des Innenausbaus,
- Beschreibung der gebäudetechnischen Anlagen, d. h. der technischen Gebäudeausrüstung (TGA),
- Qualitätsmerkmale, denen das Gebäude oder der Umbau genügen muss,
- Beschreibung der Sanitärobjekte, der Armaturen, der Elektroanlage, der Installationen, der Informationstechnologie und der Außenanlagen,
- Zeitpunkt der Fertigstellung bzw. Dauer der geplanten Baumaßnahmen.

Des Weiteren ist bezüglich anderer wichtiger Bauunterlagen eine Verpflichtung zur Herstellung und Übergabe geschaffen, und zwar in § 650n BGB über die „Erstellung und Herausgabe von Unterlagen“, insbesondere solcher Unterlagen, die gegenüber Behörden benötigt werden. Unternehmen nutzen auch aus diesem Grunde immer mehr die modernen Möglichkeiten der Information mittels digitaler Daten und Modelle. Mit der Verschärfung der Informationspflichten wachsen gleichzeitig auch die Fehlerquellen und damit die Haftungsrisiken im Falle unrichtiger Information.

Der Gesetzgeber hat bei der Schuldrechtsmodernisierung vor nun bald 20 Jahren zwar auch die Haftung für Verschulden bei Vertragsverhandlungen – sogenannte *culpa in contrahendo* (c.i.c.) – ins Bürgerliche Gesetzbuch eingefügt,

§ 311 Abs. 2 BGB. Die Rechtsprechung geht nach meiner Erfahrung bei Abweichung vorvertraglicher Informationen vom verkauften oder geschaffenen Objekt aber regelmäßig lieber von einem Mangel aus, also einer Abweichung des Ist-Zustands von der vereinbarten Soll-Beschaffenheit. Dies ist bei vorvertraglicher Vorlage abweichender Pläne in der Baubeschreibung ebenso der Fall wie bei virtuellen Modellen, bei denen zusätzliche Leistungen zu erkennen sind, wie zum Beispiel eine bodengleiche Dusche oder sogar ein benachbarter Spielplatz. Ich spreche in diesen Fällen von Vorvertragsmängeln und schlage vor, diesen neuen Begriff zu etablieren.

Je mehr das Objekt vor Vertragsschluss also auch mithilfe des Internets angepriesen worden ist, umso größer die Gefahr einer Haftung für Vorvertragsmängel, wenn abweichend ausgeführt worden ist. Dies gilt insbesondere auch dann, wenn die Baubeschreibung zu den in der Werbung genannten Leistungen schweigt. Verbraucherinnen und Verbraucher dürfen davon ausgehen, auch die im Vertrag und in der Baubeschreibung nicht erwähnten Leistungen zu erhalten, wenn vorvertraglich damit geworben worden ist. Klingt erstaunlich, ist aber so.

Eine allgemeine Distanzierung von jeglichen vorvertraglichen Prospekten, wie ich sie schon in vielen Bauträgerverträgen gesehen habe, reicht zur Begrenzung der Haftungsrisiken, die sich daraus ergeben, keineswegs aus. Vielmehr sollten Verkäufer, Bauträger und Bauunternehmer im Vertrag selbst ganz konkret die jeweiligen Modelle, Pläne oder Darstellungen auf Internetseiten benennen, von denen der Vertrag abweicht.

Ist in einem vorvertraglich gezeigten Modell eine bodengleiche Dusche erkennbar, sollte also unmissverständlich klargestellt werden, dass die in genau diesem Modell vorhandene Dusche eben nicht veräußert wird, also ausdrücklich kein Vertragsbestandteil ist. Ansonsten droht eine Inanspruchnahme wegen Vorvertragsmangels.

33. Verdeckter Mangel

Die Verjährungsfrist für bauwerksbezogene Mängel beträgt tag-genau fünf Jahre ab Abnahme. Unter dem Aspekt des arglistgleichen Organisationsverschuldens, welches ein Produkt richterlicher Rechtsfortbildung darstellt, kommt aber unter Umständen eine verlängerte Haftung in Betracht. Diese ist in der Baupraxis unter dem Stichwort „verdeckter Mangel" bekannt. Juristen sprechen hier eher vom arglistgleichen Organisationsverschulden.

Den Präzedenzfall für diese Möglichkeit einer verlängerten Haftung stellt der Pfetten-Fall des Bundesgerichtshofs dar. In diesem Urteil vom 12.03.1992 – Aktenzeichen VII ZR 5/91 – entschied der Bundesgerichtshof:

> *Ein Werkunternehmer, der ein Bauwerk arbeitsteilig herstellen lässt, muss die organisatorischen Voraussetzungen dafür schaffen, sachgerecht beurteilen zu können, dass das Bauwerk bei Ablieferung mangelfrei ist. Unterlässt er dies, verjähren die Gewährleistungsansprüche des Bestellers genau wie beim arglistigen Verschweigen eines Mangels innerhalb der regelmäßigen Verjährungsfrist.*

Diese regelmäßige Verjährungsfrist beträgt nach der Schuldrechtsmodernisierung zwar nur drei Jahre, nicht mehr wie früher dreißig. Sie beginnt allerdings nach § 199 Abs. 1 BGB erst mit dem Schluss des Jahres, in dem der Gläubiger Kenntnis vom Anspruchsgrund und der Person des Schuldners erlangt oder sich dieser Erkenntnis grob fahrlässig verschließt. Ist die reguläre Gewährleistungsfrist des § 634a Abs. 1 Nr. 2 BGB – fünf Jahre ab Abnahme – für den Auftraggeber trotzdem günstiger, verbleibt es demgegenüber bei der dort geregelten Frist von fünf Jahren. Ohne Rücksicht auf Kenntnis oder grob fahrlässige Unkenntnis verjähren die Ansprüche im Übrigen gemäß § 199 Abs. 3 Nr. 1 BGB tag-genau in zehn Jahren von ihrer Entstehung an.

Bei einer arbeitsteiligen Durchführung der Arbeiten muss (auch) der Unternehmer nach der Rechtsprechung die organisatorischen Voraussetzungen schaffen, um die Mangelfreiheit beurteilen zu können. Er muss die Herstellungsprozesse angemessen überwachen und die Bauleistungen vor der Abnahme auf mögliche Mängel überprüfen. Der Unternehmer – das ist der Hintergedanke dieser Rechtsprechung – soll sich seiner Offenbarungspflicht nicht dadurch entziehen können, dass er sich absichtlich unwissend hält. Der Unternehmer muss geeignete organisatorische Maßnahmen ergreifen, um mögliche Mängel feststellen zu können. Er muss organisatorische Maßnahmen sowohl für die Überwachung als auch für die Prüfung des Werkes treffen.

Wäre der „verdeckte" Mangel bei richtiger Organisation erkannt worden, führt dies unter Umständen zur verlängerten Haftung wie im Falle der Arglist. Den Unternehmer kann also der Vorwurf treffen, er habe mit seiner Organisation die Arglisthaftung vermeiden wollen, so das Urteil des Bundesgerichtshofs vom 11.10.2007 – Aktenzeichen VII ZR 99/06. Dieser Vorwurf ist gerechtfertigt, wenn der Unternehmer etwa Personal einsetzt, von dem er weiß oder wissen muss, dass es der Offenbarungspflicht nicht nachkommen wird oder nicht nachkommen kann. Gleiches gilt, wenn er zwar ein entsprechendes Wissen nicht hat, er aber die Augen vor dieser Erkenntnis verschließt, so der Bundesgerichtshof im Glasfassaden-Urteil vom 27.11.2008 – Aktenzeichen VII ZR 206/06.

Welche Anforderungen nun an die Substantiierung im Hinblick auf die beim Besteller regelmäßig nicht vorhandenen Kenntnisse über die Organisation des Herstellungsprozesses zu stellen sind, muss der jeweilige Tatrichter anhand der Umstände des jeweiligen Einzelfalls beurteilen. Dabei kann nach den Ausführungen des Bundesgerichtshofs in der Pfetten-Entscheidung die Art des Mangels ein so überzeugendes Indiz für eine fehlende oder nicht richtige Organisation sein, dass es weitere Darlegung hierzu nicht bedarf. So könne ein gravierender Mangel an besonders wichtigen Gewerken ebenso im Schluss auf eine mangelhafte Organisation von Überwachung und Überprüfung zulassen wie ein besonders augenfälliger Mangel an weniger wichtigen Bauteilen.

Seither ist die Rechtsprechung zwar wieder etwas zurückgerudert und hat die Anforderungen an die Darlegung eines möglichen Organisationsverschuldens wieder erhöht, so im Glasfassaden-Urteil. Darin hat der Bundesgerichtshof zu Recht die Komplexität der Aufgabe des Bauleiters betont. Eine Vielzahl von Fehlerquellen liegt nicht in einer fehlerhaften Organisation der Bauüberwachung. So reiche ein einmaliges Versagen bereits nach allgemeiner Lebenserfahrung nicht für den Schluss auf eine fehlerhafte Organisation der Bauüberwachung aus. Dem hat sich das Oberlandesgericht Dresden mit Urteil vom 12.12.2013 – Aktenzeichen 10 U 1954/12 – angeschlossen. Ähnlich entschied das Landgericht Hannover im Urteil vom 20.03.2014 – Aktenzeichen 4 O 46/11, dass ein gravierender Mangel ein überzeugendes Indiz für ein arglistiges Verschweigen sein kann, wenn denn der Mangel derart erheblich ist, dass allein sein Vorhandensein den Schluss auf Arglist rechtfertigt.

Insgesamt bleibt es aber bei den Grundsätzen des Pfetten-Falls. So hat das Oberlandesgericht Jena im Urteil vom 12.02.2014 – Aktenzeichen 7 U 458/13 – festgestellt:

> *„Liefert der Auftragnehmer ein Gewerk ab, dessen Mangelhaftigkeit sich geradezu aufdrängt (hier: mehrere Zentimeter Abstand zwischen Brandschutzklappe und Bauwerk), muss er den Auftraggeber hierüber aufklären. Das Verschweigen eines solchen Mangels stellt ein arglistiges Verhalten dar.“*

Wären die Mängel nach jeweiliger Art und Erscheinungsform nach aller Lebenserfahrung bei richtiger Organisation bis zur Abnahme entdeckt worden, kommt die verlängerte Haftung aus arglistgleichen Organisationsverschulden in Betracht. Dafür muss der verdeckte Mangel aber wirklich so gravierend sein, dass Funktion oder Bestand des Gesamtwerks beeinträchtigt sind, Landgericht Freiburg, Urteil vom 17.05.2013 – Aktenzeichen 2 O 145/12. Hinzukommen muss zudem der Nachweis, dass es sich nicht nur um ein einmaliges sondern vielmehr um ein systematisches und strukturelles Versagen handelt, sodass der Vorwurf gerechtfertigt erscheint, der Unternehmer habe sich hier bewusst der Arbeitsteilung, insbesondere der Einschaltung nicht hinreichend qualifizierten Personals bedient, um sich unwissend zu halten.

Bauleitenden Architekten ist jedenfalls zu empfehlen, sich stets Klarheit über die organisatorischen Abläufe auf der Baustelle zu verschaffen und die Arbeiten nur nachweislich kompetenten und erkenntnisbereiten Bauunternehmern anzuvertrauen.

34. Mängelrechte ohne Abnahme? Beim BGB-Bauvertrag bleibt die Abnahme die Wasserscheide

Nicht selten treten bereits während der Verwirklichung eines Bauprojekts Mängel auf. Es stellt sich dann die Frage, ob dem Auftraggeber die Mängelrechte – Nacherfüllung, Kostenvorschuss bzw. Aufwendungsersatz zwecks Selbstvornahme, Rücktritt und Minderung sowie Schadensersatz - zustehen, auch wenn keine Abnahme erfolgt ist. Dagegen spricht, dass es bis zur Abnahme im Verantwortungsbereich des Auftragnehmers liegt, wie er das geschuldete Werk vertragsgemäß herstellt.

Ist die VOB/B einbezogen, so ist die Frage aber zugunsten des Auftraggebers zu entscheiden. Leistungen, die schon während der Ausführung als mangelhaft oder vertragswidrig erkannt werden, hat der Auftragnehmer gem. § 4 Abs. 7 VOB/B auf eigene Kosten durch mangelfreie zu ersetzen und bei Verschulden auch Schadensersatz zu leisten. Bleibt die Fristsetzung unter Androhung der Auftragsentziehung fruchtlos, kann der Auftraggeber gem. § 8 Abs. 3 VOB/B sogar kündigen.

Anderes gilt, wenn die VOB/B nicht einbezogen worden ist. Der Bundesgerichtshof hat den damit verbundenen Meinungsstreit mit drei Urteilen vom 19.01.2017 – Aktenzeichen VII ZR 301/13 (Fassade), Aktenzeichen VII ZR 235/15 (Anbau) und Aktenzeichen VII ZR 193/15 (Terrasse) entschieden:

Danach kann der Besteller Mängelrechte nach § 634 BGB grundsätzlich erst nach Abnahme des Werks mit Erfolg geltend machen. Die Abnahme bleibt mithin die Wasserscheide für die Geltendmachung von Mängelrechten. Nur ausnahmsweise braucht eine Abnahme nicht erfolgt zu sein, wenn das Vertragsverhältnis in ein Abrechnungsverhältnis übergegangen ist. Das ist dann der Fall, wenn der Auftraggeber keine Erfüllung bzw. Nacherfüllung mehr verlangen kann. Im Falle der Geltendmachung von Kostenvorschuss muss hinzukommen, dass der Auftraggeber ausdrücklich oder konkludent zum Ausdruck bringt, unter keinen Umständen mehr mit dem Unternehmer, der ihm das Werk als fertiggestellt zur Abnahme angeboten hat, zusammenarbeiten zu wollen, so der Bundesgerichtshof.

35. Verzögerungen bei der Erteilung der Baugenehmigung

Die Erteilung einer Baugenehmigung ist ein komplexer Vorgang, zumal das Bauamt neben dem Planungsrecht und Bauordnungsrecht sowie Umweltrecht und verwandten Rechtsgebieten insbesondere die Belange der Nachbarn im Auge behalten muss. Dem Bauherrn ist mit einer erfolgreich anfechtbaren Baugenehmigung nicht geholfen.

Es gibt die Möglichkeit von Schadensersatzansprüchen etwa wegen Amtspflichtverletzung nach § 839 BGB oder aus dem Gesichtspunkt eines enteignungsgleichen Eingriffs. Solche Fälle sind in der bundesweiten Rechtsprechung durchaus zu finden – zum Beispiel Urteil des Oberlandesgerichts Koblenz 16.06.2016 – Aktenzeichen 1 U 111/16.

Zwar stellt die zügige Bearbeitung von Bauanträgen zweifellos eine Amtspflicht dar. Immerhin handelt es sich um Fragen der Eigentumsgarantie und Eigentumsfreiheit aus Artikel 14 Grundgesetz, sogenannte Baufreiheit.

Es können Schäden wie Bereitstellungszinsen oder Mietausfall entstehen.

Aber es stellt eine Nachlässigkeit dar, wenn nicht schon während einer unzumutbaren Wartezeit rechtliche Gegenmaßnahmen ergriffen werden.

Hierzu gehören neben Sachstandsanfragen und Anträgen unter Umständen auch eine Untätigkeitsklage oder eine Verpflichtungsklage. Es gibt nun einmal die Justiz, die den Bürger auch gegen den Staat schützt. Wer das nicht nutzt, handelt zumindest fahrlässig. Amtshaftungsansprüche scheiden daher regelmäßig aus.

36. Akquise oder Beauftragung?

„Ich erwarte, dass Sie mir das jetzt erklären."

Wer einen solchen Satz insbesondere nach Hinweis auf die Kosten oder die Vertragsbedingungen hört, darf auch ohne Einigung über die konkrete Höhe der Vergütung regelmäßig davon ausgehen, dass ein Vertrag zustande gekommen ist und die übliche Vergütung abrechenbar ist.

Die übliche Vergütung ist die Vergütung, die zur Zeit des Vertragsschlusses für nach Art, Güte und Umfang der gleichen Leistungen nach allgemeiner Auffassung am Ort der erbrachten Leistung gewährt zu werden pflegt. Es macht dabei keinen Unterschied, ob es sich um eine Werk- bzw. Bauleistung oder eine Beratungsleistung handelt.

Oftmals führt die Abgrenzung zwischen kostenfreier Akquisition (Akquise) und verbindlichem Vertragsschluss (Beauftragung) allerdings zum Streit. Denn in vielen Branchen ist ein förmlicher schriftlicher Vertragsschluss eher unüblich. Dies gilt gerade auch für Architektenverträge mit privaten Bauherren, da das vorzeitige Überreichen von Formularen oder Schriftstücken bei solchen Bauherren regelmäßig nicht zur Bildung von Vertrauen beiträgt, viel eher im Gegenteil. Der Gesetzgeber wollte dieses Problem mit der neuen Zielfindungsphase entschärfen. Da das Problem jedoch im allgemeinen Vertragsrecht wurzelt und nicht etwa den Besonderheiten des Bauvertrags oder des Architektenvertrags geschuldet ist, wird es die Rechtsprechung aller Voraussicht nach auch weiterhin intensiv beschäftigen.

So auch kürzlich das Oberlandesgericht Düsseldorf, das im Urteil vom 05.06.2018 – Aktenzeichen 21 U 108/17 – die differenzierten Feststellungen der Vorinstanz bestätigt und letztlich ausgewogen entschieden hat.

Nach den amtlichen Leitsätzen dieses Urteils sind für die Bestimmung des Zustandekommens eines Architektenvertrags die allgemeinen Auslegungsmethoden heranzuziehen. Dabei seien alle Umstände des Einzelfalles zu berücksichtigen, die bei der Ermittlung eines gemeinsamen übereinstimmenden rechtsgeschäftlichen Willens von Bedeutung sind. Denn es handelt sich um ein zweiseitiges Rechtsgeschäft. Die Beteiligten können ihren auf Abschluss eines Architektenvertrages gerichteten Willen ausdrücklich oder auch schlüssig (konkludent) zum Ausdruck bringen. Die Vorschriften der Honorarordnung für Architekten und Ingenieure (HOAI) können dabei als reines Preisrecht nicht weiterhelfen. Denn dieses bestimmt nur einen etwaigen Anspruch der Höhe nach, gerade nicht dem Grunde nach. Ein Vergütungs- oder Honoraranspruch besteht dem Grunde nach aber nur, wenn es überhaupt zu irgendeinem Zeitpunkt zum Vertragsschluss gekommen ist.

Das Oberlandesgericht Düsseldorf führt weiter zutreffend aus, dass die Schwelle zwischen Akquisition und Beauftragung kaum objektiv festzumachen ist. Entscheidend sei vielmehr im Zusammenhang mit dieser Abgrenzung, wie aus der Perspektive des Bauherrn das Handeln des Architekten nach Treu und Glauben mit Rücksicht auf die Verkehrssitte zu verstehen ist. Umgekehrt kommt es aus Sicht des Architekten entscheidend darauf an, wie er eine etwaige Verwertung der Architektenleistung durch den Bauherrn verstehen darf.

Das Kriterium ist in diesem Zusammenhang der Rechtsbindungswille. Ohne Rechtsbindungswillen mangelt es bereits am objektiven Tatbestand einer Willenserklärung und kann daher kein Vertrag zustande kommen. Für letzteres bedarf es bekanntlich sogar zweier sich deckender Willenserklärungen, Antrag und Annahme.

Indizien für das Vorliegen eines Rechtsbindungswillens seien die wirtschaftliche Bedeutung der Angelegenheit und das erkennbare Interesse des Begünstigten sowie die – zumindest dem Leistenden erkennbare – Gefahr, in die er durch eine fehlerhafte Leistung geraten kann, also die Übernahme eines Haftungsrisikos.

Im Sachverhalt, der dem Oberlandesgericht Düsseldorf zu diesem Urteil vorlag, konnte der Architekt nach diesen Grundsätzen wegen konkludenter Beauftragung bezüglich der Leistungsphasen 1–3 die entsprechende übliche Vergütung gem. § 632 BGB nach den Mindestsätzen der HOAI verlangen, mitsamt Umbauzuschlag.

Eine konkludente Beauftragung weiterer Leistungsphasen wurde vom Gericht indessen abgelehnt, da eine Ausführung nach den festgestellten Umständen noch nicht unmittelbar bevorstand. Die Parteien hätten sich insoweit noch nicht genügend abgestimmt.

In der Praxis empfiehlt sich im Hinblick auf die tendenziell immer großzügigere Annahme einer konkludenten Beauftragung in der Rechtsprechung – eine Tendenz, die durch die neue Zielfindungsphase gefördert wird – aus Sicht der Bauherren eine schriftliche Akquise-Vereinbarung. Es ist unter bestimmten Bedingungen möglich, einen Vertrag über das Nichtbestehen eines entgeltlichen Architektenvertrags zu schließen, zumindest so lange lediglich einzelne Leistungen der Phasen 1–3, bzw. der Zielfindungsphase erbracht werden.

Der Inhalt einer solchen Vereinbarung ist unter anderem darauf gerichtet, dass vom Architekten in dieser ausdrücklichen Vor-Phase erbrachte Leistungen so lange als unentgeltliche Akquise-Leistungen zu werten sein sollen, wie kein schriftlicher Vertragsschluss oder Hinweis auf das Erbringen kostenpflichtiger

Leistungen erfolgt. Eine Beauftragung bleibt dann zwar nach wie vor auch konkludent möglich, ist dann aber schwerer nachzuweisen. Eine solche Akquise-Vereinbarung kann einem konkludenten Vertragsschluss entgegengehalten werden.

Wegen des zwingenden Charakters der HOAI ist im Falle der Beauftragung allerdings auch für die zunächst im Rahmen der Akquise erbrachten Leistungen die geschuldete Vergütung zu entrichten.

37. Rechtliche Herausforderungen beim digitalen Planen und Bauen

Digitales Planen und Bauen im Allgemeinen und Building Information Modeling (BIM) –Bauwerksdatenmodellierung – im Besonderen werfen vielfältige rechtliche Fragen auf. Das private Bauvertragsrecht bedarf nach überwiegender Auffassung indessen keiner Anpassung an das digitale Planen und Bauen bzw. an das BIM. Vielmehr können sämtliche privatrechtlichen Probleme durch besondere Vertragsbedingungen – BIM-BVB – gelöst werden.

In diesen BIM-BVB sind unter anderem die Nutzungsrechte mit den Daten zu vereinbaren, die in das digitale Planungsobjekt eingepflegt werden. Ferner ist der Umgang mit vertraulichen Daten bzw. sind Zugriffsrechte näher zu regeln bzw. zu beschränken. Bei größeren Projekten bedarf es eines BIM-Planungskoordinators, insbesondere wenn die einzelnen Beteiligten im sogenannten open BIM (im Gegensatz zum closed BIM) unterschiedliche Software nutzen, so dass Schnittstellenprobleme gelöst werden müssen.

Es bedarf nach überwiegender Auffassung weder einer gesonderten gesetzlichen Aufklärungspflicht für Architekten über die unterschiedlichen Planungsmethoden und deren Vor- und Nachteile noch einer gesetzlichen Pflicht zum Abschluss einer besonderen Projektversicherung beim Einsatz von BIM. Jeder Beteiligte haftet nach wie vor grundsätzlich für seinen Planungsbeitrag und seine Handlungen bzw. Leistungen selbst.

Es bedarf auch keiner weiteren Einschränkung der gesamtschuldnerischen Haftung. Die BIM-BVB sollten aber auch Regelungen für die Abgrenzung der Haftungsbeiträge und die Prüf- und Hinweispflichten der Beteiligten bereithalten. Im Vertrag mit einem BIM-Koordinator ist die Reichweite von dessen Verantwortlichkeit klar zu regeln, zum Beispiel ob dieser auch für Softwarefehler haftbar gemacht werden kann. Er sollte schon aus Selbstschutz für Personalkontinuität sorgen.

Die HOAI 2013 berücksichtigt das Building Information Modeling bereits und ordnet es als eine besondere Leistung ein, für die das Honorar frei vereinbart werden kann. Das ist allerdings fraglich, da BIM eine Planungsmethode ist, mit der auch Grundleistungen erbracht werden. Zudem werden Grundleistungen mit einem höheren Detaillierungsgrad aufgrund der Besonderheiten dieser Planungsmethode früher erbracht als nach den hergebrachten Methoden, sodass es jedenfalls einer entsprechenden Beauftragung auch für spätere Leistungsphasen bedarf.

Ein Versprechen von BIM ist eine höhere Kostentransparenz. Das Risiko von Nachträgen mit allen Folgeproblemen werde gesenkt, dadurch auch die Streitanfälligkeit von Bauprojekten. Zumindest ist eine einfachere Prüfung und Verhandlung von Nachtragsangeboten wahrscheinlich. Weil BIM somit für Auftraggeber attraktiv ist, werden mehr und mehr Projekte entsprechend ausgeschrieben. Diskutiert werden daher auch eine Ergänzung der VOB/C um notwendige Angaben des Auftraggebers und eine Konkretisierung der Losvorgabe nach GWB bzw. VgV.

38. BIM und Recht: Grundlagen für die Digitalisierung im Bauwesen. Rezension zum Eschenbruch/Leupertz

BIM und Recht sind keine Gegensätze. Im Rechtshandbuch zum Building Information Modeling (oder Management, so Mike Gralla) werden systematisch die zentralen rechtlichen Bezüge der digitalen Planungsmethoden BIM in 13 Kapiteln und vier Anhängen beleuchtet.

BIM ist laut der im Glossar (Anhang 1) wiedergegebenen Definition des Bundesministeriums für Verkehr und digitale Infrastruktur (dessen Handreichungen finden sich im Anhang 4)

> *„eine kooperative Arbeitsmethodik, mit der auf der Grundlage von BIM-Modellen die für den Lebenszyklus eines Bauwerks relevanten Informationen und Daten konsistent erfasst, verwaltet und in einer transparenten Kommunikation zwischen den Beteiligten ausgetauscht oder für die weitere Bearbeitung übergeben werden."*

Tatsächlich gibt es verschiedene Ausprägungen von BIM und damit genau besehen unterschiedliche BIM-Methoden, was für die rechtliche Bewertung von Relevanz ist.

Markus König weist im kurzen Vorwort auf die Standardisierung der BIM-Methoden hin, die nach und nach zum Stand der Technik werden. Zur Vermeidung von Reibungsverlusten sind passende Regelungen in den Verträgen, bei der Abrechnung und auch in Ausschreibungen und Baugenehmigungen vorzusehen. Die BIM-Methoden helfen bei der Planung, bei der Ausführung und später auch beim Betrieb von Immobilien.

Die Herausgeber Klaus Eschenbruch und Stefan Leupertz führen im ersten Kapitel kurz und präzise in das Thema ein. Sie erläutern die wesentlichen Veränderungen seit der ersten Auflage des Buches 2015/2016. Während damals noch das „Ob" diskutiert worden sei, geht es heute nur noch um das „Wie" des Einsatzes der BIM-Methoden.

Klaus Eschenbruch erläutert im zweiten Kapitel sodann ausführlich die notwendige Vertragsgestaltung bei Einsatz von BIM. Es ist zu differenzieren, ob ein offenes oder geschlossenes Modell genutzt werden soll. Bei letzterem nutzen alle Beteiligten dieselbe Software, so dass die Teilmodelle verlustfrei zusammengeführt werden können oder alle am gemeinsamen Modell in der Cloud arbeiten.

Thomas Liebich konzentriert sich in seinem Beitrag aus technischer Sicht auf die Besonderheiten in der Leistungsbeschreibung beim Einsatz von BIM.

BIM müsse auf jedes einzelne Projekt genau zugeschnitten werden. Im vierten Kapitel zeigt Alexander Kappes, dass auch die Verträge der ausführenden Unternehmen beim Einsatz von BIM ergänzt werden sollten, etwa durch Besondere Vertragsbedingungen oder ein Pflichtenheft. In den Kapiteln fünf und sechs entwickelt Robert Elixmann den BIM-(Gesamt-)Koordinator und den BIM-Manager als neue Berufsbilder und lotet deren jeweilige Aufgabenbereiche aus. In der HOAI (dazu jedoch näher Anhang 3 zu den Leistungsbildern) seien sie als technische Umsetzungsform von Grundleistungen abgebildet.

Im siebenten Kapitel erarbeitet Hans Lechner zusammen mit Eschenbruch Leitlinien zur Ermittlung des Honorars der Architekt(innen) und Ingenieur(innen) beim Einsatz von BIM. Sie schauen dabei auch über den deutschen Tellerrand und beziehen Erfahrungen aus Österreich und der Schweiz mit ein.

Um die Haftung für mögliche Fehler beim Einsatz von BIM und die Möglichkeit entsprechender Versicherungen dreht es sich im achten Kapitel von Jörg Bodden. Entscheidend ist die rechtliche Einordnung von BIM-Leistungen als Dienst- oder Werkvertrag. Wie beim Architektenvertrag ist diese Abgrenzung nicht immer klar.

Die sensiblen Fragen des Datenschutzes und fraglichen Dateneigentums werden von Nikolai Wessendorf im neunten Kapitel ebenso beleuchtet wie die Bezüge zum Urheberrecht. Da ein dinglicher Herausgabeanspruch nicht anerkannt sei, müsse die Datenhoheit des Bauherrn vertraglich gesichert werden. Johannes Grüner lotet anschließend die künftige Rolle von BIM im Baugenehmigungsverfahren und in den Bauämtern aus. BIM könnte Antragstellung und Bearbeitung in den Bauämtern erleichtern.

Im elften Kapitel bearbeitet Alexander Fandrey die Bezüge zum Vergaberecht. Öffentliche Auftraggeberinnen tun gut daran, sich seine Empfehlungen genau anzuschauen.

Sören Segger-Piening stellt im zwölften Kapitel die Anwendung von BIM beim Betrieb von Immobilien vor, wobei die in den vorangegangenen Kapiteln erarbeiteten rechtlichen Erkenntnisse nochmals kurz auf dieses Facility Management bezogen und angewandt werden. Im Schlusskapitel werden von Stefan Leupertz nochmals grundsätzliche Vertragsfragen aufgeworfen. Ihm geht es insbesondere um Mehrparteien-Projektverträge.

Es finden sich im Buch BIM und Recht entgegen dem Titel auffallend wenige Hinweise zu einschlägiger Rechtsprechung. Bei genauerem Hinsehen findet man auch durchaus noch kleinere Druckfehler, so auf Seite 19 bei Rn. 27, wo es richtig „umsetzen“ heißen müsste. Das trübt aber den Gesamteindruck des

Werkes nicht: Auch die zweite Auflage dieses Vorreiter-Werkes stellt eine exzellent durchdachte Anleitung zur Implementierung von BIM dar. Die Bearbeiter haben unter der Ägide und innerhalb des Rahmens der Koryphäen Klaus Eschenbruch und Stefan Leupertz ein kondensiertes, aber umfassendes Kompendium auf dem neuesten Stand vorgelegt. Was der Werner/Pastor für das zivile Baurecht ist, stellt der Eschenbruch/Leupertz für BIM dar.

39. Schadenereignis in der Bauversicherung – Schaden muss weder erkannt worden noch erkennbar gewesen sein – Anmerkungen zum Urteil des Oberlandesgerichts Karlsruhe vom 01.07.2004 – Aktenzeichen 12 U 117/04

Zwischen Versicherungswirtschaft und Rechtsprechung besteht ein Meinungsstreit über die Auslegung des Begriffs Schadenereignis (manchmal auch: Schadensereignis) in den Allgemeinen Versicherungsbedingungen für die Haftpflichtversicherung (AHB). Nach zum Teil von der Versicherungswirtschaft vertretener Auffassung gilt die sogenannte Ereignistheorie. Danach setzt der Begriff des Schadenereignisses in den AHB voraus, dass der schadenstiftende Vorgang sofort ins Auge springt, wobei die Erkennbarkeit reicht. Ereignis leite sich etymologisch von „eräugen" ab.

Nach der Rechtsprechung hingegen ist die zurechenbare Verursachung einer Schädigung maßgeblich, vgl. Urteil des Oberlandesgerichts Karlsruhe vom 01.07.2004 – Aktenzeichen 12 U 117/04, sogenannte Verursachungstheorie.

Bei der Auslegung der Versicherungsbedingungen kommt es auf das Verständnis des durchschnittlichen Versicherungsnehmers ohne Spezialkenntnisse an, der die Bedingungen aufmerksam liest und verständig würdigt. Der durchschnittliche Versicherungsnehmer versteht unter dem Schadenereignis ein solches, das die (zeitlich spätere) Schädigung herbeigeführt hat. Dies hat das Oberlandesgericht Karlsruhe mit Urteil vom 17.06.2014 – Aktenzeichen 12 U 36/14 – bekräftigt.

a) Sachverhalt

Diesem Urteil lag folgender vereinfachter Sachverhalt zugrunde:

Der Bauunternehmer (Versicherungsnehmer) verfüllt während der Laufzeit seiner Betriebshaftpflichtversicherung eine Baugrube. Dies führt zu einer Verformung der Wände des bereits errichteten Kellers. Nach Ablauf der versicherten Zeit verlangt der Auftraggeber gestützt auf ein Sachverständigengutachten vom Bauunternehmer Schadensbeseitigung bzw. Schadensersatz. Der Bauunternehmer zeigt die Forderung seiner Betriebshaftpflichtversicherung ordnungsgemäß an. Diese hält sich jedoch nicht für eintrittspflichtig.

b) Entscheidung: Zu Unrecht, wie das Oberlandesgericht Karlsruhe urteilt.

Der Schaden müsse nicht auch offen zutage getreten sein. Er muss weder erkannt worden noch erkennbar gewesen sein. Versicherungsschutz besteht also, wenn der Bauunternehmer in versicherter Zeit eine Baugrube verfüllt und hierdurch unmittelbar die bereits errichteten Wände des Kellers verformt werden. Dies gilt auch dann, wenn Schadensersatzansprüche hieraus erst nach Ablauf der Versicherung geltend gemacht werden.

c) Anmerkungen und Praxishinweise

Schadenereignis ist ein Ereignis, das auf ein Verhalten des Versicherungsnehmers zurückzuführen und geeignet ist, den geltend gemachten Anspruch auszulösen. Die Handlung oder das Unterlassen darf dabei nicht intern geblieben sein, sondern muss die haftungsrechtlich maßgebende Ursache für die Schädigung und die Schädigungsfolgen gesetzt haben. Für die Auslegung der AHB sind mangels allgemeiner Bekanntheit weder die Sprachgeschichte des Wortes „Ereignis" noch die Entstehungs- und Entwicklungsgeschichte oder aktuelle Änderungen der Allgemeinen Versicherungsbedingungen für die Haftpflichtversicherung heranzuziehen.

Schriftsätze sollten so verfasst werden, dass sie auch in die Geschichte eingehen könnten. Dazu gehört dann aber eben auch tiefgehendes Studium derselben, das Nachverfolgen auch scheinbar fernliegender Ansätze wie hier des philologischen und etymologischen Ansatzes und die gründliche Recherche. Ich hätte es dem Kollegen sehr gegönnt, wenn er mit dieser vorbildlichen und der Wahrheit (und natürlich dem Mandanteninteresse) verpflichteten Haltung durchgedrungen wäre, kann die verbraucherfreundliche Entscheidung des Oberlandesgerichts aber natürlich auch sehr gut nachvollziehen.

40. Reduktion von Haftungsrisiken beim Bauvertrag

Wenn es zum Vertragsschluss kommt, sind die Beteiligten zum Worthalten verpflichtet, pacta sunt servanda, Verträge sind einzuhalten. Wichtig ist daher die Vorsorge für unabsehbare Leistungshindernisse.

Haftungsbeschränkungen durch Vereinbarung sind aber an hohe Voraussetzungen gebunden. Dies gilt insbesondere für solche am Bau. Zu unterscheiden ist die Vereinbarung von Haftungsbeschränkungen im Wege des Individualvertrags von der Einbeziehung in einen Vertrag durch Allgemeine Geschäftsbedingungen (AGB).

Insbesondere bei AGB sind die Klauselverbote ohne Wertungsmöglichkeit (das heißt besonders restriktiv) zu beachten, in Sonderheit § 309 Nr. 8b BGB. Danach können bei einem Vertrag über Lieferungen neu hergestellter Sachen und über Werkleistungen und damit insbesondere bei Bauverträgen

- die Ansprüche gegen den Verwender wegen eines Mangels insgesamt oder bezüglich einzelner Teile nicht ausgeschlossen, auf die Einräumung von Ansprüchen gegen Dritte beschränkt oder von der vorherigen gerichtlichen Inanspruchnahme Dritter abhängig gemacht werden (aa);
- die Ansprüche gegen den Verwender insgesamt oder bezüglich einzelner Teile auf ein Recht auf Nacherfüllung nicht beschränkt werden, sofern dem anderen Vertragsteil nicht ausdrücklich das Recht vorbehalten wird, bei Fehlschlagen der Nacherfüllung zu mindern oder, wenn nicht eine Bauleistung Gegenstand der Mängelhaftung ist, nach seiner Wahl vom Vertrag zurückzutreten (bb);
- die Verpflichtungen des Verwenders nicht ausgeschlossen oder beschränkt werden, die zum Zwecke der Nacherfüllung erforderlichen Aufwendungen, insbesondere Transport-, Wege-, Arbeits- und Materialkosten, zu tragen (cc);
- die Nacherfüllung nicht von der vorherigen Zahlung des vollständigen Entgelts oder eines unter Berücksichtigung des Mangels unverhältnismäßig hohen Teils des Entgelts abhängig gemacht werden (dd);
- dem anderen Vertragsteil für die Anzeige nicht offensichtlicher Mängel keine Ausschlussfrist gesetzt werden, die kürzer ist als die Verjährungsfrist (ee);
- die Verjährung von Ansprüchen gegen den Verwender wegen eines Mangels des Bauwerks bzw. hierfür verwendeter Sachen nicht erleichtert oder in den

sonstigen Fällen eine weniger als ein Jahr betragende Verjährungsfrist ab dem gesetzlichen Verjährungsbeginn vorgeschrieben werden (ff).

Des Weiteren sind die restriktiven Klauselverbote des § 309 Nr. 7 BGB zu beachten, wonach eine Einschränkung des Verschuldensmaßstabs und eine Haftungsbegrenzung der Höhe nach im Falle

- der Verletzung von Leib, Gesundheit und Leben (a) sowie
- im Falle einer grob fahrlässigen Pflichtverletzung (b) völlig ausscheiden.

Eine große Schwierigkeit besteht praktisch in der Abgrenzung zwischen leichter und grober Fahrlässigkeit. Hier ist zu werten und abzuwägen.

In Anbetracht des schwierigen Nachweises einer individualvertraglich „ausgehandelten“ – nicht nur „verhandelten“ – Bestimmung, sind diese Klauselverbote insbesondere bei Verbraucherverträgen zu beachten, zumal hier oftmals das Vorliegen von AGB vermutet wird, die zudem gem. § 310 Abs. 3 BGB als vom Unternehmer gestellt gelten.

Darüber hinaus kann die Wirksamkeit einer Haftungsbegrenzung auch bei einer individualvertraglichen Regelung an einem gesetzlichen Verbot, an Sittenwidrigkeit, an Treu und Glauben und am Verbot des Haftungsausschlusses für Vorsatz gem. § 276 Abs. 3 BGB scheitern.

Insbesondere bringt es nach ständiger Rechtsprechung nichts, sich das „Aushandeln“ von Bestimmungen im Vertrag bestätigen zu lassen, vgl. Urteil des Bundesgerichtshofs vom 20.03.2014 – Aktenzeichen VII ZR 248/13.

Die AGB-Kontrolle kann damit nicht umgangen werden.

41. Sicherheitsleistung bei Abschlagszahlung – zur Verbraucher-Vertragserfüllungs-Sicherheit

Zum Schutze des Verbrauchers insbesondere vor einer Insolvenz des Bauunternehmers bzw. Bauträgers und eines Steckenbleibens des Baus wurde durch das Forderungssicherungsgesetz (in Kraft getreten 01.01.2009) die Vorschrift des § 632a Abs. 3 BGB eingefügt, seit 01.01.2018 nunmehr § 650m BGB. Diese Norm ist anwendbar, wenn der Besteller Verbraucher ist und der Vertrag auf die Errichtung oder den Umbau eines Hauses oder eines vergleichbaren Bauwerks gerichtet ist. Bloße Instandhaltung reicht nicht, Instandsetzung aber schon, wenn die betreffenden Arbeiten für das Bauwerk so wesentlich sind, dass sie den Arbeiten bei einer Neuerrichtung vergleichbar sind. Dies setzt eine feste Verbindung mit dem Bauwerk voraus.

Keine Voraussetzung ist, dass das Bauwerk ohne die nachträglichen Arbeiten nicht funktionsfähig wäre, siehe dazu das Urteil des Bundesgerichtshofs vom 03.12.1998 – Aktenzeichen VII ZR 109/97 (insbesondere auch zum Begriff des Bauwerks).

Ein eigener durchsetzbarer Anspruch auf Sicherheitsleistung gem. § 650m BGB besteht nicht, so dass keine Klage auf Sicherheitsleistung möglich wäre, nur die Geltendmachung eines Zurückbehaltungsrechts gem. § 273 BGB. Allerdings können Allgemeinen Geschäftsbedingungen eines Unternehmers, die beim Verbrauchervertrag nicht auf die gesetzliche geschuldete Sicherheitsleistung eingehen, unwirksam sein, weil sie den Verbraucher von der Geltendmachung seiner entsprechenden Rechte abhalten können, Urteil des Bundesgerichtshofs vom 08.11.2012 – Aktenzeichen VII ZR 191/12.

Bei Bauträgerverträgen besteht der erste Anschein, dass die einzelnen Klauseln vom Bauträger gestellt sind. Die Fälligkeitsregelung im Notarvertrag sollte daher die Sicherheitsleistung vorsehen.

Die Verpflichtung zur Rückgewähr der Sicherheitsleistung sollte – durch eine vom Ratenplan gesonderte Regelung – von der Fertigstellung abgekoppelt und nur von der Abnahmereife abhängig gemacht werden.

Ist der Vertragspartner des Bauunternehmers oder Bauträgers ein Unternehmer gem. § 14 Abs. 1 BGB, entfällt zwar die Verpflichtung zur Sicherheitsleistung. Es bleibt aber bei den Pflichten gem. § 650v BGB, insbesondere den besonderen Sicherungspflichten des Bauträgers aus der Makler- und

Bauträgerverordnung (MaBV). Unternehmer ist eine natürliche oder juristische Person oder eine rechtsfähige Personengesellschaft, die bei Abschluss eines Rechtsgeschäfts in Ausübung ihrer gewerblichen oder selbstständigen beruflichen Tätigkeit handelt. Verbraucher gem. § 13 BGB ist jede natürliche Person, die ein Rechtsgeschäft zu Zwecken abschließt, die überwiegend weder ihrer gewerblichen noch ihrer selbstständigen beruflichen Tätigkeit zugerechnet werden können.

Die Wohnungseigentümergemeinschaft kann zumindest dann Verbraucherin sein, wenn sie nicht nur aus Unternehmern besteht, so der Beschluss des Oberlandesgerichts München vom München, 25.09.2008 – Aktenzeichen 32 Wx 118/08 in Abweichung von der untergerichtlichen Rechtsprechung.

Kürzlich hat der Bundesgerichtshof entschieden, dass eine Gesellschaft bürgerlichen Rechts, unter deren Gesellschaftern sich zumindest eine juristische Person befinde, nie Verbraucherin im Sinne des § 13 BGB sei, Urteil des Bundesgerichtshofs vom 30.03.2017 – Aktenzeichen VII ZR 269/15.

Die vom Unternehmer – grundsätzlich bei der ersten Abschlagszahlung – zu leistende Sicherheit beträgt 5 % des gesamten Vergütungsanspruchs. Sie ist zu erhöhen, wenn sich der insgesamt zu leistende Vergütungsanspruch durch Änderungen oder Ergänzungen des Vertrags, zum Beispiel Sonderwünsche bzw. Nachträge, um mehr als 10 % erhöht. Die Höhe der ersten Abschlagsrechnung muss dem Wertzuwachs beim Besteller entsprechen bzw. dem Bautenstand entsprechen und gemäß den Raten in § 3 Abs. 2 MaBV zusammengesetzt sein.

Die Sicherheitsleistung soll das Interesse des Verbrauchers an der rechtzeitigen Herstellung des Werks ohne wesentliche Mängel schützen. Umfasst werden daher auch Ansprüche aus Verzug wegen verspäteter Herstellung, nicht aber Mängelansprüche nach Abnahme bzw. unberechtigter Abnahmeverweigerung.

Dadurch, dass die Sicherheit nach § 650m Abs. 2 BGB auch Ansprüche wegen verspäteter Herstellung abdeckt, geht sie über die besonderen Sicherungspflichten des Bauträgers gemäß § 3 MaBV hinaus.

Die Sicherheit kann entweder durch Einbehalt des Verbrauchers oder durch Garantie oder ein sonstiges Zahlungsversprechen eines in Deutschland zum Geschäftsbetrieb befugten Kreditinstituts oder Kreditversicherers geleistet werden. In der Regel wird die Sicherheit durch Einbehalt des Verbrauchers von der ersten Abschlagszahlung geleistet.

Der Unternehmer bzw. Bauträger kann insbesondere nach § 650m Abs. 2 BGB verlangen, dass der Einbehalt dadurch zu erbringen ist, dass der Besteller die Abschlagszahlungen bis zum Gesamtbetrag der geschuldeten Sicherheit zurückhält. Der Unternehmer braucht sich insofern nicht auf eine andere Sicherheitsleistung verweisen zu lassen. Eine Zahlung des gesamten Abschlags ohne Einbehalt bedeutet nicht ohne weiteres einen Verzicht des Verbrauchers auf die Sicherheit. Ein solcher Verzicht ist zwar möglich, nicht aber im Wege Allgemeiner Geschäftsbedingungen des Unternehmers.

Dem Verbraucher soll nicht das wirtschaftliche Risiko der Vertragsdurchführung aufgebürdet werden.

Der Verbraucher braucht den Unternehmer nicht zur Sicherheitsleistung aufzufordern. Im Gegensatz zu anderen baurechtlichen Sicherheitsleistungen ist eine solche Aufforderung hier gerade nicht erforderlich. Denn dem Verbraucher soll nicht das wirtschaftliche Risiko der Vertragsdurchführung aufgebürdet werden. Alternativ kann die Sicherheit aber auch durch Garantie oder sonstiges Zahlungsversprechen eines in Deutschland zum Geschäftsbetrieb befugten Kreditinstituts oder Kreditversicherers geleistet werden. Eine entsprechende Gestaltung sollte vertraglich niedergelegt werden. Die Kosten der Sicherheit hat der Unternehmer bzw. Bauträger zu leisten. Auch eine Verzinsung des Einbehalts sieht das Gesetz nicht vor. Der Einbehalt bleibt vielmehr bis zum Wegfall des Sicherungszwecks, also in der Regel bis zur Abnahme, im Vermögen des Verbrauchers.

Wird die Sicherheit durch den Bauunternehmer bzw. Bauträger nicht gestellt, kann der Verbraucher ein Zurückbehaltungsrecht gem. § 273 BGB an der Abschlagszahlung insgesamt geltend machen. Insbesondere können Vertragserfüllungssicherheiten für wesentliche Mängel am gemeinschaftlichen Eigentum unter Beachtung bestimmter Vorkehrungen auch durch die Wohnungseigentümergemeinschaft verwendet und verwertet werden.

Bezüglich der Mängel stehen dem Verbraucher nach Abnahme weitere Wege zur Verfügung, so die Klage auf Mängelbeseitigung, auf Kostenvorschuss oder auf Aufwendungsersatz nach berechtigter Selbstvornahme, sowie Schadensersatz. Die Geltendmachung eines Zurückbehaltungsrechts an der Vertragserfüllungssicherheit nach der Abnahme könnte insofern zu einer Übersicherung führen.

42. Erleichterte Sicherheit nach Kündigung – Anmerkungen zum Urteil des Bundesgerichtshofs vom 06.03.2014 – Aktenzeichen VII ZR 349/12

Das Verlangen nach einer Bauhandwerkersicherung kommt während der Durchführung eines Bauvorhabens in vielen Fällen einer Kriegserklärung gleich. Es wird in der Regel erst dann von der Unternehmerin oder vom Unternehmer gestellt, wenn es in der Abwicklung des Bauvertragsverhältnisses bereits zu Problemen gekommen ist und weitere Probleme zu befürchten sind.

Der Auftraggeber, der in vielen Fällen gleichsam „am längeren Hebel sitzt", versucht dann möglicherweise, nicht zuletzt aufgrund der mit der Stellung dieser Sicherheit verbundenen Kosten und Nachteile (etwa aufgrund zusätzlicher Belastung seiner Kreditlinie), sich diesem Verlangen entgegenzustellen.

Verschärft treffen die widerstreitenden Interessen nach einer Kündigung aufeinander, zumal ein zur Fortführung etwa beauftragter weiterer Unternehmer ebenfalls Sicherheit verlangen könnte. Zudem ist die Auftraggeberin oder der Auftraggeber nach einer Kündigung, noch weniger geneigt, dem gekündigten Unternehmer eine Sicherheit zu erteilen, die dann möglicherweise nur schwierig zurückerlangt werden kann.

Andererseits würden seine Einwendungen gegen die Sicherheit deren Erteilung unter Umständen bis zur Entscheidung über die Vergütung selbst verzögern und könnte der Besteller zwischenzeitlich insolvent werden, so dass die Bauhandwerkersicherheit den Vergütungsanspruch nicht mehr effektiv schützen würde. Der Anspruch auf Sicherheit würde entwertet, wenn der Unternehmer genauso schnell zu einem Titel über seine Vergütung gelangen könnte.

Sachverhalt In seinem sehr lesenswerten Grundsatzurteil vom 06.03.2014 – Aktenzeichen VII ZR 349/12, hat der Bundesgerichtshof die Position des nach einer Kündigung Sicherheit verlangenden Unternehmers gestärkt.

a) Sachverhalt

Zugrunde liegt folgender vereinfachter Sachverhalt:

Wegen behaupteter Nichteinhaltung von Sicherheitsvorschriften kündigt der Besteller (Beklagte) dem mit der Ausführung von Bauarbeiten betrauten Unternehmer, einer Gesellschaft mit Sitz in Luxemburg (Klägerin), mit sofortiger Wirkung. Zwar ist im Rahmen der Vergütung Mehrwertsteuer nach luxemburgischem Recht vereinbart.

In der Einbeziehung der VOB/B und VOB/C, der Orientierung des deutschen Vertragstexts daran und an deutsches Vertragsrecht sowie der Gerichtsstandsvereinbarung zugunsten Berliner Gerichte sieht der Bundesgerichtshof aber zu Recht ausreichende Umstände für eine konkludente Rechtswahl zugunsten des deutschen Rechts. Die Klägerin geht von einer freien Kündigung aus und verlangt zuletzt in Höhe der Vergütung für die bereits erbrachte Leistung sowie des entgangenen Gewinns für die nicht erbrachte Leistung einschließlich Nebenforderungen i.H.v. 10 % Sicherheit.

b) Entscheidung des Bundesgerichtshofs

Der Bundesgerichtshof spricht der Klägerin die Sicherheit nur in Höhe der schlüssig dargelegten Vergütung für die bereits erbrachten Leistungen einschließlich Nebenforderungen zu und weist die Klage im Übrigen ab.

Es komme für die Sicherheit nicht mehr darauf an, ob der Unternehmer noch Vorleistungen zu erbringen hat. Vielmehr solle dem Unternehmer eine Sicherheit für seine Vergütung – auch nach Kündigung – gewährt werden.

Danach muss der Unternehmer die Vergütung für die vertragsgemäß erbrachte und aufgrund Kündigung nicht mehr erbrachte Leistung, für die er eine Sicherheit verlangt, im Zeitpunkt des Sicherheitsverlangens jedoch schlüssig darlegen, regelmäßig im Rahmen einer Schlussrechnung. Ein etwaiger Streit über die tatsächlichen Voraussetzungen dieser Darlegung kann zunächst aber offenbleiben, wenn dessen Entscheidung zu einer Verzögerung führen würde.

c) Anmerkungen und Praxishinweise

Im Klageverfahren auf Erteilung der Sicherheit wird ein Bestreiten der tatsächlichen Voraussetzungen der Höhe der Vergütung nicht gehört, um den Unternehmer vor Verzögerungen zu schützen. Der Besteller kann mithin gegen den Anspruch im Prozess über die Sicherheit nicht entgegenhalten, er habe außerordentlich aus wichtigem Grund gekündigt, der Unternehmer habe die Leistung bis zur Kündigung nicht vertragsgemäß – zu spät oder schlecht – erbracht oder nach Kündigung einen anderweitigen Erwerb gehabt.

Nur wenn feststeht, dass die Vergütung nicht mehr entstehen und fällig werden kann oder erfüllt ist, kann ein Anspruch auf die Sicherheitsleistung ausgeschlossen sein.

Diese Art der „Sicherungsverfügung im Sicherheitenprozess“ (allerdings ohne die entsprechenden Rechtsbehelfe und insbesondere die Schadensersatzpflicht nach § 945 ZPO) sei vom Gesetzgeber ausdrücklich so beabsichtigt worden, so der VII. Zivilsenat des Bundesgerichtshofs.

Andererseits reicht es für die Schlüssigkeit des zu sichernden Vergütungsanspruchs nicht aus, wenn der Unternehmer hinsichtlich der nicht mehr erbrachten Leistungen einen entgangenen Gewinn behauptet, ohne zu ersparten Aufwendungen und anderweitigem Erwerb vorzutragen.

Der Unternehmer muss also die vereinbarte Vergütung und die Kosten darlegen, die er erspart hat und welchen anderweitigen Erwerb er sich anrechnen lassen muss. Insoweit dürfte eine Schätzung nach § 287 Abs. 2 ZPO möglich bleiben. Umsatzsteuer darf der Unternehmer für die Vergütung für nicht erbrachte Leistungen nicht berechnen.

Nachtragsforderungen sind von dieser Erleichterung des Zugangs zu einer Sicherheit bezüglich daraus folgender zusätzlicher Vergütung nicht erfasst und müssten im Streitfall nach wie vor bewiesen werden.

43. Einbeziehung von DIN-Normen im Bauvertrag?

Oft wird in Bauverträgen auf DIN-Normen verwiesen. DIN-Normen werden immer wieder durch die hierfür eigens einberufenen Normenausschüsse mit dem technischen Fortschritt harmonisiert. Sie eilen einerseits aber den anerkannten Regeln der Technik hinterher. Andererseits liegt ein Mangel auch dann vor, wenn eine einbezogene DIN-Norm zwar eingehalten wird, aber nach der Gesamtschau des Vertrags ein höherer Qualitäts- und Komfort-Standard geschuldet war. In solch einem Falle kann die Einbeziehung von DIN-Normen trotz damit beabsichtigter Transparenz sogar eine Irreführung sein.

Der Vorwurf einer „arglistigen Täuschung“ oder „verwerflichen Gesinnung“ wiegt zwischen den davon betroffenen Vertragspartnern stets schwer. Mit einem solchen Vorwurf ist auch ein sittlich-moralisches Unwerturteil verbunden und der Vorwurf miesen Charakters. Dies gilt insbesondere für Verträge des Baurechts und Immobilienrechts.

Bauverträge und Immobilienverträge sind überwiegend auf längerfristige Zusammenarbeit und große Summen angelegt und setzen hohes Vertrauen voraus. Wird solches Vertrauen enttäuscht, können sich daraus erhebliche Rechte des Benachteiligten bis hin zum großen Schadensersatz ergeben.

Zwar kann auch eine Unterschreitung der anerkannten Regeln der Technik wirksam vereinbart und eine Haftung begrenzt werden. Dies ist beim Bauen im Bestand. Solche Altbau-Projekte wären ansonsten oft gar nicht zu verwirklichen. Technische Regeln sind kein zwingendes Recht.

Verweist der Bauunternehmer im Vertrag oder der vorvertraglichen Werbung aber lediglich auf bestimmte DIN-Normen, ohne die im Einzelfall damit verbundene Unterschreitung des geschuldeten Standards näher zu erläutern, so ist dies eine Irreführung. Es hilft dann auch nicht, wenn die DIN-Norm als Anlage dem Vertrag beigefügt wird.

Denn eine solche Bezugnahme auf DIN-Normen wird gewöhnlich als ein klarer Pluspunkt eines Projekts verstanden. Wird die Einhaltung bestimmter DIN-Normen versprochen, so ist dies hervorragende Werbung für das Projekt. Die Leserin oder der Leser einer solchen Klausel erwartet bei unbefangener Lektüre einer solchen Einbeziehung in den Vertrag einen besonders guten Standard und rechnet nicht mit einer Standardunterschreitung.

Im Zweifel gilt dann aber eben trotz der Einbeziehung der aus der Gesamtschau der Vereinbarungen sich ergebende Qualitäts- und Komfortstandard.

Letzterer ist etwa bei einem Tiny-House regelmäßig geringer als bei einer Großstadtvilla. Wenn aus den getroffenen Vereinbarungen insgesamt ein höherer Standard erkennbar ist, etwa aufgrund von hochwertigen Sonderwünschen, so muss auch der Energiestandard oder der Schallschutz dem höheren Standard harmonisch entsprechen, wenn nicht transparent eine Unterschreitung vereinbart worden ist. Eine schlichte Einbeziehung von DIN-Normen, die dem durch Vertragsauslegung ermittelten Standard nicht gerecht werden, genügt dieser Transparenz nicht und ist unwirksam.

Können erwartbare Standards etwa im Schallschutz und in Wärmedämmung nicht eingehalten werden, so ist darüber am besten direkt an der betreffenden Stelle im Vertrag sorgfältig aufzuklären. Der Qualitäts- und Komfortstandard ist dabei von den Vertragspartnern näher zu definieren. Dazu ist allgemeinverständlich und an den Empfängerhorizont angepasst zum Beispiel über mögliche Geräuschentwicklungen, Schallbrücken und Lärmübertragungen etwa von der Straße oder dem Hausflur her aufzuklären. Wenn in diesem Zusammenhang eine DIN-Norm als Mindeststandard genannt werden soll, ist Ausführlichkeit bei der Beschreibung der Konsequenzen und des damit erreichbaren Schutzniveaus ratsam.

44. Die Kampfmittelanfrage als Kardinalpflicht von Architektinnen und Architekten

Trotz der allgemein bekannten Gefährlichkeit von Blindgängern und der Häufigkeit spektakulärer Entschärfungen insbesondere in den vergangenen zwei Jahrzehnten wird mitunter die Pflicht zur förmlichen Beantragung einer Kampfmittelüberprüfung übersehen. Die Planungsleistung der Architektin oder des Architekten ist aber mangelhaft, wenn eine solche Kampfmittelanfrage und infolgedessen etwa nötige Kampfmittelsondierungen unterbleiben oder die einschlägige Aufklärung und Beratung hierzu unzureichend ist. Ich empfehle daher die standardmäßige Überprüfung dieser Frage bei ausnahmslos jedem Bauprojekt und unabhängig von den beauftragten Leistungsphasen.

Zehntausende Blindgänger sind in der Bundesrepublik Deutschland noch zu entdecken und zu entschärfen. Die USA haben die zur Identifikation der Verdachtsflächen nötigen Luftbildaufnahmen nach und nach zur Verfügung gestellt. Die Antragstellung auf Überprüfung des Baugrundstücks nach Kampfmitteln – kurz Kampfmittelanfrage genannt – ist daher eine ganz zentrale Pflicht von Architektinnen und Architekten, auch wenn der Vertrag hierzu schweigt.

Baudame oder Bauherr bedient sich zur Erfüllung dieser Pflicht regelmäßig eines Architekturbüros. Durch ein erstelltes Baugrundgutachten – oft kürzer als Bodengutachten bezeichnet - wird die Pflicht nicht erfüllt, da ein Baugrundgutachten andere Zielsetzungen hat. Durch ein Baugrundgutachten soll unter anderem die Tragfähigkeit und Belastung des fraglichen Bodens und die Grundwasser-Situation geklärt werden.

Bodenverunreinigungen betreffen meist größere Flächen, Blindgänger hingegen nur einzelne Punkte. Stichpunktartige Überprüfungen mögen für ein Baugrundgutachten mitunter reichen, nicht aber für eine Kampfmittelüberprüfung. Selbst wenn Rammkernsondierungen für das Baugrundgutachten durchgeführt wurden, kann nach der Rechtsprechung aus einer fehlenden Explosion nicht geschlossen werden, der Boden sei frei von Kampfmitteln. Das kann lediglich Glück gewesen sein, und auf Glück darf man sich nicht verlassen.

Nur in Sonderfällen kann sich eine Architektin oder ein Architekt mit einer fehlenden Kennzeichnung der Verdachtsflächen im Bebauungsplan entlasten.

Vorangegangene Bauarbeiten auf dem fraglichen Grundstück lassen die Pflichtverletzung hingegen nicht entfallen, auch hier kann es lediglich glücklichen Zufällen zu verdanken sein, dass ein Blindgänger nicht explodiert ist.

Bei Verletzung der Pflicht zur Kampfmittelanfrage kann es zur zivilrechtlichen Haftung gegenüber Auftraggeberin, zur öffentlich-rechtlichen Verantwortlichkeit und sogar zur Strafbarkeit kommen. Zugunsten von Auftraggeberinnen und Auftraggebern streitet die Vermutung beratungskonformen Verhaltens. Ihr Anspruch auf Schadensersatz kann sich daher sowohl aus dem Aspekt des Unterlassens der Kampfmittelanfrage selbst als auch aus dem Aspekt der unzureichenden Beratung ergeben. In besonderen Fällen kommt auch eine deliktische Haftung wegen Baugefährdung in Betracht.

Sofern der Anspruch auf Schadensersatz nicht verjährt ist, schuldet die Architektin oder der Architekt den Ersatz der Mehrkosten, die daraus erwachsen, dass eine etwa nötige Kampfmittelsondierung nachgeholt werden muss. Diese Mehrkosten sind insbesondere dann erheblich, wenn dafür die bereits errichteten Gebäude oder Teile davon wieder abgerissen und neu errichtet werden müssen.

45. Interview zur Kampfmittelanfrage

Architektinnen und Architekten müssen unabhängig davon, welche Leistungsphasen ihnen übertragen worden sind und wann sie in das jeweilige Bauprojekt einsteigen, eigenständig das Baugrundrisiko von Kampfmitteln klären. Was ist dabei zu beachten? Wer trägt die Mehrkosten?

Frage: Warum hat das Thema „Baugrundrisiko Kampfmittel" in Deutschland eigentlich noch Relevanz?
Antwort: Das Thema hat in Deutschland eine hohe Relevanz, insbesondere seit der Zurverfügungstellung einschlägiger Luftbildaufnahmen aus den USA nach der Jahrtausendwende. Erst dadurch konnten immer mehr Verdachtsflächen als solche identifiziert werden.

Frage: Was ist eine Verdachtsfläche?
Antwort: Wenn aus den Luftbildaufnahmen Kampfhandlungen zur Zeit des Zweiten Weltkriegs auf den betreffenden Gebieten erkennbar sind, insbesondere Bombenabwürfe, so handelt es sich bei den abgebildeten Flächen um Verdachtsflächen.
Diese Verdachtsflächen „sollen" nach dem neuen Baugesetzbuch auch in den neuen Bebauungsplänen als solche gekennzeichnet werden. „Sollen" heißt in diesem besonderen Fall im Grunde „müssen", was zur einer Ermessensreduktion auf Null führt. Daher ist im Falle des Versäumnisses einer solchen Kennzeichnung im Einzelfall auch eine Haftung der Gemeinde zu prüfen.

Frage: Welche Folgen kann eine Verletzung der Pflicht zur Klärung des Baugrundrisikos Kampfmittel haben?
Antwort: Das hängt unter anderem davon ab, ob überhaupt - zum maßgeblichen Zeitpunkt – eine Verdachtsfläche vorliegt und wie schwer das Verschulden der Beteiligten zu gewichten ist. Klären die Architektinnen und Architekten nicht vor Baubeginn ab, ob Kampfmittel im Baugrund vorhanden sein könnten, so kann es zur strafbaren Baugefährdung und zu gravierenden Unfällen kommen - somit zu einer Strafbarkeit wegen Herbeiführens einer Sprengstoffexplosion sowie fahrlässiger Körperverletzung oder sogar Totschlags.

Frage: Wann liegt eine Baugefährdung vor?
Antwort: Für die Baugefährdung reicht die Verletzung einer anerkannten Regel der Technik. Bei Kampfmitteln ist dies nicht nur die DIN 18323. Anerkannte Regeln der Technik können sich bekanntlich auch aus anderen als aus

DIN-Normen ergeben. Für die Notwendigkeit einer Kampfmittelanfrage ist insbesondere an das Arbeitsschutzrecht zu denken.

Frage: Was genau meinen Sie mit dem Begriff der Kampfmittelanfrage?
Antwort: Als Kampfmittelanfrage bezeichne ich die Antragstellung auf Überprüfung des Baugrundstücks nach Kampfmitteln. Dafür werden - wie oben erwähnt - Luftbilder ausgewertet. Die Kampfmittelanfrage führt zu einer Erklärung darüber, ob der Baugrund „freigegeben" werden kann. Eine Freigabe ist aber, wie in meinem Aufsatz für die Zeitschrift Bauwirtschaft ausführlich erläutert, noch keine Garantie dafür, dass wirklich keine Kampfmittel zu finden sind. Bei Realisierung des Bauvorhabens muss man daher weiterhin wachsam sein.

Frage: Ist die Kampfmittelanfrage immer erforderlich? Wird sie nicht bereits durch ein Bodengutachten oder die Baugenehmigung hinreichend beantwortet?
Antwort: Grundsätzlich ist die Kampfmittelanfrage immer erforderlich, bei jedem Bauprojekt. Wenn die Architektinnen und Architekten später zu einem Bauprojekt hinzukommen, so ist die Klärung der Frage schon aufgrund der allgemeinen werkvertraglichen Prüfungs- und Hinweispflichten erforderlich. Wenn bei vorangegangenen Bauarbeiten oder bei den Prüfungen zur Erstellung des Bodengutachtens nichts passiert, so ist dies kein Beleg für die Kampfmittelfreiheit. Daher kann noch viele Jahre nach Fertigstellung des Bauprojekts eine Überprüfung und Sondierung erforderlich werden. Dafür müssen das Gebäude und Grundstück dann wieder auf das Niveau zum Ende des Zweiten Weltkriegs abgetragen werden.

Frage: Gibt es auch Ausnahmen dazu?
Antwort: Die von mir so genannte Kampfmittelanfrage ist nur ausnahmsweise dann entbehrlich, wenn hierzu eine Freigabe der zuständigen Behörde bereits vorliegt. Das kann etwa der Fall sein, wenn die Architektin oder der Architekt erst mit einer der späteren Leistungsphasen beauftragt wird, wobei er sich aber aufgrund der allgemeinen Prüf- und Hinweispflichten unbedingt Gewissheit über das Vorliegen der Freigabe zu verschaffen hat. Diese Freigabe ist nicht gleichzusetzen mit Kampfmittelfreiheit. Es wird ausdrücklich betont, dass die Freigabe nur aufgrund der Auswertung der verfügbaren Informationen erfolgte und somit dennoch ein Kampfmittelfund nicht ausgeschlossen werden kann. Eine Baugenehmigung verhält sich zu dieser Frage nur in Sonderfällen, und ein geotechnischer Bericht ersetzt diese Anfrage nicht, weil Methoden und Zielsetzungen völlig andere sind.

Frage: Wer muss für die Kosten aufkommen?
Antwort: Der Bauherr hat die Kosten der Kampfmittelanfrage grundsätzlich selbst zu tragen, ihm obliegt die Pflicht zur Bereitstellung geeigneten Baugrunds. Er überträgt die damit verbundenen Pflichten regelmäßig auf die Architektinnen und Architekten, die die Frage schon wegen der allgemeinen werkvertraglichen Prüfungs- und Hinweispflicht zu klären haben. Jedes beauftragte Architekturbüro ist daher grundsätzlich zur Kampfmittelanfrage verpflichtet.

Frage: Wird die Klärung der Frage versäumt, was gilt dann?
Antwort: Wenn die Kampfmittelanfrage bereits zum Zeitpunkt ihres Versäumnisses und damit der Pflichtverletzung zu einem Befund gekommen wäre, ist die Kausalität für die entstehenden Mehrkosten der Nachholung von etwa nötigen Überprüfungen oder Sondierungen gegeben. Diese hat dann, sofern der Anspruch noch nicht verjährt ist, die Architektin oder der Architekt zu tragen.

46. Bodengutachten bzw. besser Baugrundgutachten

„Bodengutachten“ ist eine unsaubere Bezeichnung für ein Baugrundgutachten bzw. einen geotechnischen Bericht. Ein solcher enthält die Ergebnisse der Erkundung und Untersuchung des Baugrunds, deren sachverständige Bewertung und die Konsequenzen für die Planung eines Bauwerks, das zu gründen und zu errichten ist.

In einem solchen Gutachten werden die Erdschichtung und weiteren Eigenschaften des Bodens (Bodenklassen bzw. nach neuer DIN-Normierung Homogenbereiche) dargestellt, sowie insbesondere auch die Grundwasserverhältnisse (Grundwasserstand).

Immer wieder tritt die Frage auf, ob ein etwa vorliegendes Baugrundgutachten beim Grundstückskauf mitzubeurkunden ist. Ein Bodengutachten bedarf im Gegensatz zur Baubeschreibung selbst dann nicht der Beurkundung, wenn es nach der Baubeschreibung zu beachten ist, nicht aber die vertragliche Beschaffenheit des Gebäudes bestimmt, Oberlandesgericht Hamm, Urteil vom 10.09.2012 – Aktenzeichen I-22 U 67/11, Bundesgerichtshof, Urteil vom 14.03.2003 – Aktenzeichen V ZR 278/01. Es liege dann unter Umständen nur eine unechte oder erläuternde Verweisung vor.

Nach einer weit verbreiteten Auffassung trägt der Bauherr – wenn es insoweit keine abweichende vertragliche Regelung gibt – das Baugrundrisiko, da der Boden als „vom Besteller gelieferter Stoff“ im Sinne des § 645 BGB gilt. Für ein von der Baugenehmigungsbehörde angefordertes Baugrundgutachten trägt demzufolge der Unternehmer in diesen Fällen auch nicht das Kostenrisiko, so das Urteil des Bundesgerichtshofs vom 27.07.2006 – Aktenzeichen VII ZR 202/04. Den Bauunternehmer trifft insoweit keine allgemeine Prüfungspflicht, wenn kein Anlass zu Zweifeln an den Angaben des Auftraggebers besteht.

Das Baugrundrisiko kann durch Vereinbarung einem Auftragnehmer übertragen werden. Ändern sich die geotechnischen Verhältnisse gegenüber der Baubeschreibung und einem dieser etwa beigefügten Bodengutachten, so können Mehrvergütungsansprüche (des Bauunternehmers) entstehen, beim VOB/B-Vertrag nach § 2 Abs. 5 und beim BGB-Bauvertrag nach den Grundsätzen der Änderung der Geschäftsgrundlage, § 313 BGB. Den Auftragnehmer trifft für die Änderung und die Erforderlichkeit der Mehrleistungen die Darlegungs- und Beweislast.

Die Prüfung des Baugrunds gehört zu den wesentlichen Hauptleistungspflichten eines Architekten im Rahmen der Grundlagenermittlung/Vorplanung, sodass er dem Bauherrn rechtzeitig die Einholung eines Bodengutachtens empfehlen muss, wenn ihm die Bodenverhältnisse nicht bekannt sind.

47. Haftung der Architektin oder des Architekten für Baukosten und Wünsche der Baudame oder des Bauherrn

Die Architektin oder der Architekt ist nicht nur Werkunternehmer/in, sondern auch – je nach Vertragsgestaltung – Berater/in und Sachwalter/in der Baudame oder des Bauherrn. Insbesondere bei der Missachtung von Kostenvorgaben und Gestaltungswünschen des Bauherrn kann es daher zur Architektenhaftung kommen.

Die Pflichten des Architekten ergeben sich aus dem Architektenvertrag, der meist als Werkvertrag zu qualifizieren ist. So ist höchstrichterlich geklärt, dass Umfang und Inhalt der geschuldeten Leistung des Architekten durch Auslegung des Vertrags zu ermitteln sind, Urteil des Bundesgerichtshofs vom 24.06.2004 – Aktenzeichen VII ZR 259/02.

Maßgeblich ist danach die interessengerechte Auslegung, nämlich „die durch den konkreten Vertrag begründeten Interessen des Auftraggebers an den Arbeitsschritten, die für den vom Architekten geschuldeten Werkerfolg erforderlich sind." Regelmäßig schuldet der Architekt das Kostenmanagement als Abstecken der wirtschaftlichen Möglichkeiten bereits im Rahmen der Grundlagenermittlung, die Kostenermittlung in der Planungsphase und die Kostenkontrolle während der Ausführungsphase.

Nach der höchstgerichtlichen Rechtsprechung verletzt der Architekt seine Vertragspflichten, wenn er ohne verlässliche Kenntnis von den wirtschaftlichen Möglichkeiten des privaten Bauherrn die Planung eines Wohnhauses vornimmt, Urteil des Bundesgerichtshofs vom 21.03.2013 – Aktenzeichen VII ZR 230/11. Die vom Auftraggeber im Rahmen der Grundlagenermittlung dem Architekten gegenüber zum Ausdruck gebrachten Kostenvorstellungen sind in dem Sinne verbindlich, dass sie vorbehaltlich einer Änderung den Planungsrahmen bestimmen und jedenfalls dann regelmäßig zum Vertragsinhalt werden, wenn der Architekt ihnen nicht widerspricht. Jedenfalls sind sie beachtlich, wenn der Architekt erklärt, er „schaffe das schon", Urteil des Bundesgerichtshofs vom 21.03.2013 – Aktenzeichen VII ZR 230/11.

Die Kostenberatung durch den Architekten hat den Zweck, den Bauherrn über die zu erwartenden Kosten des Bauvorhabens zu informieren, damit dieser die Entscheidung über die Durchführung auf einer geeigneten Grundlage treffen, ggf. eine einfachere Ausführung wählen oder das Bauvorhaben ganz aufgeben kann. Auf eine drohende Baukostenüberschreitung muss der Architekt hinweisen.

Die Pflichten bezüglich der Baukosten sind im Überblick:

- Kostenrahmen im Rahmen der Grundlagenermittlung (Leistungsphase 1) auf Grundlage der Bedarfsplanung,
- Kostenschätzung nach DIN 276, 2. Ebene (überschlägigen Ermittlung der Gesamtkosten) und Kostenkontrolle durch Vergleich mit finanziellen Rahmenbedingungen im Rahmen der Vorplanung (Leistungsphase 2),
- Kostenberechnung nach DIN 276, 3. Ebene (Ermittlung der tatsächlich zu erwartenden Gesamtkosten) im Rahmen der Entwurfsplanung (Leistungsphase 3) und Kostenkontrolle durch Vergleich mit der Kostenschätzung,
- Erstellung von bepreisten Leistungsverzeichnissen für die Vorbereitung der Vergabe (Leistungsphase 6), Ermitteln der Kosten und Kostenkontrolle durch Vergleich mit der Kostenberechnung,
- Prüfen und Werten der Angebote, Aufstellen eines Preisspiegels nach Einzelpositionen, Prüfen und Werten der Angebote für zusätzliche oder geänderte Leistungen der ausführenden Unternehmen und der Angemessenheit der Preise, Vergleichen der Ausschreibungsergebnisse mit den bepreisten Leistungsverzeichnissen und der Kostenberechnung im Rahmen der Mitwirkung bei der Vergabe (Leistungsphase 7),
- Kostenfeststellung (tatsächlich entstandene Kosten) im Rahmen der Objektüberwachung (Leistungsphase 8) und Kostenkontrolle durch Überprüfen der Leistungsabrechnungen der ausführenden Unternehmen im Vergleich zu den Vertragspreisen und dem Kostenanschlag.

Eine Baukostengarantie hat hohe Anforderungen. Zur Annahme eines Garantievertrags bedarf es einer klaren und unmissverständlichen Vereinbarung der Vertragsparteien. Allgemeine Geschäftsbedingungen reichen hierfür nicht. Übernimmt der Architekt eine ausdrückliche Garantie bezüglich der Einhaltung der veranschlagten Baukosten, haftet er verschuldensunabhängig auf Erfüllung, es sei denn, dass die Baukostenüberschreitung auf geänderte Wünsche, Zusatzwünsche oder ein sonstiges Verhalten des Bauherrn zurückzuführen ist. Eine Haftung wegen Überschreitens des Baukostenlimits entfällt, wenn der Bauherr die Überschreitung der Baukosten anerkennt.

Bei Nichteinhaltung der Kostenobergrenze oder Kostenhöchstgrenze im Sinne einer Beschaffenheitsvereinbarung liegt ein Mangel des Architektenwerks vor. Eine Haftung des Architekten kann sich insofern auch aus einer Baukostenüberschreitung ohne Garantieübernahme ergeben.

Die Voraussetzungen hierfür sind:

- Vorgabe eines klar bestimmten Baukostenhöchstbetrags im Architektenvertrag (der Architekt hat in der Regel einen gewissen Spielraum bzw. Toleranzrahmen),
- Pflichtverletzung des Architekten,
- Gelegenheit zur Nacherfüllung (insbesondere Baukostensenkung durch Umplanung), d. h. Fristsetzung des Bauherrn bzw. Auftraggebers (falls nicht ausnahmsweise entbehrlich),
- Verschulden des Architekten (mögliche Entlastung durch Änderungs- und Zusatzwünsche oder Eigenleistungen des Bauherrn, Insolvenzen der Bauunternehmen, Bauzeitverzögerungen, nicht vorhersehbare Änderung der anerkannten Regeln der Technik, Auflagen des Bauamtes usw.),
- eingetretener und verbleibender Schaden (insbesondere zusätzliche Zinsbelastung durch Zusatzkredit) unter Berücksichtigung der Vorteilsausgleichung,
- Kausalität zwischen Pflichtverletzung und Schaden.

Nach obergerichtlicher Rechtsprechung ist die Architektin bzw. der Architekt im Falle der Ungenauigkeit einer Kostenschätzung verpflichtet, die Baudame oder den Bauherrn auf diese Ungenauigkeit hinzuweisen, wenn die Kostenschätzung Grundlage einer Investitions- und Finanzierungsentscheidung ist, so das Urteil des Oberlandesgerichts Hamm vom 15.03.2013 – Aktenzeichen 12 U 152/12.

Danach ist ein vermögenswerter Schaden des Bauherrn aber zu verneinen, wenn der zu seinen Lasten gehende Mehraufwand zu einer Wertsteigerung des Objekts geführt hat. Es handelt sich dabei um einen Fall der Vorteilsausgleichung.

Für einen unter Berücksichtigung von Wertsteigerungen verbliebenen Mehraufwand ist eine Pflichtverletzung nur dann ursächlich, wenn es bei ordnungsgemäßer Kostenschätzung und Aufklärung zu einer Verhaltensänderung des Bauherrn gekommen wäre, er mithin von dem Bauvorhaben ganz oder teilweise Abstand genommen hätte. Auch bei Missachtung der Wünsche des Bauherrn durch den Architekten kann die Planung mangelhaft sein. Bei Vorliegen der oben dargestellten weiteren Voraussetzungen haftet der Architekt dann für die mangelhafte Umsetzung der Wünsche, obwohl Wünsche eigentlich keine Anordnungen sind.

Dem Architekturbüro obliegt es, die von der Auftraggeberin oder vom Auftraggeber skizzierten Wunschvorstellungen auf ihre Machbarkeit hin zu überprüfen und planerisch weitestmöglich zu realisieren, so das Urteil des Oberlandesgerichts Hamm vom 07.05.2014 – Aktenzeichen 12 U 184/12.

In diesem Fall war der Architekt im Zuge seiner Überprüfung der Machbarkeit fehlerhaft zu der Einschätzung gekommen, dass die Wunschvorstellungen des Bauherrn nicht zu realisieren seien. Nach Auffassung des Oberlandesgerichts Hamm entlastet es den Architekten nicht, dass der Bauherr selbst auf Grund einer solchen fehlerhaften Einschätzung seine Wunschvorstellung aufgibt. Der Schaden besteht dann in der Wertminderung, also den Minderwert des realisierten Projekts gegenüber dem eigentlich gewünschten. Die Unterschrift des Bauherrn unter der Genehmigungsplanung entlastet den Architekten daher nur insoweit, als seine Planung wirklich alternativlos war.

Bei der Schadensbemessung muss auch der Minderwert für eine funktionale Beeinträchtigung berücksichtigt werden. Dieser Minderwert bemisst sich nach dem Ansatz des Gerichts aus einem prozentualen Anteil der tatsächlichen Baukosten.

48. Finger weg von der Vertragsstrafe: Das Leben am Bau nicht unnötig schwer machen

In Bauverträgen und Bauträgerverträgen finden sich immer noch viel zu oft – meist auf Wunsch der Auftraggeberinnen und Auftraggeber bzw. Erwerberinnen und Erwerber – Strafversprechen für eine nicht gehörige Erfüllung, zum Teil sogar verschuldensunabhängig gestaltete Vertragsstrafen. Meist beziehen sich diese Vertragsstrafen auf die Überschreitung der Vertragstermine.

Als Auftragnehmer, Bauunternehmer oder Bauträger sollten Sie davon die Finger lassen. Auch für Auftraggeber bieten Vertragsstrafen gegenüber den gesetzlichen Verzugsregelungen keine wirklichen Vorteile.

Das gesetzliche Leitbild der Vertragsstrafe findet sich in den §§ 339–345 BGB. Darauf verweist auch § 11 VOB/B. § 9a VOB/A ermutigt die Vereinbarung von Vertragsstrafen, weil es kaum Vertragsfristen gibt, die keine „erheblichen Nachteile verursachen" können. Eine Vertragsstrafe (auch als Pönale oder Konventionalstrafe bezeichnet) ist eine bestimmte Geldsumme, die als Druckmittel für den Fall vereinbart werden kann, dass der Vertragspartner die geschuldete Leistung nicht vertragsgemäß, insbesondere nicht termingerecht erbringt oder eine bestimmte Handlung trotz Verbots vornimmt.

Vertragstermine werden leider immer noch regelmäßig in Allgemeinen Geschäftsbedingungen vertragsstrafbewehrt. Die Vertragsstrafen müssen allerdings besonderen Anforderungen genügen, insbesondere Obergrenzen sowohl für den Einzelfall (etwa täglich) als auch insgesamt einhalten, um wirksam zu sein. Eine Vertragsstrafe in AGB ist unwirksam, wenn sie dem Verwender der AGB für den Fall der Nichtabnahme oder verspäteten Abnahme der Leistung, des Zahlungsverzugs oder für den Fall, dass der andere Vertragsteil sich vom Vertrag löst, versprochen wird, § 309 Nr. 6 BGB.

Vertragsstrafen werden oft als pauschalierter Schadensersatz bezeichnet. Dies trifft aber nicht zu. Denn die Vertragsstrafe setzt keinen Schaden voraus. Ein Schaden braucht nicht nachgewiesen zu werden. Vielmehr reicht zu Verwirkung bzw. Verfall der Vertragsstrafe das Vorliegen der vertraglich bestimmten Voraussetzungen aus. Demgemäß findet bei verwirkter Vertragsstrafe grundsätzlich auch keine Ausgleichung etwa zugeflossener Vorteile statt. Ein pauschalierter Schadensersatz ist in AGB unwirksam, wenn die Pauschale den in den geregelten Fällen nach dem gewöhnlichen Lauf der Dinge zu erwartenden

Schaden oder die gewöhnlich eintretende Wertminderung übersteigt oder wenn dem anderen Vertragsteil nicht ausdrücklich der Nachweis gestattet wird, ein Schaden oder eine Wertminderung sei überhaupt nicht entstanden oder wesentlich niedriger als die Pauschale, § 309 Nr. 5 BGB.

Ein etwaiger (weiterer) Schaden kann aber in der Regel zusätzlich über die Vertragsstrafe hinaus geltend gemacht werden, wenn solches nicht wirksam ausgeschlossen worden ist. Eine Überkompensation ist andererseits zu vermeiden. Ist die Vertragsstrafe für den Fall der Nichterfüllung versprochen, kann eine Erfüllung nicht mehr beansprucht werden, nachdem die Vertragsstrafe verlangt worden ist.

Im Bürgerlichen Gesetzbuch ist die Vertragsstrafe in den §§ 339 bis 345 BGB geregelt, auf die auch § 11 Abs. 1 VOB/B 2016 verweist. Bei der Fristberechnung gibt es zwischen den einschlägigen Regelungen des BGB und der VOB/B Unterschiede, wobei die Einzelheiten umstritten sind und mögliche Angriffspunkte bestehen. Bei der Gestaltung von Vertragsstrafen sind diese Probleme und die von der Rechtsprechung gezogenen Grenzen sorgfältig zu beachten. So ist u. a. auch an eine Regelung zur Fälligkeit zu denken.

Die Vertragsstrafe wird mitunter verschuldensunabhängig dahingehend vereinbart, dass sie auch dann zu erbringen ist, wenn ein Termin aus Gründen nicht eingehalten wird, die nicht vom Willen des Auftragnehmers abhängig sind.

Eine unangemessen hohe Vertragsstrafe kann vom Gericht auf Antrag des Schuldners auf eine angemessene herabgesetzt werden. Dies ist jedoch nur vor Zahlung möglich. Es hängt von den Umständen des Einzelfalles ab, ob die Regelung möglicherweise ganz hinfällig ist und damit überhaupt keine Vertragsstrafe anfällt. Verwirkte Vertragsstrafen muss sich der Auftraggeber grundsätzlich bei der Abnahme vorbehalten, ansonsten kann er sie nicht mehr geltend machen. Diese Verpflichtung kann jedoch auch abbedungen werden, wobei wiederum hohe Anforderungen bezüglich der Wirksamkeit einer solchen Abrede bestehen.

Die Formulierung einer Vertragsstrafe ist problematisch. Ihre Voraussetzungen sind dabei ebenso klar zu definieren wie die Höhe und Fälligkeit. Die Höhe darf von der Rechtsprechung in zahlreichen Urteilen herausgearbeitete Maßstäbe nicht übersteigen. Diese Maßstäbe beziehen sich sowohl auf jeden Einzelfall der missverständlich so genannten „Verwirkung" – besser Verwirklichung – als auch auf die Gesamtsumme. Diese Höchstwerte können sich aber jederzeit wieder ändern.

Es gibt also keine Garantie für die Wirksamkeit der Vereinbarung einer bestimmten Höhe. Das Risiko einer Unwirksamkeit ist hoch. Ist die Regelung aber nichtig, so ist auch für eine angemessene Herabsetzung der Vertragsstrafe nach § 343 BGB kein Raum mehr. Dann ist die Vertragsstrafe vielmehr insgesamt hinfällig.

Höhere Gewalt – wie etwa eine nachweisliche Behinderung durch eine Pandemie wie COVID-19 bzw. die hierauf von der Politik eingesetzten Corona-Maßnahmen – ist bei Eintritt der vereinbarten Voraussetzungen nur dann eine erhebliche Einwendung, wenn die Vertragsstrafe abhängig vom Verschulden oder „Vertretenmüssen" des Auftragnehmers oder Bauträgers formuliert ist.

Es finden sich indessen immer wieder auch verschuldensunabhängige Vertragsstrafen mit dem Zweck, das Führen eines solchen Nachweises ebenso entbehrlich zu machen wie den Nachweis eines etwa eingetretenen Schadens.

Ob das Verschulden eine Voraussetzung für die jeweilige Vertragsstrafe ist oder nicht, bedarf der näheren Vertragsprüfung in jedem Einzelfall. Bei der Abnahme ist die Vertragsstrafe wie die bekannten Mängel ausdrücklich vorzubehalten, da die Ansprüche ansonsten untergehen.

Vertragsstrafen sind kein Schadensersatz und führen zumindest im Baubereich lediglich zu Komplikationen. Sie sind daher entbehrlich. Bei Auftraggebern bzw. Bestellern werden damit Begehrlichkeiten erzeugt. Es wird mitunter sogar auf eine über Vertragsstrafen nachträglich erzielbare Preisreduktion spekuliert. Auf der anderen Seite wird den Auftragnehmern unnötig Druck gemacht, was zum Pfusch am Bau führen kann. Die Wirksamkeit bestimmter Formulierungen oder Höhen ist immer wieder Thema in der Rechtsprechung. Man kann sich darüber also trefflich streiten.

Bei der vorsorgenden Vertragsgestaltung kommt es aber ganz entscheidend auf die Vermeidung solcher unnötiger Streitquellen an. Beide Seiten eines jeden Bauvertrags oder Bauträgervertrags können auf die Vereinbarung einer Vertragsstrafe daher guten Gewissens verzichten. Viel eher ist an die Vereinbarung der hier im ersten Schlagloch vorgestellten Belohnungsformel zu denken.

49. Eigentumsverschaffung beim Bauträger-Erwerb

Für die Pflicht aus dem Bauträgervertrag, das Grundstück bzw. Erbbaurecht zu übereignen, gilt Kaufvertragsrecht, während für die Herstellungspflicht Werkvertragsrecht und im Falle des Verzugs allgemeines Schuldrecht gilt. Im Insolvenzfall wird der Bauträgervertrag entsprechend in einen kaufrechtlichen und einen werkvertragsrechtlichen Teil aufgespalten.

Der Auflassungsanspruch des Erwerbers gegenüber dem Bauträger entsteht bereits mit Abschluss des wirksamen Bauträgervertrags, wobei die Fälligkeit üblicherweise von der Zahlung der geschuldeten Vergütung abhängig gemacht wird, Urteil des Bundesgerichtshofs vom 19.05.2006 – Aktenzeichen V ZR 40/05. Diese erfolgt beim Bauträgervertrag regelmäßig nach Vorliegen der übrigen Sicherungsvoraussetzungen für den Erwerber in bis zu sieben Raten je nach Baufortschritt nach der Makler- und Bauträgerverordnung (MaBV).

Die Abtretung bzw. Verpfändung des Eigentumsverschaffungsanspruchs kann von der Zustimmung des Bauträgers abhängig gemacht werden. Auch Sonderwünsche können der Zustimmung des Bauträgers bedürfen.

Die Sicherung des Bauträgers erfolgt entweder dadurch, dass die Auflassung erst nach Zahlung der geschuldeten Vergütung zu gesonderter Urkunde erklärt wird. Hierzu kann der Erwerber den Bauträger in der Erwerbsurkunde bevollmächtigen. Ein anderer Weg ist die Aussetzung der Eigentumsumschreibung entweder durch Vorbehalt der Eintragungsbewilligung und Grundbuchvorlageanweisung an den Notar. Je nachdem welcher Weg gewählt wird, ist bei unberechtigter Weigerung des Bauträgers eine Auflassungsklage oder eine Feststellungsklage zu erheben.

Die Fälligkeit der entsprechenden Erklärungen bzw. Zahlungsbestätigung und Anweisung an den Notar wird im Bauträgervertrag von der Erfüllung sämtlicher Zahlungsverpflichtungen gegenüber dem Bauträger aus dem Vertrag in Haupt- und Nebensache abhängig gemacht. Diese Zahlungsverpflichtungen des Erwerbers können aufgrund von Sonderwunschvereinbarungen höher sein als der vereinbarte Erwerbspreis, aber auch infolge von Minderung oder Aufrechnung niedriger. Deswegen stellt eine Regelung, durch die die Eigentumsverschaffung von der Zahlung der vereinbarten Vergütung abhängig gemacht wird, eine unangemessene Benachteiligung dar, Urteil des Bundesgerichtshofs vom 07.06.2001 – Aktenzeichen VII ZR 420/00.

Regelungen, durch die die Eigentumsverschaffung auch von der Abnahme abhängig gemacht wird, können ebenfalls eine unangemessene Benachteiligung darstellen, sofern der Bauträger trotz Zahlung der geschuldeten Vergütung die Auflassung bzw. Einigung mit der Begründung verweigern könnte, die Abnahme werde verweigert. Nach dem Beschluss des Oberlandesgerichts Nürnberg vom 18.05.2001 – Aktenzeichen 2 W 1363/01 – steht eine entsprechende Vereinbarung dem Erfolg einer Auflassungsklage nicht entgegen. Andererseits kann dem Bauträger aber ein Zurückbehaltungsrecht an der Auflassung bei unberechtigter Abnahmeverweigerung zustehen. Ferner kann die Auflassung von der Rückgewähr einer MaBV-Bürgschaft abhängig gemacht werden.

Es können Störungen wie Mängel und Insolvenz, aber auch die Verjährung des Zahlungsanspruchs auftreten. Die Kosten der Übergabe einschließlich der Kosten bei Notar und Grundbuchamt trägt ohne abweichende Vereinbarung der Erwerber. Der Bauträger ist gesetzlich nicht verpflichtet, die Grunderwerbsteuer zu zahlen oder den Antrag auf Eigentumsumschreibung zu stellen. Er hat aber aufgrund seiner Eigentumsverschaffungspflicht alle Hindernisse zu beseitigen, die der Umschreibung des Eigentums entgegenstehen, soweit dies erforderlich und ihm zumutbar ist. Hierzu gehört es auch, einen Dritten zur Aufgabe einer Buchposition zu bewegen.

Voraussetzung der Eigentumsumschreibung ist das Vorliegen der grunderwerbsteuerlichen Unbedenklichkeitsbescheinigung. Diese wird erteilt, wenn die Grunderwerbsteuer entrichtet ist. Die Grundsteuer entsteht bereits mit Abschluss des Bauträgervertrags, wobei die Festsetzung oftmals erst erheblich später erfolgt. Zu den Voraussetzungen der Eigentumsumschreibung gehört im Falle eines Grundstücks bzw. Miteigentums an einem Grundstück – nicht bei Wohnungseigentum oder Erbbaurechten – ferner das Negativattest der Gemeinde bezüglich etwa gegebener Vorkaufsrechte nach dem Baugesetzbuch. Im Falle eines Erbbaurechts besteht in der Regel je nach Erbbaurechtsvertrag ein Vorkaufsrecht des Eigentümers. Im Grundbuch können weitere Vorkaufsrechte eingetragen sein.

Oft sind weitere Genehmigungen erforderlich, so zum Beispiel im Falle eines in Abteilung II des Grundbuchs eingetragenen Sanierungsvermerks eine Sanierungsgenehmigung nach dem Baugesetzbuch (BauGB) oder eine Grundstücksverkehrsgenehmigung nach dem Grundstücksverkehrsgesetz (GrdstVG) bzw. in den neuen Bundesländern nach der Grundstücksverkehrsordnung (GVO). Die Freigrenzen sind dabei von Bundesland zu Bundesland unterschiedlich. Vereinbart werden kann auch die vorsorgliche Einholung eines Negativattests.

Der Erwerber kann auch dann die Auflassung bzw. bei Erbbaurechten die Einigung verlangen, wenn der Bauträger sich mit der Mängelbeseitigung im

Verzug befindet und die Mängelbeseitigung nahezu die noch offenen Restvergütungen verbraucht, Urteil des Landgerichts Heilbronn vom 11.07.2001 – Aktenzeichen 2 O 3003/00 IV sowie Aktenzeichen 2 O 3003/00.

Die noch nicht entrichtete Restvergütung muss dafür geringfügig sein. Geringfügig ist sie, wenn sie 2–3,5 % der Gesamtvergütung nicht übersteigt. Die Verweigerung der Auflassung wird dann in entsprechender Anwendung des § 320 Abs. 2 BGB als treuwidrig eingestuft, Beschluss des Bundesgerichtshofs vom 25.08.2005 – Aktenzeichen VII ZR 6/04.

Im Falle des Steckenbleibens der Herstellung des Baus infolge Insolvenz kann der Insolvenzverwalter aufgrund der eingetragenen (und gegenüber dem Insolvenzvermerk gem. § 32 InsO vorrangigen) Auflassungsvormerkung die Eigentumsumschreibung nicht aufgrund seines Wahlrechts verweigern. Der Erwerber erhält mithin das Grundstück einschließlich seiner Bestandteile und ist zur Entrichtung einer Teilvergütung für das Grundstück und die erbrachte Bauleistung verpflichtet. Diese ist ggf. im Wege der ergänzenden Vertragsauslegung oder gem. §§ 315, 316 BGB zu ermitteln, Urteil des Bundesgerichtshofs vom 07.11.1980 – Aktenzeichen V ZR 163/79. Der Bauträgervertrag wird gleichsam in zwei Komponenten aufgeteilt, und zwar eine kaufvertragliche Komponente bezüglich des Grundstücks und eine werkvertragliche bezüglich der Herstellungsverpflichtung.

Es ist ggf. die Auflassungserklärung des Insolvenzverwalters erforderlich, die im Wege der Auflassungsklage erwirkt werden kann. Voraussetzung ist, dass der Erwerber den Teil des Gesamterwerbspreises gezahlt hat, der auf die Übereignung des Grundstücks entfällt. Erklärt der Erwerber jedoch den Rücktritt oder macht den großen Schadensersatzanspruch geltend, entfällt die Schutzwirkung der Auflassungsvormerkung und kann der Erwerber gegenüber dem Grundbuchberichtigungsanspruch hinsichtlich seiner Löschungsbewilligung kein Zurückbehaltungsrecht ausüben. Die Insolvenz an sich ist auch nicht ohne weiteres ein wichtiger Grund zur Kündigung des auf die Herstellung gerichteten Teils des Bauträgervertrags.

Der Eigentumsverschaffungsanspruch verjährt – sofern nichts anderes vereinbart ist – 10 Jahre nach seiner Fälligkeit. Üblich ist eine Verlängerung der Verjährung sowohl des Eigentumsverschaffungsanspruchs als auch der Vergütung durch vertragliche Regelung auf 30 Jahre. Ist eine solche Verlängerung nicht erfolgt, kann sich die Frage stellen, ob der Erwerber auch dann die Auflassung beanspruchen kann, wenn er sich hinsichtlich einer Restforderung auf eine eingetretene Verjährung beruft. In diesem Fall steht nach dem Urteil des Bundesgerichtshofs vom 19.05.2006 – Aktenzeichen V ZR 40/05, dem Bauträger ein Leistungsverweigerungsrecht bezüglich der Auflassung zur Seite. Der

Bauträger kann danach die Einrede des nicht erfüllten Vertrages auch nach der Verjährung seines Anspruchs erheben, wenn dieser vor dem Eintritt der Verjährung entstanden war. Die vorausgesetzte synallagmatische Verknüpfung der beiden Ansprüche – Eigentumsverschaffung und Vergütung – wird bejaht.

Im Falle des Vorbehalts der Auflassung und der unberechtigten Weigerung des Bauträgers, diese zu erklären, ohne dass diesem ein Zurückbehaltungsrecht an der Auflassung zusteht, kann eine Auflassungsklage erhoben werden. Die Vollstreckung erfolgt nach § 894 ZPO. Der Streitwert der Auflassungsklage richtet sich im Falle der Weigerung des Bauträgers wegen Restforderungen nicht nach dem Wert der Eigentumswohnung, sondern nach der Höhe des (vermeintlichen) Erwerbspreisrests, Urteil des Landgerichts München I vom 19.04.2007 – Aktenzeichen 5 O 8732/06.

Im Falle der Aussetzung der Eintragungsbewilligung und der unberechtigten Weigerung des Bauträgers zur Bestätigung der Zahlung und Anweisung an den Notar zur Grundbuchvorlage kann Feststellungsklage erhoben werden. Der Antrag muss auf Feststellung der vollständigen Zahlung der Vergütung und des Nichtbestehens weiterer Zahlungsansprüche lauten. Der Streitwert einer solchen Klage entspricht der vom Bauträger beanspruchten Restzahlung.

Mit der Eintragung im Grundbuch erlischt der Erfüllungsanspruch bezüglich der Eigentumsverschaffungspflicht, Urteil des Bundesgerichtshofs vom 17.06.1994 – Aktenzeichen V ZR 204/92.

50. Dokumentation am Bau und Herausgabe von Bauunterlagen immer präzise vertraglich regeln – Anmerkungen zum Urteil des Oberlandesgerichts Köln vom 13.05.2015 – Aktenzeichen 11 U 96/14

Von zentraler Bedeutung für alle Bauprojekte ist eine sorgfältige Dokumentation. Oft entsteht auch Streit darüber, inwiefern diese nebst anderen Bauunterlagen zum Beispiel zur Überprüfung der Abnahmereife dem Auftraggeber ausgehändigt werden muss. Vor diesem Hintergrund ist das Urteil des Oberlandesgerichts Köln vom 13.05.2015 – Aktenzeichen 11 U 96/14 (vorhergehend Landgericht Bonn, Urteil vom 20.05.2014 – Aktenzeichen 7 O 351/13) nach wie vor sehr lehrreich.

a) Sachverhalt

Wohnungseigentümergemeinschaft W klagt gegen Bauträger B zunächst auf Kostenvorschuss zur Beseitigung von Mängeln am gemeinschaftlichen Eigentum sowie Herausgabe bestimmter Bauunterlagen, ferner auf Erstattung von Sachverständigen- und Rechtsanwaltskosten. W hatte einen Sachverständigen mit den Mängelfeststellungen beauftragt und durch einen Rechtsanwalt eine Frist zur Mängelbeseitigung setzen lassen, die fruchtlos verstrichen war.

W begehrt von B die Herausgabe folgender Unterlagen:

a) Baugenehmigung nebst Plänen
b) Werkplanung 1:50
c) Wärmeschutzberechnung
d) Energieausweise
e) Blower-Door-Test
f) Schlussabnahmeschein
g) Schlusseinmessungsbestätigung
h) Kanaldichtigkeitsnachweis
i) Einweisung Haustechnik
j) Bedienungsanleitungen zu den technischen Einrichtungen sowie Heizungseinweisungen

B erkennt den Klageantrag bezüglich der Baugenehmigung ohne Anerkennung einer Rechtspflicht an und verteidigt sich im Übrigen unter anderem mit den von den einzelnen Erwerbern geltend gemachten Mängeleinbehalten in Höhe von insgesamt über 200.000,00 EUR sowie mit dem Fehlen einer vertraglichen Vereinbarung über die weiteren genannten Bauunterlagen.

b) Entscheidungen der Gerichte

Das Landgericht weist die Klage mit Ausnahme der Herausgabe der Baugenehmigung als unbegründet ab. Der Klägerin W stehe ein Kostenvorschuss gegen B nicht zu, da sie mit dieser Forderung eine doppelte Sicherheitsleistung geltend mache. Dies stelle eine unzulässige Rechtsausübung dar. Inwieweit die Einbehalte auch wegen Mängeln am jeweiligen Sondereigentum gemacht worden seien, habe die W nicht substantiiert dargelegt. W könne sich wegen des Grundsatzes von Treu und Glauben auch nicht darauf berufen, nicht mit denjenigen Erwerbern personenidentisch zu sein, die Einbehalte wegen Mängeln am gemeinschaftlichen Eigentum geltend gemacht hätten.

Eine doppelte Inanspruchnahme des Beklagten B müsse vermieden werden. Auch ein Anspruch auf Herausgabe der übrigen Bauunterlagen stehe W mangels vertraglicher Abrede mit B oder eines besonderen rechtlichen Interesses in Verbindung mit einer allgemeinen Nebenpflicht nicht zu.

W legt Berufung ein und verlangt nunmehr im Hinblick auf eine angeblich fehlende Abnahme des gemeinschaftlichen Eigentums statt eines Vorschusses nunmehr im Wege des Schadensersatzes die Erstattung der fiktiven Mängelbeseitigungskosten sowie die Feststellung der Ersatzpflicht für zusätzliche Schäden.

Die Anträge bezüglich der Bauunterlagen und der Erstattung der Sachverständigen- und Rechtsanwaltskosten verfolgt W weiter. Das Oberlandesgericht gibt ihr bezüglich der Bauunterlagen zum Teil Recht und hält daher auch den Erstattungsanspruch bezüglich der Sachverständigen- und Rechtsanwaltskosten für begründet.

Bezüglich des Schadensersatzes wird die Berufung aber als unzulässig zurückgewiesen. Mit der Berufung müsse zumindest auch die in der Abweisung des erstinstanzlichen Klagebegehrens liegende Beschwer angegriffen werden. Dies sei durch die Umstellung nicht mehr der Fall, da Zahlung von Vorschuss und Schadensersatz unterschiedliche Streitgegenstände seien. Nur wenn die Umstellung nach Mängelbeseitigung erfolge, also aufgrund einer späteren Veränderung statt des Gegenstands das Interesse im Sinne des § 264 Nr. 3 ZPO verfolgt werde, handele es sich nicht um eine Klageänderung.

Die Kosten für den Sachverständigen seien hingegen ebenso wie die Rechtsanwaltskosten als Mangelfolgeschäden unabhängig von einem etwaigen Verzug des Bauträgers B zu ersetzen.

Bezüglich der Bauunterlagen erfolgt eine differenzierte Betrachtung.

Für den Energieausweis ergebe sich ein berechtigtes Interesse aus der Energieeinsparverordnung (EnEV), da der Energieausweis bei Weiterverkauf oder Vermietung vorgelegt werden müsse. Gleiches gelte für den Kanaldichtigkeitsnachweis, den W zur Erfüllung öffentlich-rechtlicher Pflichten benötigen könne.

Die Einweisung in die Haustechnik und die Bedienungsanleitungen seien als betriebs- und wartungsrelevante Unterlagen stets zu übergeben.

Den Anspruch auf Herausgabe der Werkplanungen bejaht das Oberlandesgericht aufgrund entsprechender Auslegung der Baubeschreibung, in der diese ausdrücklich hervorgehoben waren. B könne sich insoweit auch nicht damit verteidigen, diese Unterlagen nicht zu besitzen, da sie zumindest gegenüber ihrem Generalunternehmer einen durchsetzbaren Herausgabeanspruch habe.

c) Ausblick und Praxishinweise

Auf das schwierig nachzuweisende „besondere, konkret begründete rechtliche Interesse" sollte man sich als Erwerber gar nicht erst einlassen, sondern besser präzise Regelungen in den Erwerbsvertrag aufnehmen. Nicht von ungefähr wurden im neuen Bauvertragsrecht, das am 01.01.2018 in Kraft getreten ist und für ab diesem Datum abgeschlossene Verträge gilt, in § 650j und § 650k BGB sowie in Art. 249 EGBGB erhebliche Informationspflichten gegenüber Verbrauchern geschaffen.

Die zu übergebene und in den Vertrag einzubeziehende Baubeschreibung muss nach § 2 des Art. 249 EGBGB mindestens folgende Informationen enthalten:

- Beschreibung des herzustellenden Gebäudes oder der vorzunehmenden Umbauten,
- Art und Umfang der angebotenen Leistungen,
- Gebäudedaten, Pläne mit Raum- und Flächenangaben sowie Ansichten, Grundrisse und Schnitte,
- Energiestandard, Brandschutz- und Schallschutzstandard sowie Angaben zur Bauphysik,
- Beschreibung der Baukonstruktionen aller Gewerke,
- Beschreibung des Innenausbaus,
- Beschreibung der gebäudetechnischen Anlagen, d. h. der technischen Gebäudeausrüstung (TGA),

- Qualitätsmerkmale, denen das Gebäude oder der Umbau genügen muss,
- Beschreibung der Sanitärobjekte, der Armaturen, der Elektroanlage, der Installationen, der Informationstechnologie und der Außenanlagen,
- Zeitpunkt der Fertigstellung bzw. Dauer der geplanten Baumaßnahmen.

Ferner sollte die Erstellung bzw. Herausgabe (zumindest in Kopie) konkret folgender weiterer Bau- und Planungsunterlagen nach Möglichkeit vertraglich geregelt werden, sofern der Bauherr sie nicht selbst erstellt:

- Bodengutachten, Baugrundgutachten bzw. geotechnischer Bericht
- Kampfmittelfreigabe der zuständigen Behörde
- geprüfte Statik mitsamt Standsicherheitsnachweis
- Baugenehmigungsunterlagen mitsamt Genehmigungsplanung (genehmigte Bauantragszeichnungen)
- Ausführungspläne/Ausführungszeichnungen
- energetischer Wärmeschutznachweis, Energiebedarfsausweis, Wärmebedarfsberechnung (Gebäudebeheizung)
- Schallschutznachweis
- Brandschutznachweis
- Gewährsbescheinigungen für jedes Gewerk
- Garantieurkunden und Bedienungsanleitungen der Haustechnik
- Unternehmerliste zu allen Gewerken
- Nachweis bei etwaiger Solaranlage und Wärmepumpe
- Holzschutzmittelnachweis
- Gewährleistungsbescheinigung über die Gebäudeabdichtung (Ausführungsprotokoll)
- Nachweis der Betriebsfähigkeit der Elektroanlage (Prüfprotokoll/Übergabebericht)
- Nachweis des hydraulischen Abgleichs der Heizungsanlage (setzt Heizlastberechnung voraus)
- Luftdichtigkeitsnachweis der Gebäudehülle (Messprotokoll) bzw. Blower-Door-Test
- Schornsteinfegerabnahmeprotokoll
- Bestandszeichnungen der technischen Gebäudeausrüstung (Elektro-, Sanitär-, Heizungs- und Lüftungsinstallationen)
- ggf. Nachweis zur Fußbodenheizung
- Trocknungsprotokolle des Estrichs
- je nach Haustyp und Bauweise noch viele mehr

Auch insofern dienen präzise vertragliche Regelungen der Konfliktprävention.

51. Bauträgervertrag. Rezension zum Vertragskommentar von Manfred Blank

Die Entwicklung beständiger Vertragsklauseln, die dem Willen der Parteien präzise entsprechen und im konkret gegebenen Sachverhalt und dessen Fortsetzungsmöglichkeiten optimal funktionieren, ist ein zeitintensiver Vorgang. Von vermeintlichen Abkürzungen ist auch im Hinblick auf die sich kontinuierlich weiterentwickelnde Rechtsprechung gerade im Bauträgerrecht abzuraten.

Das nunmehr in 5. Auflage vorliegende, vielzitierte Standardwerk von Rechtsanwalt und Notar Manfred Blank, der als profunder Kenner der Materie durch zahlreiche Publikationen und Fachvorträge sowie seine Leitung des Arbeitskreises V „Bauträgerrecht" des Deutschen Baugerichtstags seit Langem anerkannt ist, stellt mit seinen „aus der Praxis entstandenen Empfehlungen" für variierte BauträgerKonstellationen und den erhellenden jeweiligen Erläuterungen dazu einen meisterhaften Gradmesser dar, mit dem die Überprüfung und Präzisierung der für den konkreten Einzelfall passenden Regelungen Freude macht.

Für die Neuauflage wurde insbesondere die aktuelle Rechtsprechung zu den Bindungsfristen bei Angeboten zum Abschluss eines Bauträgervertrags (Muster 13) eingearbeitet und der Tausch mit dem Bauträger (Muster 8) im Hinblick auf die geänderte Rechtsprechung des Bundesfinanzhofs modifiziert. Neu sind die Ausführungen zu Reservierungsvereinbarungen unter MaBV, AGB und beurkundungsrechtlichen Gesichtspunkten in der trefflichen Einführung.

Auch die neueste Literatur ist eingearbeitet, so der vorzügliche Kommentar von Hügel/Elzer zum Wohnungseigentumsrecht. Hügel und Elzer gehören allerdings gerade zu den Autoren, die die Abnahme des gemeinschaftlichen Eigentums als sonstiges Recht bzw. sonstige Pflicht im Sinne von § 10 Abs. 6 S. 3 WEG einordnen, während Blank den Kommentar durch dessen Zitat in Fußnote 530 gewissermaßen für seine Gegenauffassung vereinnahmt. Dem Autor ist allerdings Recht zu geben, dass es im Hinblick auf mehr Rechtssicherheit für Bauträger, Verwalter und Erwerber einer gesetzlichen Regelung der Abnahme des gemeinschaftlichen Eigentums durch die Gemeinschaft der (werdenden) Wohnungseigentümer bedarf.

52. Abnahme des gemeinschaftlichen Eigentums – Fallstrick des Bauträgervertrags

Der Bauträger oder Projektentwickler ist wegen der ihn entlastenden Abnahmewirkungen an einem möglichst frühen und einheitlichen Abnahme-Termin interessiert. Insbesondere bei größeren Wohnanlagen bietet sich die Delegation der Abnahme des gemeinschaftlichen Eigentums an. Gemeinschaftliches Eigentum ist das Grundstück sowie die Teile, Anlagen und Einrichtungen des Gebäudes, die nicht im Sondereigentum oder im Eigentum eines Dritten stehen, § 1 Abs. 5 Wohnungseigentumsgesetz (WEG).

Die Rechtsprechung zieht für die Delegation der Abnahme des gemeinschaftlichen Eigentums im Bauträgervertrag enge Grenzen:

Die Vollmacht muss erkennbar widerruflich und mit Selbsteintrittsrecht des Erwerbers ausgestaltet sein. Dem Erwerber ist die Möglichkeit des Selbsteintritts durch Mitteilung des Termins zu geben. Der Bevollmächtigte darf nicht aus dem Lager des Bauträgers stammen, mit diesem also nicht wirtschaftlich oder rechtlich verbunden sein. Einbußen im Hinblick auf seine Objektivität und Neutralität bei der Prüfung der Voraussetzungen der Abnahmereife wären zu befürchten. Eine Klausel, die die Abnahme des gemeinschaftlichen Eigentums durch einen vom Bauträger bestimmbaren Erstverwalter auch nur ermöglicht, benachteiligt den Erwerber unangemessen und hält daher einer Inhaltskontrolle nach § 307 Abs. 1 S. 1 BGB nicht stand, Beschluss des Bundesgerichtshofs vom 12.09.2013 – Aktenzeichen VII ZR 308/12. Beim Bauträgervertrag spricht der Anscheinsbeweis für das Vorliegen Allgemeiner Geschäftsbedingungen. Ist der Erwerber ein Verbraucher, gelten Allgemeine Geschäftsbedingungen als vom Unternehmer gestellt, § 310 Abs. 3 Nr. 1 BGB.

Eine schlüssige Abnahme wird nach einer erfolgten, aufgrund unwirksamer Bevollmächtigung fehlgeschlagenen Abnahme zumeist nicht anerkannt. Denn es sei nicht anzunehmen, der Erwerber hätte bei Anwendung der gebotenen Sorgfalt erkennen können, dass sein Verhalten als Abnahmeerklärung verstanden werden könnte. Auch der Bauträger verstehe ein solches Verhalten nicht in schützenswerter Weise als Abnahmeerklärung. Nach Vorstellung beider Parteien ist die Abnahme in einem solchen Falle bereits erfolgt, und zwar aufgrund von Regelungen eines Notarvertrags.

Notarverträge umgibt eine Aura der Rechtswirksamkeit, so dass die Annahme der Wirksamkeit einer den notariellen Klauseln entsprechenden Abnahme nicht sorgfaltswidrig ist. Demgegenüber wird in der Rechtsprechung zum Teil eine schlüssige Abnahme nach unwirksamer förmlicher Abnahme angenommen. Denn die Beteiligten könnten jederzeit durch schlüssiges Verhalten auf eine förmliche Abnahme verzichten. Eine juristisch kreative Möglichkeit ist die konkludente Genehmigung der vollmachtlos abgegebenen Abnahmeerklärung. Auch hier ist aber der Schluss auf einen entsprechenden Rechtsfolgewillen im Hinblick auf die bereits erfolgte (wirkungslose) Abnahme zweifelhaft.

Kann eine schlüssige Abnahme oder Genehmigung nach unwirksamer förmlicher Abnahme nicht angenommen werden, befindet sich das Werk noch im Erfüllungsstadium und ist die Leistungsgefahr sowie die Darlegungs- und Beweislast noch nicht übergegangen. Der Erfüllungsanspruch verjährt nach wohl überwiegender Meinung binnen der regelmäßigen Verjährungsfrist bereits drei Jahre nach Fertigstellung des Bauvorhabens. Das Mängelgewährleistungsrecht mit der fünfjährigen Verjährungsfrist ist vor Abnahme grundsätzlich nicht anwendbar. Dies wird von der Rechtsprechung im Einzelfall jedoch anders gehandhabt.

Ob eine spätere Abnahme nach Verjährung des Erfüllungsanspruchs allein zur Rettung der Mängelansprüche noch zulässig ist, wird im Hinblick auf die rechtlich geschützten Interessen des Bauträgers bestritten.

Mein Regelungsvorschlag einer künftigen Gemeinschaftsabnahme, erstmals begründet und vorgestellt im September 2015 an der Berliner Humboldt-Universität im Rahmen des Symposiums Bauträgerrecht und Wohnungseigentumsrecht des Forschungsinstituts für Notarrecht:

> *„Die Abnahme kann im Hinblick auf den Baukörper, der gemeinschaftliches Eigentum wird, aufgrund Vereinbarung oder Beschluss im Wege des Mehrheitsbeschlusses auch von der Wohnungseigentümergemeinschaft für die Besteller erklärt oder verweigert werden.*
> *Die Abnahmeentscheidung setzt voraus, dass mindestens 50 % aller möglichen Besteller des betreffenden gemeinschaftlichen Eigentums zustimmen, wobei der Unternehmer oder ihm nahestehende Besteller von der Beschlussfassung ausgenommen sind.*
> *Die Wohnungseigentümergemeinschaft kann zur Wahrnehmung einer gemeinschaftlichen Abnahmeverpflichtung auch einen neutralen Abnehmenden bestimmen, der die Abnahme für sie erklärt. An eine bestandskräftige gemeinschaftliche Abnahme sind auch solche Besteller des betreffenden gemeinschaftlichen Eigentums gebunden, die erst nach der Abnahme stimmberechtigt werden.“*

53. Eigentumsarten beim Wohnungseigentumsgesetz

Man unterscheidet im Wohnungseigentumsrecht zwischen gemeinschaftlichem Eigentum und Sondereigentum einerseits, Wohnungseigentum und Teileigentum andererseits.

Das gemeinschaftliche Eigentum – früher Gemeinschaftseigentum genannt – sind nach § 1 Abs. 5 WEG das Grundstück und das Gebäude, soweit sie nicht im Sondereigentum oder im Eigentum eines Dritten stehen. Sondereigentum und gemeinschaftliches Eigentum zusammen bilden das Wohnungseigentum oder Teileigentum.

Das Sondereigentum ist derjenige Teil des Wohnungseigentums, über den der betreffende Wohnungseigentümer allein verfügen kann und dessen Kosten und Gefahren er allein trägt. Es entsteht und wird aufgehoben durch Auflassung und Eintragung im Wohnungsgrundbuch. Sondereigentum und Teileigentum sind abgeschlossen. Abgeschlossenheit bedeutet die dauerhafte räumliche Abgrenzung einer Einheit.

Durch die Teilungserklärung und Gemeinschaftsordnung kann der Gebrauch des Sondereigentums oder Teileigentums beschränkt werden.

Die tragenden Wände innerhalb des Sondereigentums gehören ebenso zum gemeinschaftlichen Eigentum – Urteil des Bundesgerichtshofs vom 13.09.2001 – Aktenzeichen VII ZR 380/00 – wie die sonstigen Gebäudeteile, die für Bestand oder Sicherheit des Anwesens notwendig sind, § 5 Abs. 2 WEG.

Neben dem Grundstück, das bereits in § 1 Abs. 5 WEG als gemeinschaftliches Eigentum definiert ist, sind dies die Außenfenster mit Innenseite, Außenwände, Fundamente, Dach, Balkon-Brüstungen, der Estrich, Fensterscheiben, Rollladenkästen, Schallschutz, Steigleitungen und die Tiefgarageneinfahrt.

Anlagen für gemeinschaftlichen Gebrauch gehören ebenfalls zum Gemeinschaftlichen Eigentum. Zum gemeinschaftlichen Eigentum gehören ferner die Anlagen oder Einrichtungen, die dem gemeinschaftlichen Gebrauch dienen, § 5 Abs. 2 WEG. Dies sind beispielsweise Fahrstühle, Treppenaufgänge, Wasserleitungen. Streitig ist die Zuordnung bei der Heizungsanlage und den Heizkörpern.

Mängel am gemeinschaftlichen Eigentum können grundsätzlich vom einzelnen Erwerber geltend gemacht werden. Allerdings können dem die Gemeinschaftsbezogenheit und der Schuldnerschutz entgegenstehen. Der Bundesgerichtshof lässt die selbständige Durchsetzung der Gewährleistungsrechte durch den Wohnungseigentümer dann nicht zu, wenn dem die Gemeinschaftsbezogenheit des Rechts entgegensteht.

Während der große Schadensersatz (Rückgabe des Empfangenen und Ersatz aller infolge des Erwerbs entstandenen Schäden) individualrechtlich und nicht gemeinschaftsbezogen einzuordnen ist, können die Wohnungseigentümer nur gemeinschaftlich darüber befinden, wie das Wahlrecht zwischen Minderung und kleinem Schadensersatz auszuüben ist und wie die vom Gewährleistungsschuldner erlangten Mittel verwendet werden sollen, Urteil des Bundesgerichtshofs vom 15.02.1990 - Aktenzeichen VII ZR 269/88 Dies gilt jedenfalls für behebbare Mängel.

Mängelrechte können auf eine Gemeinschaft übertragen werden

Mängelrechte können vergemeinschaftet werden. Nach dem Beschluss des Bundesgerichtshofs vom 06.03.2014 - Aktenzeichen VII ZR 266/13 - kann durch einen Beschluss, durch den die Gemeinschaft die Ausübung der Mängelrechte an sich zieht (Ansichziehungsbeschluss) eine durch einen einzelnen Erwerber erfolgte Fristsetzung und unter Umständen sogar ein Rücktritt unwirksam werden.

Der Bauträger ist des Weiteren vor einer mehrfachen Inanspruchnahme durch verschiedene Erwerber bezüglich des gleichen Interesses zu schützen. Es soll verhindert werden, dass der Bauträger wegen ein und desselben Mangels am gemeinschaftlichen Eigentum mehrfach und in unterschiedlicher oder sogar widersprüchlicher Weise leisten muss. So soll sich der Bauträger nicht Minderungsansprüchen eines Erwerbers ausgesetzt sehen, während er dem anderen zur mangelfreien Herstellung des gemeinschaftlichen Eigentums verpflichtet bleibt.

Problematisch und umstritten sind auch die Regelungen zur Abnahme des gemeinschaftlichen Eigentums. Insbesondere bei größeren Wohnungseigentumsanlagen bietet sich zwar eine Delegation und Bevollmächtigung von Verwalter und Sachverständigen an. Solche Regelungen sind aber spätestens seit dem Beschluss des Bundesgerichtshofs vom 12.09.2013 - Aktenzeichen VII ZR 308/12 - kaum noch rechtssicher zu gestalten.

Maßgeblich für die Zuordnung ist die Teilungserklärung

Für die Zuordnung zum Sondereigentum oder zum gemeinschaftlichen Eigentum maßgeblich ist zunächst die Teilungserklärung bzw. der Teilungsvertrag.

Praktisch wird dies durch Beifügen von Grundrissen, Ansichten und Schnitten bewerkstelligt, in denen die betreffenden Räume durch eingekreiste Zahlen oder ein eingekreistes „G" für (früher) „Gemeinschaftseigentum" eindeutig und unmissverständlich zugeordnet werden. Teile des Gebäudes, die für dessen Bestand oder Sicherheit erforderlich sind, sowie Anlagen und Einrichtungen, die dem gemeinschaftlichen Gebrauch der Wohnungseigentümer dienen, können nicht zum Sondereigentum erklärt werden, selbst wenn sie sich im Bereich der im Sondereigentum stehenden Räume befinden, § 5 Abs. 2 WEG.

Balkone, Dachterrassen, Loggien und Veranden sind zwar keine Räume, sind aber als wesentliche Bestandteile des Sondereigentums ebenfalls sondereigentumsfähig im Gegensatz etwa zu Terrassen oder Carports, an denen nur Sondernutzungsrechte begründet und zugewiesen werden können.

Trotz der Komplexität ist die Mitwirkung eines Architekten bei der Herstellung des Aufteilungsplans und der Erlangung der Abgeschlossenheitsbescheinigung keine Leistung, die der Realisierung des Bauvorhabens dient und damit keine Planungsleistung im Sinne der Honorarordnung für Architekten und Ingenieure (HOAI), Urteil des Oberlandesgerichts Koblenz vom 19.01.2012 – Aktenzeichen 1 U 1287/10. Für eine fehlerhafte Aufteilung kann unter Umständen der Notar haftbar gemacht werden.

Wohnungseigentum ist gem. § 1 Abs. 2 WEG das Sondereigentum an einer Wohnung in Verbindung mit dem Miteigentumsanteil an dem gemeinschaftlichen Eigentum (früher sogenanntes Gemeinschaftseigentum aller Wohnungseigentümer), zu dem es gehört. Es ist zum Wohnen, zum Gebrauch als Lebensmittelpunkt bestimmt, wobei im Falle fehlender gegenteiliger Bestimmung in der für den ordnungsgemäßen Gebrauch maßgeblichen Teilungserklärung nach den Umständen auch zum Beispiel die Vermietung an täglich oder wöchentlich wechselnde Feriengäste in Betracht kommt, der Gebrauch als Planungsbüro ohne Publikumsverkehr oder als Patentanwaltskanzlei, Urteil des Bundesgerichtshofs vom 15.01.2010 – Aktenzeichen V ZR 72/09.

Während Wohnungseigentum nur an Wohnungen begründet werden kann, wird an nicht zu Wohnzwecken dienenden Räumen eines Gebäudes wie einem Laden oder auch einem Tiefgaragenstellplatz Teileigentum begründet. Tiefgaragenstellplätze können auch im Wege des Sondernutzungsrechts einer Wohnungseigentumseinheit zugewiesen werden. Dies wird dann im jeweiligen Wohnungsgrundbuch im Bestandsverzeichnis eingetragen.

54. Makler- und Bauträgerverordnung

Die Makler- und Bauträgerverordnung (MaBV) ist aus dem Verbraucherschutzrecht hervorgegangen. Sie schützt heute aber auch solche Erwerber, die nicht Verbraucher sind.

Der Bauträger muss Abschlagszahlungen wirksam vereinbaren. Die Vereinbarung muss den besonderen Sicherungspflichten für Bauträger genügen. Weicht der Bauträger bei Vertragsschluss oder beim Vertragsvollzug hiervon ab, können sich Ansprüche des Erwerbers ergeben.

Weicht der Bauträger allerdings zum Vorteil des Erwerbers von den Schutzvorschriften der MaBV ab, liegt kein Verstoß gegen die MaBV vor. So lange solche Regelungen im Bauträgervertrag nicht vom Erwerber als Allgemeine Geschäftsbedingungen (AGB) gestellt werden, sind sie unbedenklich. Eine Abweichung zum Nachteil des Erwerbers stellt hingegen einen Verstoß dar.

Ein häufiger Verstoß gegen die MaBV ist ein Zahlungsplan, der sich nicht an die Voraussetzungen des § 3 Abs. 2 MaBV hält. Dies liegt vor, wenn er mehr als sieben Raten enthält oder wenn die Raten nicht aus den Prozentsätzen der MaBV zusammengesetzt sind. Aber auch die Vereinbarung einer Bürgschaft, die von den Vorgaben des § 7 MaBV abweicht, ist unwirksam, so dass keine Ratenzahlungen angenommen werden dürfen. Ein Verstoß gegen die MaBV kann auch darin begründet sein, dass die Auflassungsvormerkung noch nicht eingetragen ist oder die Freistellungsverpflichtungserklärung des Globalgläubigers noch nicht vorliegt und der Bauträger dennoch Zahlungen des Erwerbers annimmt, Urteil des Oberlandesgerichts Karlsruhe vom 20.05.2010 – Aktenzeichen 12 U 232/09.

Der Vertrag im Übrigen bleibt wirksam. Die Regelungen der MaBV treten nicht als Ersatzregelung an die Stelle der nichtigen Vereinbarung, so das Urteil des Bundesgerichtshofs vom 22.12.2000 – Aktenzeichen VII ZR 310/99 – sowie vom 22.03.2007 – Aktenzeichen VII ZR 268/05.

Ist die Abnahme bereits erfolgt, kann der Bauträger den Erwerbspreis wegen § 641 Abs. 1 BGB fordern und die gezahlten Raten daher behalten. Es kommt dann nur noch Schadensersatz im Hinblick auf die Vorzeitigkeit der gezahlten Raten in Betracht bzw. Herausgabe der gezogenen Nutzungen. Ist die Abnahme – insbesondere auch die Abnahme des gemeinschaftlichen Eigentums – aber noch nicht erfolgt, darf der Bauträger die insoweit verbotswidrig angenommenen Raten nicht behalten, da er damit weiterhin gegen ein gesetzliches Verbot verstoßen würde.

Adressat der Norm ist der Bauträger und Gewerbetreibende, nicht der Erwerber. Der Bauträger kann sich daher nicht auf einen von letzterem begangenen Verstoß und damit auf § 817 Abs. 2 BGB berufen. Der Erwerber könnte also sämtliche geleisteten Raten zurückfordern.

Dies ginge jedoch zu weit, so dass der Rückforderungsanspruch nach § 813 Abs. 2 BGB zu kürzen ist, Urteil des Bundesgerichtshofs vom 22.03.2007 – Aktenzeichen VII ZR 268/05.

Denn der von der MaBV bezweckte Schutz des Erwerbers ist so weit verwirklicht, wie der tatsächlich erreichte Baufortschritt die Forderungen nach der MaBV rechtfertigen würde. Der Bundesgerichtshof hat die Anwendbarkeit des § 813 Abs. 2 BGB allerdings auf einen Fall angenommen, in dem das Eigentum bereits auf den Erwerber übertragen und der Erwerber hierdurch hinreichend gesichert war. Ob dies auch dann gilt, wenn noch kein Eigentum übergegangen ist, erscheint fraglich.

Nach einer gut begründeten Auffassung in der Literatur – Herrler, Deutsche Notarzeitschrift 2007, Seiten 906 bis 907 – ist die Anwendung des § 813 Abs. 2 BGB auf § 817 Satz 1 BGB bereits aus systematischen Gründen abzulehnen. Die §§ 814 und 815 BGB seien bereits nach allgemeiner Auffassung nicht auf § 817 Abs. 1 BGB anwendbar, und es fehle ein hinreichender Grund warum dies für § 813 BGB anders sein sollte. Insbesondere zeige § 817 S. 2 BGB, dass ein spezieller Ausschlussgrund einschlägig ist, § 817 also einer eigenen Systematik unterliege. § 813 Abs. 2 BGB beziehe sich inhaltlich auf § 813 Abs. 1 BGB, der die allgemeine Leistungskondition erweitere. Es werde lediglich klargestellt, dass sich diese Ausdehnung des Anwendungsbereichs der allgemeinen Leistungskondition nicht auf die nur vorübergehende Einrede fehlender Fälligkeit erstrecke. § 817 S. 1 BGB sanktioniere demgegenüber als Sonderfall der Leistungskondition einen einseitigen Gesetzesverstoß, ohne dass es auf die Rechtsgrundlosigkeit überhaupt ankomme. Der Anspruch aus § 817 S 1 BGB könne daher nicht davon abhängig sein, ob der Leistende über eine dauernde oder nur eine vorrübergehende Einrede verfüge. Insbesondere spreche aber auch der jeweilige Schutzzweck der verletzten Normen gegen eine Einschränkung des bereicherungsrechtlichen Rückforderungsanspruchs bei Leistung aufgrund nichtigen Ratenplans sowie fehlender Einräumung einer Sicherheitsleistung.

Der Bundesgerichtshof selbst betont in der Tat immer wieder die Steuerungs- und Präventionszwecke der MaBV. Müsste der Bauträger nur eine eingeschränkte Rückzahlung fürchten, würde er eher zu Abweichungen vom zwingendem Ratenplan der MaBV, mithin zu Experimenten zu Lasten des Erwerbers, neigen, da er darauf vertrauen dürfte, dass er Zahlungen behalten kann, die nach der MaBV nicht zu beanstanden wären. Der Ratenplan der

MaBV würde somit gleichsam durch die Hintertür wieder eingeführt. Damit bräuchte der Bauträger eine Sanktionierung seines Gesetzesverstoßes nicht zu fürchten, da schlimmstenfalls doch wieder die Vom-Hundertsätze des § 3 Abs. 2 MaBV zur Anwendung kämen. Da der Bauträger jedoch bewusst von den zwingenden Vorgaben der MaBV abweicht, die er als Gewerbetreibender zu kennen hat, ist er insoweit auch nicht schutzwürdig.

Es kommt ein vertraglicher Schadensersatzanspruch unter dem Aspekt der Verletzung der Schutz- und Rücksichtnahmepflichten in Betracht. Es handelt sich insbesondere um die Schutzpflicht hinsichtlich des Vermögens. Dieser Schadensersatzanspruch gemäß den §§ 280 Abs. 1, 241 Abs. 2 BGB ist in der Literatur sauber hergeleitet und begründet worden.

Die Rechtsprechung hat den Schadensersatzanspruch zumindest im Hinblick auf Zinsen und Finanzierungskosten anerkannt, und zwar in Fällen, in denen der Verstoß in der Zwischenzeit geheilt worden ist. Der Erwerber ist jedoch so zu stellen, wie er stehen würde, wenn die Verletzung der Schutzvorschriften nicht begangen worden wäre, so dass vor Heilung auch die Rückforderung sämtlicher Raten aufgrund des Schadensersatzanspruchs möglich sein dürfte.

Daneben ist eine Haftung nach § 823 Abs. 2 BGB in Verbindung mit der jeweils verletzten Schutzvorschrift der MaBV in Erwägung zu ziehen. Denn die §§ 3 und 7 MaBV sind Schutzgesetze im Sinne des § 823 Abs. 2 BGB. Bei Vorsatz ist auch eine persönliche Haftung des Geschäftsführers der Bauträgergesellschaft bzw. des Vorstands der AG denkbar. In Betracht kommt auch eine Aufforderung zur Auskunft-Erteilung über die gezogenen Nutzungen (Zinsersparnisse oder Zinsen) aus den vorzeitig geleisteten Raten und Auszahlung dieser gezogenen Nutzungen an den Erwerber.

55. Insolvenz des Bauträgers

Wird ein Insolvenzverfahren über das Vermögen eines Bauträgers eröffnet, ergeben sich vielfältige wirtschaftliche und rechtliche Probleme aufgrund der Vielzahl der beteiligten Personen (Bauträger, Erwerber, Globalgläubigerin, Insolvenzverwalter, werdende Wohnungseigentümergemeinschaft) und der einschlägigen Rechtsnormen.

Der typengemischte, aber einheitliche Bauträgervertrag wird bei Eröffnung des Insolvenzverfahrens in einen kaufvertraglichen und einen werkvertraglichen Teil aufgeteilt. Wegen der zu diesem Zeitpunkt in der Regel bereits eingetragenen Auflassungsvormerkung ist der kaufvertragliche Teil nach § 106 Insolvenzordnung (InsO) zu erfüllen. Der Erwerber erhält also das Eigentum am Grundstück bzw. seinen Miteigentumsanteil daran. Bezüglich des Herstellungsanspruchs, also des Bauvorhabens, besteht hingegen nach § 103 InsO das Wahlrecht des Insolvenzverwalters.

Beim Übereignungsanspruch gilt die Besonderheit, dass die Globalgläubigerin wählen kann, ob sie das Objekt gegen Zahlung des dem erreichten Bautenstand entsprechenden Teils der geschuldeten Vertragssumme freigibt, mit dem der Erwerber schlimmstenfalls nichts anfangen kann (Bauruine, Bau-Torso), oder ob sie die geleisteten Zahlungen zurückzahlt. Letzteres müsste sie nur anteilig, also bis zum aktuell auf dem Markt durchsetzbaren Wert – nicht Vertragswert – des Vertragsobjekts.

Der Insolvenzverwalter ist aufgrund seines Wahlrechts gem. § 103 InsO berechtigt, einen nicht vollständig erfüllten Bauträgervertrag bezüglich des Herstellungsanspruchs zu erfüllen und die zur Fertigstellung noch ausstehenden Erwerbspreisraten zu verlangen. Hat der Erwerber zu diesem Zeitpunkt im Hinblick auf den erreichten Bautenstand zu viel gezahlt, ist die Zuviel-Zahlung auf die weiteren Erwerbspreisforderungen des Insolvenzverwalters nicht anrechenbar und muss zur Tabelle angemeldet werden. Daher empfiehlt es sich, stets nur zu bezahlen, was auch wirklich gebaut ist, siehe das nachfolgende Schlagloch.

Der Insolvenzverwalter kann das Bauvorhaben fertig bauen lassen, ist hierzu aber nicht verpflichtet. Die Entscheidung hierüber ist im Wesentlichen eine kaufmännische Entscheidung im Hinblick auf Rentabilität und Risiko. Der Insolvenzverwalter wird dabei die Risiken von Mängelansprüchen der Erwerber und einen möglicherweise erheblich verzögerten Abschluss des Insolvenzverfahrens berücksichtigen müssen. Da für das Bauwerk nach § 634a BGB eine

Gewährleistungszeit von fünf Jahren ab Abnahme besteht, fällt die Wahl zur Erfüllung der Bauverpflichtung eher schwer.

Die Globalgläubigerin, die das wirtschaftliche Risiko des Projekts trägt, ist bei einer solchen Entscheidung mit einzubeziehen, da ohne Ausreichung eines Massekredits die Weiterfinanzierung kaum gewährleistet ist. Der Insolvenzverwalter kann sich – in Abstimmung mit der Globalgläubigerin – also entweder für die Fertigstellung des Bauvorhabens oder für deren Ablehnung entscheiden. Die Erwerber haben hierauf in der Regel keinerlei Einfluss, wohl aber die Globalgläubigerin. Umgekehrt hat der Insolvenzverwalter durch seine Einschätzung maßgeblich Einfluss auf die Entscheidung der Globalgläubigerin.

Die Erwerber sollten in keinem Fall einen Rücktritt erklären, da dadurch ihre Auflassungsvormerkung erlöschen würde. Das Grundbuch würde in diesem Falle unrichtig. Tritt der zunächst durch Vormerkung gesicherte Erwerber nach Zahlung des Erwerbspreises oder eines Teils hiervon vom Bauträgervertrag zurück oder verlangt Schadensersatz statt der Leistung, kann der Insolvenzverwalter von ihm die Abgabe der Löschungsbewilligung verlangen, ohne die geleisteten Zahlungen aus der Masse zurückerstatten zu müssen, Urteil des Bundesgerichtshofs vom 22.01.2009 – Aktenzeichen IX ZR 66/07. Der Erwerber wird – wenn er nicht durch eine Bürgschaft nach § 7 MaBV gesichert ist – einfacher Insolvenzgläubiger und erhält allenfalls nach Jahren eine Quote. Auch die Eigentumsumschreibung kann dann nicht mehr nach § 106 InsO verlangt werden.

Der Insolvenzverwalter kann das Bauvorhaben nur fertigstellen, wenn die Weiterfinanzierung durch die Globalgläubigerin gewährleistet ist, mithin ein Massekredit ausgereicht wird. Dies wird in der Regel durch eine Fortführungs- und Abwicklungsvereinbarung realisiert. Im Falle einer Ablehnung des Insolvenzverwalters können die Erwerber ihre Ansprüche auf Vollendung des Bauvorhabens nicht durchsetzen und sind bezüglich der Nichterfüllungsschäden komplett auf eine Teilnahme am Insolvenzverfahren angewiesen.

Liegt die Zustimmung zur Fortführungsvereinbarung vor und wird das Bauvorhaben dann durch den Insolvenzverwalter fertiggestellt, ergeben sich für die Erwerber kaum Besonderheiten. Allerdings kann der Insolvenzverwalter alle zur Restfertigstellung noch offenen Raten verlangen, auch, soweit sie schon gezahlt waren. Den Erwerbern geschieht dadurch kein Unrecht. Zum einen hätten sie einer vorzeitigen Inanspruchnahme widersprechen können und auch müssen, zumal unter Umständen eine Finanzierungsgläubigerin durch eine vorzeitige Inanspruchnahme geschädigt wird. Zum anderen müssten sie zur Fertigstellung des Bauwerks die entsprechenden Beträge ohnehin aufbringen. Erneut gilt daher: Nur bezahlen, was auch wirklich gebaut ist.

Die Mitglieder der (werdenden) Wohnungseigentümergemeinschaft können nach § 21 Abs. 3 WEG ab einem Bautenstand von deutlich mehr als 50 % von ihren Leidensgenossen die Fertigstellung des Bauwerks verlangen, Beschluss des Bayerischen Obersten Landesgerichts vom 20.11.2002 – Aktenzeichen 2 Z BR 144/01 mit weiteren Nachweisen. Die Fertigstellung kann auch ohne Rücksicht auf den Bautenstand beschlossen werden.

56. „Nur bezahlen, was auch wirklich gebaut ist"

Kürzlich ließ sich ein Bauträger von seinem Auftraggeber einen noch nicht erreichten Bautenstand bestätigen und rang ihm eine entsprechende Zahlungsanweisung ab. Es handele sich doch nur um eine Formalie, so der Bauträger, und der Erwerber könne doch wohl schon einmal unterschreiben.

Ein solches Vorgehen grenzt an Betrug. Es kann nicht sein, dass ein Bauträger einen tatsächlich nicht erreichten Bautenstand vortäuscht und von den Erwerbern dann auch noch eine Bestätigung und entsprechende baufortschrittabhängige Abschlagszahlung verlangt. Gerät der Bau im Verlauf eines Bauvorhabens ins Stocken, etwa aufgrund von Liquiditätsengpässen des Bauträgers, sind vorzeitig gezahlten Raten gefährdet. Droht dem Bauträger sogar die Insolvenz, ist der Verbleib des Geldes fraglich. Ein gerichtlich eingesetzter Insolvenzverwalter könnte zwar die Erfüllung des Bauträgervertrags wählen, den Bau und damit auch die betreffende Eigentumswohnung also noch fertigstellen und mögliche Mängel beseitigen. Allerdings kann er dann – baufortschrittsabhängig gemäß dem notariell vereinbarten Ratenplan – sämtliche zur Restfertigstellung noch offenen Raten verlangen. Die vom Erwerber vorzeitig geleisteten Zahlungen werden zu ganz gewöhnlichen Insolvenzforderungen, die zur Insolvenztabelle anzumelden sind. In einem solchen Fall zahlt der Erwerber praktisch doppelt, da er im besten Fall nur noch eine zugeteilte Quote an der Insolvenzmasse erhält.

Doch damit nicht genug: Erwerber von Bauträgerobjekten finanzieren ihr Bauvorhaben meist über ein Darlehen. Im geschilderten Fall kann die darlehensgebende Bank den Erwerber sogar wegen Beteiligung an einem Betrug belangen. Denn in der Regel lässt die Darlehensgeberin das Darlehen durch eine eingetragene Grundschuld im Wohnungseigentumsgrundbuch dinglich sichern, oder ggf. durch Pfändung der Auflassungsvormerkung des Erwerbers für den betreffenden Miteigentumsanteil am noch ungeteilten Grundstück. Erfolgt eine vorzeitige, d.h. nicht baufortschrittsgemäße Auszahlung, bleibt das Darlehen insoweit ungesichert.

Die Vorlage des falschen Bautenstandsberichts ist eine Täuschung, aus der sich ein Schaden für die Darlehensgeberin ergibt, den sie zur Anzeige bringen kann. Ist auch der Bauträger über eine Bank finanziert, ergeben sich Rechte des Erwerbers aus dem Freigabeversprechen dieser Globalgläubigerin. Denkbar ist, dass die Bank des Bauträgers das betreffende Wohnungseigentum aus der Haftung entlässt. Sodann muss der Erwerber den Bauträger auf Zustimmung zur Umschreibung des Eigentums im Grundbuch (bei erklärter Auflassung im Bauträgervertrag) oder auf Auflassung verklagen. Es ist auch möglich, dass die Globalgläubigerin dem Erwerber alle gezahlten Raten bis zum anteiligen Wert des Vertragsobjekts ohne Zinsen zurückzahlt. In diesem Fall muss der Erwerber, wenn ihm kein Zurückbehaltungsrecht zusteht, im Gegenzug zur Rückzahlung der Raten die Löschung der zu seinen Gunsten eingetragenen Auflassungsvormerkung bewilligen.

Hat der Bauträger das Projekt nicht finanziert und ist er noch greifbar, sollte der Erwerber nicht nur vom Bauträger, sondern in Gesamtschuld auch von dessen Geschäftsführer bzw. Vorstand persönlich die Rückzahlung der vorzeitig gezahlten Raten verlangen. Die Frist dafür sollte möglichst kurz bemessen sein. Grundlage ist ein Verstoß gegen die Makler- und Bauträgerverordnung (MaBV), die zwar für Bauträger, nicht aber für Erwerber gilt. Zahlt der Bauträger bzw. dessen persönlich haftende Geschäftsführer die unrechtmäßig entgegengenommenen Beträge nicht fristgerecht zurück, muss entsprechend geklagt werden. Dabei können auch Zinsen ab vorzeitiger Entgegennahme der Raten sowie Auskunft über die zwischenzeitlich hieraus gezogenen Nutzungen verlangt werden.

Erwerberinnen und Erwerber sollten hier alle gesetzlichen Möglichkeiten ausschöpfen und auch Schäden durch Verzug und Nutzungsausfall geltend machen. Überdies soll dann auch die gerichtliche Feststellung erwirkt werden, dass der Rückzahlungsanspruch gegenüber dem persönlich haftenden Beklagten aufgrund vorsätzlicher unerlaubter Handlung besteht, um einer Restschuldbefreiung vorzubeugen. Von einem Rücktritt vom Vertrag ist abzuraten, weil die Erwerberin oder der Erwerber dadurch den Schutz der Auflassungsvormerkung verlieren würde.

Zu prüfen ist im Einzelfall auch ein möglicher Verstoß gegen das Bauforderungssicherungsgesetz, aus dem sich ein weiterer Direktanspruch gegen den oder die Geschäftsführer bzw. den Vorstand persönlich ergeben kann. Denn Bauträgererwerbspreisraten sind als Baugeld im Sinne des Bauforderungssicherungsgesetzes anzusehen, so dass auch der Geschäftsführer bzw. Vorstand der Bauträgergesellschaft persönlich haftet, wenn er die vom Erwerber gezahlten Raten zweckwidrig verwendet und deshalb eine dem Baugläubiger zustehende Werklohnforderung nicht erfüllt wird. Vertretbar erscheint, auch den Erwerber vom Bauträger in den Schutzbereich des Bauforderungssicherungsgesetzes einzubeziehen.

Am besten sollte man es aber gar nicht erst so weit kommen lassen. Erwerberinnen und Erwerber sollten Bautenstandsberichte vom Bauträger immer gründlich und am besten unter Zuhilfenahme eines Bausachverständigen und Bauanwalts prüfen und kritisch hinterfragen. Keinesfalls sollten vorzeitige Auszahlungsanweisungen gegenüber der Darlehensgeberin veranlasst werden.

57. Sonderwünsche beim Bauträgervertrag

In Bauträgerverträgen können bestimmte Leistungen regelmäßig auch von den Erwerbern selbst übernommen und durchgeführt werden (Eigenleistung) oder in Abweichung von den Standardverträgen gesondert mit dem Bauträger oder seinen Nachunternehmern vereinbart werden (Sonderwunschvereinbarung). Solches wird oft auch in der Baubeschreibung mit angeboten.

Grundsätzlich ist das nachträgliche Änderungsrecht des Erwerbers beim Bauträgervertrag eingeschränkt. Es besteht kein Recht zur Teilkündigung nach § 649 BGB. Sind Eigenleistungen oder Sonderwünsche daher überhaupt gestattet, also Bestandteil des Notarvertrags oder nachträglich wirksam vereinbart?

In einigen Fällen kann auf Zustimmung zu Sonderwünschen bzw. Gestattung von Eigenleistungen geklagt werden. Bis zur Auflassung stellt sich die Frage der Beurkundungspflicht von Sonderwunschvereinbarungen. Problematisch sind regelmäßig Haftung und Vergütung, insbesondere die Berücksichtigung im Ratenplan nach der Makler- und Bauträgerverordnung.

Im Bauträgervertrag können Voraussetzungen für Sonderwünsche geregelt sein wie die technische und baurechtliche Zulässigkeit oder Machbarkeit, Terminneutralität und Mehrvergütung. Des Weiteren kann ein Zustimmungsvorbehalt des Bauträgers vorgesehen sein. In diesem Fall bedürfen Sonderwünsche und Eigenleistungen der Zustimmung des Bauträgers. Auch in diesem Fall kann eine Klage auf Zustimmung zu Sonderwünschen bzw. Gestattung von Eigenleistungen erforderlich werden, wenn es zu Meinungsverschiedenheiten über das Vorliegen der Voraussetzungen kommt. Solche entstehen insbesondere dann, wenn diese vertraglich nicht genau genug definiert sind. Präzision ist bei der Vertragsgestaltung von großer Bedeutung. Präzision ist die beste Konfliktprävention.

Zur Zustimmung zu Sonderwünschen kann der Bauträger insbesondere wegen des Grundsatzes von Treu und Glauben gemäß § 242 BGB verpflichtet sein. Dies ist insbesondere dann der Fall, wenn die Änderung nicht wesentlich ins Gewicht fällt oder wenn sie keine Mehrbelastung für den Bauträger oder Beeinträchtigung seiner Interessen bedeutet. Den Bauträger treffen Koordinations- und Überwachungsplichten. Dies ist bei der Abwägung zu berücksichtigen.

Vor diesem Hintergrund sollte vertraglich präzise geregelt werden, wann mit der Durchführung von Eigenleistungen oder Sonderwünschen begonnen wird. Vorzugsweise sollte vorher die Abnahme der bis dahin planmäßig durch den Bauträger erbrachten Leistungen stattfinden, um eine Vermischung der Zuständigkeiten mit daraus folgenden Problemen der Haftungszurechnung für Mängel und Schäden zu verhindern. Für die aufgrund der Sonderwünsche erbrachten Leistungen sollte eine gesonderte Abnahme vereinbart werden.

Ist ein Schadensersatzanspruch dem Grunde nach gegeben, kann er der Höhe nach aus Gründen des Mitverschuldens gemäß § 254 BGB bis auf null gekürzt werden. § 254 BGB ist eine besondere Ausprägung des Grundsatzes von Treu und Glauben gemäß § 242 BGB. Den vollen Ersatz eines Schadens kann man aufgrund des Verbots widersprüchlichen Verhaltens nicht verlangen, wenn man an dessen Entstehung oder Ausweitung selbst beteiligt war. Eine spiegelbildliche Ausprägung des Grundsatzes von Treu und Glauben stellt die Vorteilsausgleichung oder Vorteilsanrechnung dar.

Bei der Bemessung der Höhe des Schadensersatzes sind die Verursachungsbeiträge gegeneinander abzuwägen. Dabei dürfen nur feststehende und (mit-) ursächliche Umstände zulasten des Geschädigten berücksichtigt werden. Die Beweislast für die Mitursächlichkeit von Umständen aus dem Verantwortungsbereich des Geschädigten trägt der Schädiger, Urteil des Bundesgerichtshofs vom 20.02.2013 – Aktenzeichen VIII ZR 339/11. Die erforderliche Abwägung des Tatrichters zur Ermittlung der Beteiligungsquoten darf nicht schematisch erfolgen und kann im Wege der Revision im Hinblick auf die Erfassung aller maßgeblichen Umstände und die rechtlichen Erwägungen des Abwägungsvorgangs überprüft werden, Urteil des Bundesgerichtshofs vom 08.12.2011 – Aktenzeichen VII ZR 198/10.

Bei ungewöhnlicher Selbstgefährdung bzw. Verletzung der Obliegenheit des Selbstschutzes ist ein zur Anspruchsreduzierung führendes Mitverschulden anzunehmen. Auch eine Betriebsgefahr kann zurechenbar sein, sodass der Verschuldensbegriff hier unpräzise ist. Eine Selbstgefährdung reicht.

Der Auftraggeber muss sich Fehler des Tragwerksplaners wie auch eines planenden Architekten als seinen Erfüllungsgehilfen schadensmindernd anrechnen lassen, Urteil des Bundesgerichtshofs vom 15.05.2013 – Aktenzeichen VII ZR 257/11. Dies gilt umso mehr, wenn sich ihm eine Gefahrenlage aufdrängen musste, Urteil des Bundesgerichtshofs vom 20.06.2013 – Aktenzeichen VII ZR 4/12.

Weiß der Auftragnehmer, dass der Auftraggeber keine Ausführungsplanung in Auftrag gegeben hat, kann er insoweit ein Mitverschulden nicht geltend machen, Urteil des Oberlandesgerichts Brandenburg vom 11.09.2013 – Aktenzeichen 4 U 100/12. Kleine Mitwirkungsanteile des Geschädigten können außer Betracht bleiben, insbesondere wenn der Schädiger vorsätzlich gehandelt hat, dem Geschädigten hingegen nur Fahrlässigkeit zur Last fällt.

Der Schadensersatzanspruch des Bestellers kann auch dann einer Kürzung unterliegen, wenn er bei der Entstehung des baumangelbedingten Schadens seine nach § 254 Abs. 2 BGB obliegende Schadensminderungspflicht verletzt hat. Diese umfasst die Warnobliegenheit, die Obliegenheit zur Schadensabwendung sowie die Obliegenheit zur Schadensminderung.

Eine Warnpflicht i.S. des § 254 Abs. 2 Satz 1 BGB besteht allerdings nicht, wenn die Erkenntnismöglichkeiten des Schädigers gleich gut oder besser waren als die des Geschädigten, Urteil des Bundesgerichtshofs vom 01.10.2013 - Aktenzeichen VI ZR 409/12.

im Ganzen ist bei jedem Schadensersatzanspruch eine Mitverantwortung des Geschädigten zu prüfen. Bei entsprechendem Vortrag bei Gericht - ganz gleich von welcher Partei - ist eine solche Mitverantwortung als Einwendung von Amts wegen zu berücksichtigen.

58. Keine Fälligkeit der Bauträger-Schlussrate bei Mängeln – Anmerkungen zum Urteil des Landgerichts Heidelberg vom 28.03.2014 – Aktenzeichen 3 O 309/13

Die Abnahme gem. § 640 BGB bzw. § 12 VOB/B setzt die vertragsgemäße Fertigstellung des Werks voraus. Die Abnahme kann wegen unwesentlicher Mängel nicht (§ 640 Abs. 1 S. 2 BGB) – bzw. umgekehrt formuliert nur wegen wesentlicher Mängel (§ 12 Abs. 3 VOB/B) – verweigert werden, wobei es auf die Zumutbarkeit der Annahme des Werks als vertragsgemäße Erfüllung ankommt. Vertragsgemäß fertiggestellt ist für das Gesetz demnach grundsätzlich auch ein Werk, das noch unwesentliche Mängel aufweist, wobei der Besteller auf seine Mängelrechte verwiesen werden kann.

a) Entscheidung

In seinem Urteil vom 28.03.2014 – Aktenzeichen 3 O 309/13 – stellt das Landgericht Heidelberg (im Anschluss an die Rechtsprechung des Bundesgerichtshofs, Urteil vom 27.10.2011 – Aktenzeichen VII ZR 84/09) klar, dass für eine „vollständige Fertigstellung“ im Sinne der letzten Fertigstellungsrate gem. § 3 Abs. 2 S. 2 Nr. 2 letzter Spiegelstrich der Makler- und Bauträgerverordnung (MaBV) bzw. nach Maßgabe des jeweiligen Notarvertrags erheblich höhere Anforderungen gelten. Die vollständige Fertigstellung wird danach bei Vorliegen auch nur geringfügiger Mängel abgelehnt, so dass die Schlussrate insgesamt nicht fällig ist. Auf eine möglicherweise dennoch erklärte Abnahme kommt es mithin nicht an.

Darüber hinaus lehnt das Landgericht Heidelberg eine Abnahme des gemeinschaftlichen Eigentums im entschiedenen Fall auch ab. Zum einen wurde der vom Bauträger ernannte Erstverwalter mit der Abnahme formularmäßig bevollmächtigt, was nach dem Beschluss des Bundesgerichtshofs vom 12.09.2013 – Aktenzeichen VII ZR 308/12 – wegen unangemessener Benachteiligung gem. § 307 Abs. 1 S. 1 BGB unwirksam ist.

Zum anderen fehlte es an der Anwesenheit der drei Verwaltungsbeiräte bis zum Ende der Abnahmebegehung, mithin deren persönlicher Prüfung und deren Unterzeichnung des Abnahmeprotokolls. Auf die Frage, ob eine wirksame Bevollmächtigung des Verwaltungsbeirates vorlag, brauchte das Landgericht Heidelberg daher nicht einzugehen.

b) Anmerkungen und Praxishinweise

Nicht nur ein angemessener Zurückbehalt in angemessenem Verhältnis zum voraussichtlichen Mängelbeseitigungsaufwand nebst Druckzuschlag in angemessener Höhe wird zugesprochen. Die gesamte Schlussrate wird vielmehr als noch nicht fällig erachtet. Auf die Einrede des nichterfüllten Vertrags gem. § 320 BGB kommt es mithin nur dann an, wenn auch ein Leistungsverweigerungsrecht gegen vorangegangene planmäßige Abschlagsforderungen wegen entsprechender Baumängel geltend gemacht werden soll.

Bei der anstehenden Reform des Bauträgerrechts empfiehlt sich eine gesetzliche Klarstellung dahingehend, dass die Abnahme des Baukörpers, der in das gemeinschaftliche Eigentum übergeht, durch die Wohnungseigentümergemeinschaft erklärt werden kann.

59. Rechtssicherheit gegenüber gemeindlichen Vorkaufsrechten beim Immobilienkauf

Es kommt zwar selten vor, aber mitunter übt eine Gemeinde nach Vorlage des notariellen Kaufvertrags doch mal ein gegebenes kommunales Vorkaufsrecht aus und erteilt kein Negativattest, also keine Bescheinigung über das Nichtbestehen bzw. die Nichtausübung eines Vorkaufsrechts. Die Gemeinde tritt dann an die Stelle des Käufers. Wenn man dies unter allen Umständen verhindern möchte, stellt sich folgendes Problem: Eine Vereinbarung, durch welche ein Immobilienkauf von der Nichtausübung eines Vorkaufsrechts abhängig gemacht oder für den Fall der Ausübung des Vorkaufsrechts der Rücktritt vorbehalten wird, ist gem. § 465 BGB dem Vorkaufsberechtigten gegenüber unwirksam. Daraus folgt ein allgemeiner Rechtsgedanke dahingehend, dass jegliche Umgehung des gemeindlichen Vorkaufsrechts zum Scheitern verurteilt ist.

Ein Rücktrittsrecht des Käufers im notariellen Kaufvertrag oder eine nachträgliche einvernehmliche Vertragsaufhebung nach Ausübung des Vorkaufsrechts ist also ohne Belang und kann den Eintritt und Eigentumserwerb der Gemeinde nicht verhindern. Durch die Ausübung des Vorkaufsrechts tritt die Gemeinde an die Stelle des Käufers, so dass letzterer keinerlei Einfluss mehr auf die weitere Abwicklung hat, allenfalls noch Ersatzansprüche wegen der Kosten gegen Verkäufer und Gemeinde geltend machen kann. Ein Rücktrittsrecht für den Verkäufer wird zur Absicherung des Verkäufers häufig vorgesehen. Doch betrifft dieses Rücktrittsrecht nur das Vertragsverhältnis zwischen dem Verkäufer und dem Erstkäufer, nicht gegenüber der eintretenden Gemeinde. Den Eintritt der Gemeinde kann man somit nach Ausübung des Vorkaufsrechts nicht mehr rückgängig machen.

Die Gemeinde will für die Entscheidung, ob sie ein etwa gegebenes Vorkaufsrecht ausüben will, regelmäßig bereits den konkreten notariellen Kaufvertrag prüfen. Sie kann zu den vereinbarten Bedingungen eintreten oder auch zum Verkehrswert erwerben, sofern auch eine Enteignung zulässig wäre. Ein Verzicht auf das Vorkaufsrecht ins Blaue hinein kommt praktisch nicht vor.

Jedoch zeigt § 28 Abs. 5 BauGB, dass die Gemeinde grundsätzlich durchaus auf ein gegebenes Vorkaufsrecht verzichten kann. Danach kann sie für das Gemeindegebiet oder für sämtliche Grundstücke einer Gemarkung auf die Ausübung ihrer zustehenden Rechte verzichten, diesen Verzicht aber auch für zukünftige abzuschließende Kaufverträge widerrufen. Soweit nicht ein Widerruf erklärt ist, bedarf es auch keines Negativattests mehr.

Somit könnte man Rechtssicherheit für einen Käufer wie folgt erzielen:

Der Verkäufer errichtet einen notariellen Kaufvertrag und vertritt dabei vollmachtlos den Käufer, so dass letzterer diesen Vertrag noch nachgenehmigen muss. Anstelle des Verkäufers kann auch eine andere Person für den Käufer handeln, aber eben nicht aufgrund Vollmacht, sondern vorbehaltlich notariell beglaubigter Genehmigung. Rechtlich ist der Vertrag dann schwebend unwirksam.

Die Frist für die Ausübung des Vorkaufsrechts und Erteilung eines Negativattests beginnt zwar erst mit der Genehmigung und Vollwirksamkeit zu laufen. Anhand des schwebend unwirksamen Vertrags kann die Gemeinde aber bereits darum gebeten werden, bezüglich dieses konkreten Kaufvorgangs auf das Vorkaufsrecht zu verzichten, so dass dann ein Negativattest zur Vorlage beim Grundbuch nicht mehr nötig ist.

Sollte die Gemeinde nicht verzichten wollen, besteht eine gewisse Wahrscheinlichkeit dafür, dass das Vorkaufsrecht ausgeübt werden könnte, so dass der Käufer die Genehmigung verweigern kann und der Vertrag endgültig unwirksam würde. Bis auf die entstandenen Notarkosten bleibt dann alles beim Alten.

Durch eine nachträgliche Genehmigung verdient der Notar eine weitere Gebühr, auch wenn es lediglich eine Beglaubigung ist. Allein systematische vollmachtlose Vertretung ist einem Notar berufsrechtlich verboten. Davon kann vorliegend aber nicht die Rede sein. Aufgrund der Urkundsgewähr und der Zulässigkeit der Stellvertretung dürfte die Notarin oder der Notar gegen einen solchen Gestaltungswunsch nichts einzuwenden haben. Da es der Gemeinde frei steht zu warten, bis der Vertrag durch die notarielle Genehmigung vollwirksam ist und die Frist für die Ausübung des Vorkaufsrechts beginnt, stellt dieser Weg keine unzulässige Umgehung dar. Verzichtet die Gemeinde freiwillig vorher, was bezogen auf einen konkreten Kauf möglich ist, so ist es ihre freie Entscheidung, die dann aber weitgehend verbindlich ist und nur unter engen Voraussetzungen, zum Beispiel bei Gefährdung des Gemeinwohls, wieder rückgängig gemacht werden kann.

Einen Anspruch auf einen solchen Verzicht hat der Käufer allerdings nicht. Bei der Ausübung ihres Ermessens ist die Gemeinde vielmehr frei. Von einem bestandskräftigen Verzicht kann sie aber nur unter engen Voraussetzungen wieder Abstand nehmen. Der Käufer hat mit einem solchen Verzicht der Gemeinde Rechtssicherheit, kann den Kaufvertrag sodann nachgenehmigen und braucht ein zusätzliches Negativattest für das Grundbuchamt nicht mehr.

60. Reservierungen im Immobilienrecht

Auf der Suche nach der richtigen Immobilie kommt es mitunter vor, dass man es sich vor dem geplanten Notartermin doch wieder anders überlegt. Dann stellt sich die Frage, ob man ohne Kosten vom avisierten Immobilienkauf Abstand nehmen kann. Klar ist, dass man aufgrund mündlicher oder privatschriftlicher Vereinbarung nicht zum Abschluss des Notarvertrags verpflichtet ist, da ein solcher Abschlusszwang gegen den Sinn des Formerfordernisses verstoßen würde – insbesondere die Warn- und Beratungsfunktion der notariellen Beurkundung und den dadurch bewirkten Schutz vor Übereilung. Ob man aber Kosten zu tragen hat, hängt von zahlreichen Faktoren und den Umständen des Einzelfalls ab.

Hat man eine Reservierungsvereinbarung – die Vereinbarung einer Reservierungsgebühr oder eines Reservierungsentgelts – abgeschlossen, so kann diese unter Umständen unwirksam sein. Wesentlich dabei ist, wer die Vertragspartner sind. Die Unwirksamkeit kann sich aus der mangelnden Beurkundung ergeben oder aus dem Recht der Allgemeinen Geschäftsbedingungen folgen, beim Bauträgervertrag auch aus dem Entgegennahmeverbot der Makler- und Bauträgerverordnung. Auf der anderen Seite kommt aber eine Haftung aus Verschulden bei Vertragsverhandlungen in Betracht.

a) Beurkundungspflicht

Beurkundungspflichtig nach § 311b Abs. 1 S. 1 BGB sind neben unmittelbaren Verpflichtungen bezüglich Immobilien auch mittelbare Verpflichtungen, wenn bei diesen die eingegangenen Bindungen so groß sind, dass sie einer Veräußerungs- oder Erwerbsverpflichtung gleichkommen, Landgericht München II, Beschluss vom 07.08.2012 – Aktenzeichen 2 S 3130/12 unter Bezugnahme auf den Beschluss des Bundesgerichtshofs vom 08.12.2005 – Aktenzeichen IX ZR 296/01.

Nach der ständigen Rechtsprechung bedarf die Reservierungsvereinbarung wie der Kaufvertrag zumindest dann der notariellen Beurkundung, wenn ein Entgelt von mehr als 10–15 % des üblichen Maklerlohns vereinbart werden soll, vgl. Urteil des Bundesgerichtshofs vom 06.02.1980 – Aktenzeichen IV ZR 141/78. Dies gilt auch bei Vereinbarungen zwischen gewerblichen Immobilienhändlern ohne Beteiligung einer Maklerin oder eines Maklers, siehe

Hinweisbeschluss des Oberlandesgerichts Dresden vom 23.08.2016 – Aktenzeichen 8 U 964/16.

Die Begründung ist, dass erheblicher mittelbarer Druck ausgeübt wird, einen Kaufvertrag abzuschließen. Nach einer anderen Begründung bilden der Kaufvertrag über eine Immobilie und eine in diesem Zusammenhang geschlossene Reservierungsvereinbarung eine rechtliche Einheit, so das Urteil des Amtsgerichts München vom 01.07.2016 – Aktenzeichen 191 C 28518/15.

b) Allgemeine Geschäftsbedingungen

Regelmäßig folgt eine Unwirksamkeit solcher Vereinbarungen aber auch aus dem Recht der Allgemeinen Geschäftsbedingungen, der sogenannten AGB-Kontrolle. Dies ist dann der Fall, wenn für eine Mehrzahl an Fällen vorformulierte Regelungen von einer Seite der anderen gestellt und nicht etwa ausgehandelt werden. Eine Vereinbarung eines Reservierungsentgelts oder einer Vertragsstrafe für den Fall, dass man vom Immobilienkauf Abstand nimmt, kann eine unangemessene Benachteiligung gem. § 307 Abs. 1 BGB darstellen. Dies ist regelmäßig dann der Fall, wenn die Vereinbarung zu einer erfolgsunabhängigen Vergütung ohne gleichwertiges Äquivalent führen würde. Nach dem Urteil des Landgerichts Berlin vom 08.11.2016 – Aktenzeichen 15 O 152/16 – darf eine Maklerin oder ein Makler grundsätzlich keine Reservierungsgebühr verlangen, wenn dem potentiellen Käufer oder der potentiellen Käuferin keine nennenswerten Vorteile aus dieser Vereinbarung erwachsen.

c) Entgegennahmeverbot des Bauträgers

Es kann ein Verstoß gegen § 3 MaBV vorliegen, wenn eine Vorleistung auf den Erwerbspreis bejaht werden kann. Dies ist insbesondere dann gegeben, wenn es dem Bauträger gestattet wird, die Reservierungsgebühr auf den Erwerbspreis zu anzurechnen. Denn die Fälligkeitsvoraussetzungen sind bei Entgegennahme der Reservierungsgebühr regelmäßig noch nicht gegeben. Wird die Reservierungsgebühr aber beim Abschluss des Bauträgervertrags zurückerstattet, so liegt kein Verstoß vor. Denn deren Rechtsgrund ist keine Gegenleistung für den Erwerb vom Bauträger, sondern für die Platzierung des Interessenten als Erwerber eines Bauträgerobjektes. Die Reservierungsvereinbarung bedarf aber in jedem Falle, unabhängig von der Höhe des Reservierungsentgelts, der notariellen Beurkundung.

d) Reservierung unter Privaten

Reservierungsvereinbarungen sind beim Immobilienkauf unter Verbrauchern – von privat an privat – weniger problematisch und nicht unbedingt beurkundungsbedürftig. Die Reservierungsgebühr muss dabei aber in etwa den voraussichtlichen Mehrkosten für die spätere anderweitige Vermarktung entsprechen. Hier empfiehlt sich eine Orientierung an 10 % der üblichen Netto-Maklerprovision, also etwa 0,3 % des Kaufpreises, vgl. Krauß, Immobilienkaufverträge in der Praxis.

Die Reservierung muss befristet sein und sollte eine Regelung zur Verrechnung mit den Mehrkosten der weiteren Vermarktung bzw. zur Rückerstattung im Falle des Zustandekommens des Kaufs enthalten.

e) Verschulden bei Vertragsverhandlungen und Notarkosten

Ein möglicher Anspruch des Verkäufers wegen Abbruchs der Vertragsverhandlungen könnte sich aus der *culpa in contrahendo* gem. §§ 280 Abs. 1 in Verbindung mit § 311 Abs. 2 Nr. 1 BGB ergeben. Dies setzt zunächst voraus, dass berechtigtes Vertrauen in das Zustandekommen des Hauptvertrags erweckt wird. Sodann müssen die Verhandlungen ohne triftigen Grund abgebrochen worden sein. Vor allem jedoch müsste der Abbruch der Vertragsverhandlungen als besonders schwerwiegender Treueverstoß anzusehen sein. Diese strengen Voraussetzungen dürften regelmäßig nicht erfüllt sein.

Hat man als Käufer die Notarin oder den Notar indessen bereits beauftragt und wurde der Entwurf des Immobilienkaufvertrags auftragsgemäß schon erstellt, so kommt man um dessen Kosten in der Regel nicht herum. Es empfiehlt sich daher, den beauftragten Notar so schnell wie möglich über den Entschluss zu informieren, die Immobilie nun doch nicht kaufen zu wollen.

61. Erbbaurecht oder (allgemeinsprachlich) Erbpacht

Eine Möglichkeit des – zeitlich befristeten – Immobilienerwerbs, die insbesondere bei den aktuell niedrigen Zinsen aber immer mehr aus der Mode kommt, stellt das Erbbaurecht dar. Dieses wurde früher missverständlich auch „Erbpacht" genannt. Es handelt sich um das veräußerliche und vererbliche Recht, auf oder unter der Oberfläche des Grundstücks ein Bauwerk zu haben, § 1 Abs. 1 Erbbaurechtsgesetz (ErbbauRG).

Das Erbbaurecht ist eine Abweichung von der Grundregel, dass wesentliche Bestandteile eines Grundstücks wie ein Gebäude eigentlich nicht Gegenstand besonderer Rechte sein können. Es handelt sich um einen Ausschnitt aus dem umfassenden Eigentumsrecht am Grundstück. Von diesem wird es mit vertraglich im Erbbaurechtsvertrag definierten Beschränkungen – beispielsweise Zustimmungsvorbehalten des Grundstückseigentümers – abgespalten, sodass hierfür ein eigenes Grundbuch, das ebenfalls beim Grundbuchamt geführte Erbbaugrundbuch, gebildet wird. Das Gebäude gilt dann als wesentlicher Bestandteil des Erbbaurechts, nicht des Grundstücks. Das Erbbaurecht kann wiederum mit Grundpfandrechten, Dienstbarkeiten und dergleichen belastet werden.

Das Grundstück wird also auf die vertraglich eingeräumte bestimmte Zeit – üblich sind 99 Jahre – mit einem Erbbaurecht belastet, wofür dem Grundstückseigentümer dann ein monatlicher oder jährlicher Erbbauzins zusteht. Dieser wird im Grundbuch des jeweiligen Erbbaurechts eingetragen und unterliegt in der Regel Anpassungen an den – etwa auf destatis.de abrufbaren – jeweiligen Verbraucherpreisindex.

Das Erbbaurecht kann als Belastung im Grundbuch des Stammgrundstücks ausschließlich an erster Rangstelle eingetragen werden. Etwaige andere Belastungen müssen durch entsprechende Erklärungen der jeweils Berechtigten bzw. Betroffenen zurücktreten. Ansonsten würde das Erbbaurecht ja bei einer Zwangsversteigerung des Grundstücks etwa aus einer vorrangigen Grundschuld oder Hypothek erlöschen und der Erbbauberechtigte enteignet.

Vor Ablauf der vertraglich bestimmten Zeit kann jedoch auch der sogenannte „Heimfall" eintreten, insbesondere wenn der Erbbaurechtsinhaber mit dem Erbbauzins mehr als zwei Jahresbeträge im Rückstand ist, § 9 Abs. 4 ErbbauRG. Für den Zeitwert des Gebäudes hat der Eigentümer den Erbbauberechtigten dann jedoch zu entschädigen.

Die Bildung von Wohnungserbbaurechten ist ebenfalls möglich, indem das Erbbaurecht nach dem Wohnungseigentumsgesetz (WEG) aufgeteilt wird, § 30 WEG. Das Erbbaurecht stellt daher auch für Bauträger bzw. dessen Notar eine interessante Gestaltungsmöglichkeit dar. Allerdings kann das Erbbaurecht selbst gem. § 1 Abs. 3 ErbbauRG in Abkehr vom Stockwerkseigentum nicht an einem Teil eines Gebäudes gebildet werden. Es muss also vielmehr zunächst am gesamten (geplanten) Gebäude gebildet und kann dann wohnungseigentumsrechtlich aufgeteilt werden.

Auf das Erbbaurecht sind die Vorschriften des Grundstückseigentums nach Maßgabe des ErbbauRG entsprechend anwendbar. Allerdings bedarf es zur Übereignung keiner Auflassung, sondern genügt die Einigung. Auch der Erwerb eines Erbbaurechts darf aufgrund des Koppelungsverbots nicht in einem Zusammenhang mit der Begründung einer Architektenbindung stehen.

Die Aufhebung eines Erbbaurechts kann gem. § 26 ErbbauRG nur mit Zustimmung des Grundstückseigentümers erfolgen.

62. Interview zum Erbbaurecht

Frage: Was versteht man unter einer Erbpacht?
Antwort: Der Begriff ist ein Relikt aus der deutschen Rechtsgeschichte und bezeichnete eine Form des Grundbesitzes. Man könnte an „erben" und „pachten" denken. Doch mit beidem hat das, was heute umgangssprachlich als Erbpacht bezeichnet wird, recht wenig zu tun. Es handelt sich heute um das Erbbaurecht, nach § 1 Erbbaurechtsgesetz das veräußerliche und vererbliche Recht, auf oder unter der Oberfläche des Grundstücks ein Bauwerk zu haben. Das Grundstück gehört einem dann nicht.

Frage: Warum sind Häuser auf Erbpachtgrundstücken günstiger?
Antwort: Das stimmt und gilt übrigens auch für Wohnungserbbaurechte. Das hängt damit zusammen, dass bei einem solchen Immobilienkaufvertrag das Grundstück oder der betreffende Miteigentumsanteil daran nicht mitverkauft wird, sondern nur ein Ausschnitt aus den Eigentumsrechten, eben das Recht, auf dem Grundstück ein Haus bzw. eine Wohnung zu haben.

Frage: Das heißt, man kauft nur das Haus?
Antwort: Oder eben die Wohnung. Richtig, so kann man das treffend zusammenfassen. Man geht dafür noch weitergehende Beschränkungen und Verpflichtungen ein, die sich aus dem Erbbaurechtsvertrag ergeben. Insbesondere wird in aller Regel ein Erbbauzins vereinbart, der durch eine Reallast gesichert wird. Auch dieser Erbbauzins wird umgangssprachlich als „Erbpacht" bezeichnet.

Frage: Wem gehören diese Grundstücke in der Regel?
Antwort: Es handelt sich oft um Grundstücke im Eigentum der öffentlichen Hand oder der Kirchen. So kann eine Stadt kann ein Interesse daran haben, Grundstücke in einem Potentialgebiet zu behalten. Erbbauberechtigte ihrerseits versuchen mitunter, den Eigentümern das Grundstück abzukaufen, insbesondere in Zeiten niedriger Zinsen wie den aktuellen. Die meisten Erbbaurechtsverträge gehen über 99 Jahre

Frage: Wie lange gilt die Erbpacht?
Antwort: In der Regel werden 99 Jahre im Erbbaurechtsvertrag vereinbart. Man muss bei Erwerb eines Erbbaurechts daher immer den Erbbaurechtsvertrag auf die verbleibende Dauer hin überprüfen. Eine Verlängerung kann vereinbart werden. Im Erbbaurechtsvertrag kann auch eine Option auf eine

Verlängerung enthalten sein. Der Erbbauzins kann nach dem Vertrag wertgesichert sein, so dass bei entsprechender Kaufkraftentwicklung ein Anspruch auf Anpassung entstehen kann.

Frage: Kann sie während der Laufzeit steigen?
Antwort: Die Erbpacht bzw. präziser der Erbbauzins wird regelmäßig an den Verbraucherpreisindex gekoppelt. Bei Überschreiten einer bestimmten Toleranzschwelle entsteht dann ein Anspruch auf Anpassung. Der Erbbauzins kann also steigen, aber auch sinken. Insbesondere kann er auch aufgrund einer Störung der Geschäftsgrundlage steigen, beispielsweise bei nicht vorhergesehener Erweiterung der Nutzungsmöglichkeit des Grundstücks, so ein Urteil des Bundesgerichtshofs vom 23.05.2014 – Aktenzeichen V ZR 208/12.

Frage: Was ist, wenn der Vertrag abläuft, kann/muss ich das Grundstück dann kaufen? / Muss der Erbpachtgeber dem Hausbesitzer das Grundstück verkaufen oder kann er auf einen neuen Pachtvertrag bestehen?
Antwort: Nein, eher im Gegenteil. Läuft die im Erbbaurechtsvertrag bestimmte Frist ab, erlischt das Erbbaurecht. Der Haus- oder Wohnungsbesitzer hat dann einen gesetzlichen Entschädigungsanspruch für das Haus gegen den Grundstückeigentümer, wenn dies nicht vertraglich ausgeschlossen wurde.

Frage: Man könnte aber auch einen neuen Erbbaurechtsvertrag vereinbaren?
Antwort: Völlig richtig. Oder den alten verlängern. Ein neuer Notarvertrag ist im Hinblick auf die Privatautonomie jederzeit möglich.

Frage: Was ist, wenn ich die neuen Bedingungen finanziell nicht stemmen kann?
Antwort: Gerät der Erbbauberechtigte mit der Zahlung des Erbbauzinses in Verzug, so kann der so genannte Heimfall eintreten, die vorzeitige Beendigung des Erbbaurechtsvertrags. Auch eine Verletzung anderer Pflichten aus dem Erbbaurechtsvertrag kann den Heimfall auslösen.

Frage: Bedeutet das, dass im schlimmsten Fall der Hausbesitzer sein Haus an den Grundstücksbesitzer verkaufen müsste?
Antwort: So kann man das durchaus nennen. Denn im Gegensatz zur Beendigung durch Zeitablauf, bei der nur ein Entschädigungsanspruch für das Bauwerk entsteht, hat der Erbbauberechtigte beim Heimfall Anspruch auf eine angemessene Vergütung für das Erbbaurecht. Aber Vorsicht: Durch den Erbbaurechtsvertrag kann sie bereits geregelt, ja sogar ausgeschlossen sein.

Frage: Muss der Erbpachtgeber zustimmen, wenn ich mein Haus wieder verkaufen möchte/muss?
Antwort: Richtig, meistens ist ein solcher Zustimmungsvorbehalt im Erbbaurechtsvertrag vereinbart. Die Notarin oder der Notar wird daher regelmäßig die Zustimmung des Grundstückseigentümers als Fälligkeitsvoraussetzung für den Kaufpreis vertraglich vorsehen und diese dann einholen

Frage: Gibt es noch weitere Besonderheiten oder Gefahren, die unsere Leser zur Erbpacht wissen sollten?
Antwort: Der Erwerb eines Erbbaurechts darf aufgrund des Koppelungsverbots nicht in einem Zusammenhang mit der Begründung einer Architektenbindung stehen. Der Architektenvertrag wäre ansonsten unwirksam.
Für Grundstückseigentümer ist ferner auf die Gefahr der Entstehung eines erbbauzinslosen Erbbaurechts hinzuweisen. Erteilt der Grundstückseigentümer seine Zustimmung zu einem Rangrücktritt der Erbbauzinsreallast hinter einer Grundschuld, so wird bei einem etwaigen Zwangsversteigerungsverfahren die Erbbauzinsreallast gelöscht, und der Grundstückseigentümer erhält keinen Erbbauzins mehr. Von solch einer Zustimmung ist Grundstückseigentümern daher abzuraten.

63. Erhaltungsrücklage beim Immobilienkauf – Ende der Berücksichtigung bei der Grunderwerbsteuer

In wenigen Fällen haben Käuferinnen und Käufer einer Wohnung oder eines Ladens oder einer Garage ein echtes Interesse an der Aufnahme des aktuellen Stands der Erhaltungsrücklage in den notariellen Kaufvertrag. Das ist insbesondere dann der Fall, wenn aufwändige Renovierungen oder Modernisierungen anstehen, die bereits beschlossen oder zumindest absehbar sind. Solche werden beim Kaufentschluss und bei der Frage der Finanzierung regelmäßig berücksichtigt. Die Erhaltungsrücklage wurde früher vom Gesetz richtiger Instandhaltungsrückstellung genannt und ist gemeinhin als Instandhaltungsrücklage bekannt.

In der Regel erfolgt die gesonderte Ausweisung eines auf diese Rückstellung entfallenden Kaufpreisteils oder Teilkaufpreises in der Praxis der Immobilienkaufverträge jedoch gleichsam automatisch, ohne ein solches konkretes und begründetes Anliegen. Denn damit konnte bislang ebenso die Grunderwerbsteuer gesenkt werden wie durch die gesonderte Ausweisung der mitverkauften beweglichen Gegenstände.

Nach dem Urteil des Bundesfinanzhofs vom 16.09.2020 – Aktenzeichen II R 49/17 – wird die Erhaltungsrücklage vom Kaufpreis als Bemessungsgrundlage für die Grunderwerbsteuer nun aber nicht mehr abgezogen. Das Urteil gilt sowohl für Teileigentum als auch für Wohnungseigentum. Teileigentum wird an nicht zu Wohnzwecken dienenden Räumen eines Gebäudes wie einem Laden oder einer Garage begründet.

Vor diesem Hintergrund widerspricht die gesonderte Ausweisung der Erhaltungsrücklage als Kaufpreisteil im Notarvertrag ab der Veröffentlichung des Urteils im Bundessteuerblatt meist den Regeln der Kunst. Im Falle einer zu hohen Angabe führt dies ebenso zu einer Haftung wie die Abgabe von Garantien und Beschaffenheitsvereinbarungen. Da es in den meisten Fällen kein wirkliches Interesse an einer ausdrücklichen Benennung der Rückstellung mehr gibt und diese aber zu nachträglichen Ansprüchen der Käuferinnen und Käufer gegenüber der Verkäuferseite führen kann, kommt dann auch eine Notarhaftung aus § 19 Abs. 1 Bundesnotarordnung in Betracht.

So bestätigte das Oberlandesgericht Köln mit dem Beschluss vom 19.12.2013 zum Aktenzeichen 19 U 133/13 die Zahlungspflicht des Verkäufers bezüglich der Differenz zwischen vertraglich angegebener und tatsächlicher Höhe der anteiligen Rückstellung. Begründet wurde dies mit der Annahme eines Rechtskaufs bezüglich der anteiligen Erhaltungsrücklage. Der Käufer konnte daher nachträglich den Kaufpreis gem. §§ 453 Abs. 1, 437 Nr. 2, 441 BGB mindern. Diese Begründung überzeugt zwar nicht. Die Erklärungen der Beteiligten sind kaum je als Abschluss eines zusätzlichen Kaufvertrags über einen dem einzelnen Miteigentümer gar nicht zugänglichen Kontobetrag auszulegen. Darüber wird in der Regel gar nicht nachgedacht, weil Hauptzweck oder sogar alleiniger Zweck der Bezifferung dieses Betrags in den meisten Fällen die legitime Reduzierung der Grunderwerbsteuer war.

Aber in der gesonderten Ausweisung eines Kaufpreisteils ist eine Beschaffenheitsvereinbarung nach § 434 Abs. 1 S. 1 BGB zu erkennen. Für solche Beschaffenheitsvereinbarungen gilt ein allgemeiner Haftungsausschluss im Immobilienkaufvertrag gerade nicht. Anders ist dies nur, wenn es sich um eine Angabe über einen zukünftigen Stand handelt. Denn zuverlässige Prognosen können Immobilienverkäuferinnen und Immobilienverkäufern ebenfalls regelmäßig nicht abverlangt werden, so wie etwa im Fall, der dem Landgericht Darmstadt beim Urteil vom 03.12.2014 – Aktenzeichen 25 S 130/14 – zugrunde lag – und ebenso auch im kürzlich durch Vergleich beendeten Verfahren am Landgericht Münster 014 O 193/20.

Die anteilige Erhaltungsrücklage sollte daher nur noch dann mit beurkundet werden, wenn die Beteiligten dies ausdrücklich als Beschaffenheitsvereinbarung wünschen. Über die Risiken und möglichen Folgen ist aufzuklären.

64. Wucher und Sittenwidrigkeit

Manchmal wird eine Übervorteilung bei Immobiliengeschäften behauptet. Rechtlich relevant ist sie dann, wenn zur schweren Äquivalenzstörung noch mindestens ein weiterer Umstand hinzutritt. Dieser Umstand wird jedoch nach herkömmlicher Rechtsprechung mitunter fälschlich fingiert.

Ein Wucher gem. § 138 Abs. 2 BGB – gegenüber der Sittenwidrigkeit nach § 138 Abs. 1 BGB das speziellere Gesetz und daher vorrangig zu prüfen – führt sogar zur Doppelnichtigkeit wie etwa der Schwarzkauf. Die weiteren Voraussetzungen des Wuchers neben dem auffälligen Missverhältnis – die Ausbeutung der Zwangslage, der Unerfahrenheit, des Mangels an Urteilsvermögen oder der erheblichen Willensschwäche sowie insbesondere die Kenntnis von der Schwäche des Benachteiligten – lassen sich in der Praxis jedoch nicht beweisen, so dass tatsächlich nur die Sittenwidrigkeit nach § 138 Abs. 1 BGB relevant ist. Diese führt zu einem Rückabwicklungsanspruch der benachteiligten Partei mitsamt Ersatz etwaiger Schäden. Wucher gem. § 138 Abs. 2 BGB oder Sittenwidrigkeit wegen wucherähnlichen Geschäfts nach § 138 Abs. 1 BGB kann sowohl zu Lasten von Käuferinnen und Käufern als auch zu Lasten von Verkäuferinnen und Verkäufern auftreten. Die Regel ist eine behauptete oder tatsächliche Übervorteilung von Käuferinnen und Käufern.

Die Rechtsprechung nimmt bei einer Abweichung des Kaufpreises gegenüber dem Verkehrswert bei Vertragsschluss von 90 % eine verwerfliche Gesinnung des Begünstigten an. Ein solcher Vertrag sei als wucherähnliches Rechtsgeschäft nach § 138 Abs. 1 BGB sittenwidrig, wenn zwischen Leistung und Gegenleistung ein auffälliges Missverhältnis besteht und außerdem mindestens ein weiterer Umstand hinzukommt, der den Vertrag bei Zusammenfassung der subjektiven und der objektiven Merkmale als sittenwidrig erscheinen lässt. Liege nicht nur ein auffälliges, sondern sogar ein besonders grobes Missverhältnis vor, wird eine verwerfliche Gesinnung des begünstigten Vertragsteils vermutet. Ein besonders grobes Missverhältnis liege ab einer Verkehrswertüber- oder -unterschreitung von 90 % vor.

Es handelt sich bei dieser Vermutung jedoch weder um eine Fiktion noch um eine Vermutung im Rechtssinne. Es handelt sich dabei nicht um eine gesetzliche Vermutung gem. § 292 ZPO, und auch nicht um eine unwiderlegliche Vermutung, sondern um einen bloßen Erfahrungssatz, den die Rechtsprechung entwickelt hat, um die richterliche Arbeit zu erleichtern. Es handelt sich dabei um die der freien Beweiswürdigung zuzuordnende Verwertung von

Erfahrungswissen oder um richterrechtliche Modifizierung schwer beweisbarer Tatbestandsmerkmale.

Nach meinen eigenen Beobachtungen tendiert die Rechtsprechung zur Anwendung dieser Regel nahezu als einer Fiktion. So wird unabhängig vom konkret vorliegenden Sachverhalt mitunter noch ein teures Immobiliengutachten eingeholt, auch wenn die Annahme einer verwerflichen Gesinnung auf Seiten der begünstigten Partei aufgrund der Umstände ausgeschlossen ist.

Hierzu ein stilisiertes Fallbeispiel aus der Praxis:

V erwirbt im Wege einer Auktion zum Preis von 285.000 EUR einen stattlichen Altbau. Er entschließt sich, die Immobilie zu einem höheren Preis weiter zu veräußern. Zum Preis von 560.000 EUR gelingt es ihm allerdings nicht, einen Käufer zu finden. Schließlich veräußert er das Objekt für 400.000 EUR an K. Ein halbes Jahr später stellt er sich auf den Standpunkt, dass die Immobilie bei Vertragsschluss das Doppelte wert gewesen sei und begehrt die Rückabwicklung.

Geht man vom Ankaufspreis selbst aus, so könnte V sogar selbst in verwerflicher Gesinnung handeln. Zumindest aber liegt ein Spekulationsversuch vor, so dass schon aus diesem Grunde eine Sittenwidrigkeit des K ausscheidet. V kann vorliegend nach richtiger Auffassung nicht in den Genuss dieser tatsächlichen „Vermutung" – besser Erfahrungssatz – kommen.

Selbst wenn ein gerichtliches Gutachten zu einem Wert des Altbaus im maßgeblichen Zeitpunkt von 90 % über dem notariellen Kaufpreis kommen würde, so kann eine verwerfliche Gesinnung des K daraus aufgrund der Umstände des unstreitigen Sachverhaltes nicht abgeleitet werden.

Bereits die Einholung eines Gutachtens durch das Gericht ist daher fehlerhaft und beruht auf einer lediglich mechanischen Anwendung von Leitsätzen, die dem Civil Law fremd ist.

65. Mietbetrüger sind keine Nomaden – Stereotypen vermeiden

Ein großes Problem in der Kommunikation sind die Automatismen im Sprachgebrauch. Was schon den Eltern locker von den Lippen ging, bekommt man nicht so leicht wieder abgewöhnt. Viele Wörter sind vorbelastet, nicht nur die im Zentrum der alltäglichen Diskussion stehenden.

Schon seit mehreren Jahren rufe ich dazu auf, den Begriff „Mietnomade“ aus dem Vokabular ebenso zu streichen wie andere diskriminierende Begriffe. Nomaden haben Ehrgefühl und würden sich niemals so verhalten wie es dieser falsche Begriff nahelegt. Ohne Not werden durch die Sprache somit auch in diesem Fall Menschen diffamiert. Präziser könnte man etwa von „Mietbanditen“ oder „Mietgaunern“ sprechen. Es handelt sich oft um einen Eingehungsbetrug, aber „Mietbetrüger“ sollte man wie „Betrüger“ nur nach Verurteilung sagen.

Straftaten dürfen weder mit Nationalitäten noch mit Lebensweisen von Volksgruppen bezeichnet werden. Vielleicht setzt sich künftig der passendere Begriff der Mietgaunerin oder des Mietgauners durch.

66. Arglist beim Immobilienverkauf

Beim Kauf einer gebrauchten Immobilie ist ein Ausschluss der Haftung für Sachmängel zulässig und als Standard auch üblich. Regelmäßig wird auch die Haftung für bestimmte Rechtsmängel gem. § 435 BGB ausgeschlossen bzw. eine Haftungsübernahme vereinbart.

Ausdrückliche wie konkludente Beschaffenheitsvereinbarungen und Garantien sind nicht vom Haftungsausschluss erfasst, siehe das Teilversäumnis- und Schlussurteil des Bundesgerichtshofs vom 29.11.2006 – Aktenzeichen VIII ZR 92/06 – sowie das Urteil des Bundesgerichtshofs vom 13.3.2013 – Aktenzeichen VIII ZR 186/12. Konkrete Eigenschaften kann man nicht versprechen, ohne gleichzeitig für ihr Fehlen einstehen zu wollen. Bei konkludenten und anderen vorvertraglichen Beschaffenheitsvereinbarungen, sogenannten Vorvertragsmängeln, entsteht die vertragliche Wirksamkeit und damit Verbindlichkeit durch die Heilung des Formmangels mit der Eintragung als Eigentümer im Grundbuch, § 311b Abs. 1 S. 2 BGB. Nach richtiger Auffassung gilt dies allerdings nicht, wenn neben dem Formmangel aus anderen Gründen eine Nichtigkeit anzunehmen ist. Der Haftungsausschluss für Sachmängel gilt aber für alle sonstigen Mängel nach § 434 Abs. 1 BGB, die keine Beschaffenheitsvereinbarungen sind, auch die nach öffentlichen Äußerungen des Verkäufers zu erwartenden Eigenschaften eines Grundstücks oder des aufstehenden Gebäudes.

Nicht möglich – auch nicht im Individualvertrag – ist ein Ausschluss der Haftung für Vorsatz, § 276 Abs. 3 BGB und eine diesbezügliche Verkürzung der als Sanktion verlängerten Verjährungsfristen, § 202 Abs. 1 BGB. Arglist beinhaltet stets Vorsatz, so dass folglich auch die Anfechtung nach § 123 BGB und die Kraftlosigkeit eines Haftungsausschlusses wegen arglistiger Täuschung nach § 444 BGB sowie das Wiederaufleben der Haftung für bekannte Mängel nach § 442 Abs. 1 S. 2 BGB nicht abdingbar sind. Auch eine Haftung auf Schadensersatz aus der fahrlässigen Verletzung von Leben, Körper oder Gesundheit sowie für grobes Verschulden kann im weiten Anwendungsbereich des § 309 Nr. 7 BGB nicht ausgeschlossen oder begrenzt werden, wobei das Verhalten gesetzlicher Vertreter oder Erfüllungsgehilfen zugerechnet wird.

Die Arglisthaftung beim Immobilienkauf erfordert nach ständiger Rechtsprechung das gleichzeitige Vorliegen der folgenden fünf Voraussetzungen:

- Vorliegen eines offenbarungspflichtigen Mangels,
- Positive Kenntnis der Verkäuferin oder des Verkäufers zumindest von den Umständen, die die Mangelhaftigkeit begründen,

- Irreführung oder Verletzung der Offenbarungspflicht durch Lüge, Verschweigen oder durch eine bedingt vorsätzliche „Erklärung ins Blaue hinein“,
- Vorsatz – zumindest dolus eventualis (für möglich halten) – dahingehend, dass der Kaufvertrag ansonsten nicht zustande gekommen wäre,
- Schutzbedürftigkeit des Käufers, insbesondere kein Rechtsmissbrauch, § 242 BGB, etwa bei Unerheblichkeit oder zwischenzeitlicher Behebung des Mangels.

Fahrlässigkeit reicht nicht, so das Urteil des Bundesgerichtshofs vom 12.04.2013 – Aktenzeichen V ZR 266/11 (fehlende Baugenehmigung). Andererseits reicht ein Mängelverdacht, Urteil des Bundesgerichtshofs vom 21.07.2017 – Aktenzeichen V ZR 250/15 (Altlastenverdacht).

Liegt Arglist beim Immobilienkauf vor, kann der Vertrag binnen der auf ein Jahr ab Kenntnis verlängerten Frist bis maximal zehn Jahre nach der Täuschung auch angefochten werden. Davon wird in solchen Fällen häufig Gebrauch gemacht und gleichzeitig der Rücktritt erklärt. Rücktritt und Anfechtung sind nebeneinander möglich, über die Anfechtung ist vorrangig zu entscheiden, so das Oberlandesgericht Hamm im Urteil vom 21.01.2013 – Aktenzeichen 22 U 120/12, insoweit nicht bemängelt im – auf die Revision ergangenen – Urteil des Bundesgerichtshofs vom 27.06.2014 – Aktenzeichen V ZR 55/13).

Die Anfechtung wegen arglistiger Täuschung nach § 123 BGB setzt zusätzlich zu den eben genannten Voraussetzungen noch einen

- Kausalzusammenhang zwischen der arglistigen Täuschung und dem Kaufentschluss

zwingend voraus.

Zu Recht wird das Erfordernis eines solchen kausalen Zusammenhangs zwischen Arglist und Kaufentschluss auch für das Wiederaufleben der Haftung nach den §§ 442 und 444 BGB unter anderem von Weingart (Baurecht 2020, 892) verlangt.

Es handele sich um ein ungeschriebenes Tatbestandsmerkmal. Wenn es der Verkäuferin oder dem Verkäufer gelänge, den Nachweis zu erbringen, dass Käuferin oder Käufer so oder so gekauft hätten, ist die Arglist nach dieser zutreffenden Auffassung unschädlich. § 444 BGB setzt im Gegensatz zum Anfechtungsrecht gem. § 123 BGB zwar nicht voraus, dass die Käuferseite „bestimmt worden ist“ – Urteil des Bundesgerichtshofs vom 15.7.2011 – Aktenzeichen V ZR 171/10. Daher sprechen Wortlaut und Systematik dagegen.

Bei den Änderungen gegenüber den drei Vorgängernormen im Rahmen der Schuldrechtsmodernisierung zum 01.01.2002 hat man an das Problem einer überschießenden Arglisthaftung und eines Wertungsunterschieds zu § 123 BGB aber nachweislich nicht gedacht. Offenbarungspflichtig sind nach ständiger Rechtsprechung zudem nur solche Mängel, deren Aufklärung nach der Verkehrsauffassung erwartet werden kann und „die den Vertragszweck des anderen vereiteln können und daher für dessen Entschluss von wesentlicher Bedeutung sind" Urteil des Bundesgerichtshofs vom 02.03.1979 – Aktenzeichen V ZR 157/77 sowie Urteil des Bundesgerichtshofs vom 30.10.1987 – Aktenzeichen V ZR 144/86.

Wenn die Arglist nicht kausal ist für den Kaufentschluss, fehlt es an jeglicher Beeinträchtigung der geschützten Entschließungsfreiheit. Die Möglichkeit einer Entkräftung des Arglistvorwurfs durch Widerlegung eines Kausalzusammenhangs erscheint nicht zuletzt auch zur Eindämmung einer rechtsmissbräuchlichen Inanspruchnahme geeignet, die in der Praxis nach meiner Erfahrung nicht selten vorkommt. Nicht zuletzt wird so auch einer dem Zivilrecht fremden Bestrafung wegen vermeintlich verwerflicher Gesinnung entgegengewirkt.

Kennen sich die Beteiligten schon länger, so gelten andererseits aufgrund besonderen Vertrauens – dem historischen Hintergrund und anderen wichtigen Schutzgut der Arglisthaftung – erhöhte Offenbarungspflichten. Umgekehrt können einzelne Offenbarungspflichten bei Erkennbarkeit des Mangels aus übergebenen Unterlagen oder eigenem Expertenwissen der Käuferseite oder Unterstützung durch Expertinnen und Experten entfallen.

Keine Voraussetzung ist die Unkenntnis der kaufenden Partei. Wenn auf der Verkäuferseite Arglist vorliegt, so entschuldigt es nicht, dass der Mangel bekannt war, sofern der Verkäufer diese Kenntnis nicht kannte, § 442 Abs. 1 S. 2 BGB.

Eine Haftung wegen Arglist scheidet mangels Vorsatzes aus, wenn die Verkäuferin oder der Verkäufer davon ausgeht oder darauf vertraut, dass die Käuferseite den Mangel kennt oder trotz Bedenken kaufen will, so das Urteil des Bundesgerichtshofs vom 26.01.1996 – Aktenzeichen V ZR 42/94), ebenso bei Gutgläubigkeit, sogar leichtfertiger Gutgläubigkeit, so das Urteil des Bundesgerichtshofs vom 16.03.2012 – Aktenzeichen V ZR 18/11.

Die bewusste Lüge über nachprüfbare Tatsachen zum Schaden des (werdenden) Vertragspartners ist in ausnahmslos allen Kulturen weltweit geächtet und hat seinen naturrechtlichen Hintergrund im Vertrauensprinzip. Lügen auf Kosten anderer stellen den Rechtsfrieden in Frage und können ein Gemeinwesen zerstören. Im Gegensatz zu unter bestimmten Umständen ausnahmsweise zulässigen Notlügen – etwa auf unzulässige Fragen – werden solche bewusst irreführenden Lügen daher zu Recht sanktioniert.

Im Römischen Recht der republikanischen Zeit wurden dem Geschädigten bei Arglist – dolus oder dolus malus – Wiedereinsetzung und eine ermessensbestimmte Klage auf den einfachen Schadensbetrag gewährt sowie die Arglist-Einrede (exceptio doli). Arglist galt als ärgste Verletzung der bona fides und wurde nicht sauber vom strafrechtlichen Begriff des Betrugs unterschieden. Der geschädigte römische Bürger konnte daher schon zur Zeit der Republik wählen, ob er den Vertrag dennoch gelten lassen will, etwa wenn die Vorteile aus dem Vertragsschluss überwogen.

Auch in den Motiven zum Bürgerlichen Gesetzbuch ist anfänglich noch von Betrug die Rede, bevor der eigenständige zivilrechtliche Begriff der Arglist ohne Erfordernis von Bereicherungsabsicht und Vermögensschaden etabliert wurde. Im Gegensatz zum Strafrecht wurde so im Zivilrecht die ausweitende Auslegung erst möglich. Indem das Bürgerliche Recht in Fortentwicklung der Gedanken aus dem Römischen Recht an eine arglistige Täuschung negative Rechtsfolgen für den Täuschenden knüpft und die Geschädigten mithilfe von Gestaltungsrechten sogar besserstellt als etwa im Falle der Sittenwidrigkeit, soll es das für Verträge nötige Vertrauen und die Entschließungsfreiheit der Vertragspartner schützen.

Daneben werden auch Verhaltenssteuerung und Prävention bzw. Abschreckung als legitime Aufgaben und Zwecke des Gesetzes identifiziert. Dies gilt nach hier vertretener Auffassung für alle ausdrücklichen wie auch stillschweigenden Regelungen zur Arglist im BGB, insbesondere auch für erst nach Vertragsschluss eintretende Sanktionen.

Die notarielle Arglistprobe – also die notarvertragliche Erklärung der Verkäuferin oder des Verkäufers, verdeckte Mängel seien nicht bekannt – hat die Häufigkeit nachträglicher Inanspruchnahmen wegen Arglist ebenso erhöht wie die immer großzügigere Ausweitung des Kreises offenbarungspflichtiger Mängel. Hintergrund ist auch die in ständiger Rechtsprechung bekräftigte Lehre von der bedingt vorsätzlichen „Erklärung ins Blaue hinein", die meist auf der Arglistprobe aufbaut – Urteile des Bundesgerichtshofs vom 11.06.1979 – Aktenzeichen VIII ZR 224/78 – sowie Urteil des Bundesgerichtshofs vom 29.01.1975 – Aktenzeichen VIII ZR 101/73 – und zuletzt das Urteil des Bundesgerichtshofs vom 14.06.2019 – Aktenzeichen V ZR 73/18, wo eine arglistige Täuschung erst in letzter Instanz abgelehnt worden ist.

War die traditionelle Arglistprobe also eigentlich vor allem dazu gedacht, die Verkäuferin oder den Verkäufer nochmals zur Gewissenhaftigkeit und selbstkritischen Prüfung zu ermahnen und dadurch deren Inanspruchnahme aufgrund von Arglist einzudämmen, ist daraus aufgrund der Zunahme an Offenbarungspflichten ein bedenkliches Instrument der Käuferinnen und Käufer geworden, Mängelrechte entgegen den vertraglichen Vereinbarungen nun doch wieder einzufordern.

67. Arglisthaftung beim Immobilienkauf

In einem Fall am Landgericht Münster – Urteil vom 28.10.2020 – Aktenzeichen 02 O 627/19 – konnte ich den meiner Mandantschaft gegenüber erhobenen Vorwurf der Arglist widerlegen und der Gegenseite sogar grobe Fahrlässigkeit nachweisen.

a) Sachverhalt

Der Beklagte verkauft gleichzeitig über dasselbe Maklerbüro zwei Wohnungen derselben Etage seines Elternhauses an zwei unterschiedliche Käufer. Vor vielen Jahren war das Schlafzimmer einer der beiden Wohnungen vom Vater, dem damaligen Allein-Eigentümer des gesamten Hauses, durch Verschieben der nicht tragenden Trenn-Wand zwischen den beiden Wohnungen von der einen Wohnung auf die vom Kläger gekaufte Wohnung übertragen worden.

Diese bauliche Änderung wurde in der Teilungserklärung jedoch nicht nachvollzogen, weder durch Korrektur des Aufteilungsplans noch durch Anpassung der Miteigentumsanteile. Der Grundriss im Exposé der Maklerin beschreibt die tatsächliche aktuelle bauliche Situation und enthält keinen Hinweis auf die Abweichung von der Teilungserklärung.

Der Käufer der anderen Wohnung tritt sodann – obwohl er ebenfalls gekauft wie gesehen hatte – an den Kläger heran und verlangt auf Grundlage der Teilungserklärung für das Schlafzimmer die Zahlung ortsüblicher Miete.

Daraufhin erklärt der Kläger – beraten durch einen auf das Verkehrsrecht spezialisierten Rechtsanwalt – die Anfechtung und den Rücktritt wegen arglistiger Täuschung und verlangt Schadensersatz.

b) Entscheidung

Die Klage wird kostenpflichtig abgewiesen.

Nach einer aufwändigen Beweisaufnahme mit Vernehmung von vier Zeuginnen und Zeugen, wobei ein fünfter sogar im Publikum saß und die Verhandlung von Zeit zu Zeit bissig kommentierte, ist das Gericht überzeugt, dass dem Beklagten keine Arglist angelastet werden kann.

Im Gegenteil ist dem Kläger der Vorwurf grober Fahrlässigkeit zu machen. Nicht zuletzt hatte der Beklagte dem Kläger bereits vorgerichtlich immer wieder angeboten, ihm bei der Abwehr der vermeintlichen Ansprüche des Käufers der anderen Wohnung zu helfen und die Teilungserklärung zu berichtigen.

Eine Teilungserklärung hat dingliche Wirkung, so dass der Beklagte durchaus noch zur vollständigen Erfüllung verpflichtet gewesen wäre. Nach dieser – völlig fehlerhaften und haltlosen – Klage und dem eingetretenen Annahmeverzug aber nicht mehr kostenlos.

Eine Abweichung im Exposé gegenüber dem Plan einer inzwischen durch einen Durchbruch überholten veralteten Teilungserklärung kann nach meiner – vom Landgericht Münster offen gelassenen – Überzeugung aber auch eine unbeachtliche Falschbezeichnung (falsa demonstratio) darstellen.

c) Anmerkungen und Praxishinweise

Zur Verminderung der Risiken einer Arglisthaftung wird Notarinnen und Notaren zu Recht ein Begleitschreiben empfohlen, in dem eingehend die Möglichkeit des Bestehens von Offenbarungspflichten und das Risiko einer Inanspruchnahme wegen Arglist erläutert werden. Für eine eingehendere parteiische Rechtsberatung zu diesem Thema könnte und sollte darüber hinaus regelmäßig auf anwaltlichen Beistand verwiesen werden.

Ich habe daher drei Ansatzpunkte herausgearbeitet, wie Notarinnen und Notare dabei helfen können, die Haftung wegen angeblicher oder tatsächlich erfolgter arglistiger Täuschung einzudämmen. Es geht um die Erweiterung der Arglistprobe und die Ergänzung von Distanzklauseln und Negativlisten.

Die Arglistprobe sollte nach meiner unmaßgeblichen Auffassung standardmäßig um Klarstellungen erweitert werden, da sie derzeit zu kurz formuliert wird, was ihrer Bedeutung nicht gerecht wird. Werden Mängel angegeben, so sollte klargestellt werden, dass über die Vollständigkeit der Auflistung keine Erklärung abgegeben werden soll. Distanz- oder Abstandsklauseln einerseits und Negativ-Listen andererseits können darüber hinaus in bestimmten Fällen hilfreich sein.

Sind vorvertraglich Werbe-Aussagen gemacht worden, beispielsweise auf einem Internet-Portal, dann muss sich die Verkäuferin oder der Verkäufer hiervon ausdrücklich und ganz konkret distanzieren. Bei diesen Distanzklauseln kommt es entscheidend darauf an, die vorvertraglichen Erklärungen, von denen sich die Verkäuferin oder der Verkäufer distanziert, genau zu benennen. Eine allgemeine Distanzierung reicht nicht aus.

Analog zur beim Bauen im Bestand mehr und mehr üblichen Nichtleistungsbeschreibung sollten Immobilienverkäuferinnen und Immobilienverkäufer insbesondere bei Altbauten Negativ-Listen in den notariellen Kaufvertrag mit aufnehmen lassen. Es sollten sämtliche Anforderungen aufgenommen werden, die vernünftigerweise erwartet werden können, aber nicht erfüllt werden, beispielsweise Pflichten aus der Energieeinsparverordnung.

Im Extremfall kann die Verkäuferseite nach meiner unmaßgeblichen Auffassung der Käuferin oder dem Käufer im Notarvertrag vom Kauf aber sogar ganz abraten, so bei Schrott-Immobilien.

Der Käufer kann zudem – ungeachtet des Verbots eines Erlasses der Vorsatzhaftung – zumindest eine Absichtserklärung dahingehend abgeben, den Verkäufer wegen Mängeln nicht mehr behelligen zu wollen.

68. Interview zu den Themen Auflassungsvormerkung und Vormerkung beim Grundstückskauf

Der Verkauf eines Grundstücks ist ein komplexer Vorgang. Gerade unerfahrene Verkäufer werden dabei mit vielen unbekannten Vorgängen konfrontiert. Zwei wichtige Bestandteile sind dabei das Vorkaufsrecht und die Auflassungsvormerkung.

Frage: Was ist ein Vorkaufsrecht?
Antwort: Das Vorkaufsrecht ist das Privileg, den Vertragsgegenstand von der Verkäuferin oder vom Verkäufer anstelle der Käuferin oder des Käufers zu den vereinbarten Bedingungen zu erwerben. Verschiedene Spielarten sind dabei unbedingt zu unterscheiden. Das schuldrechtliche Vorkaufsrecht nach den §§ 463–473 BGB ist ein sogenanntes Gestaltungsrecht, wie etwa eine Kündigung, eine Anfechtung oder ein Widerruf. Mit solchen Gestaltungsrechten kann man einseitig neue Rechte begründen oder in bestehende Rechtsverhältnisse eingreifen.
Dinglich gesichert durch Eintragung in Abteilung II des Grundbuchs gilt ein solches Privileg objektiv gegenüber allen, §§ 1094–1104 BGB. Daneben gibt es noch verschiedene gesetzliche Vorkaufsrechte sowohl im Privatrecht wie auch im öffentlichen Recht, insbesondere (aber längst nicht nur) §§ 24 ff. BauGB. Auch öffentliche Vorkaufsrechte ergeben sich mitunter aus Eintragungen im Grundbuch, etwa durch Eintragung eines Sanierungsvermerks ebenfalls in Abteilung II des Grundbuchs.

Wohnungsmieter haben kein automatisches Vorkaufsrecht

Frage: Wie entsteht ein Vorkaufsrecht und wem steht es zu?
Antwort: Ein Vorkaufsrecht wird entweder vereinbart und in die Abteilung II des Grundbuchs eingetragen oder durch Gesetz eingeräumt. Es steht entweder dem Vertragspartner der Vereinbarung oder der aus dem Gesetz berechtigten Partei zu. Das kann eine Mieterin oder ein Mieter sein. Im gewerblichen Mietrecht werden oft Vorkaufsrechte vereinbart. Entgegen bis heute sehr häufig anzutreffender Fehlvorstellung haben Wohnungsmieterinnen und Wohnungsmieter aber ohne entsprechende Vereinbarung nur in seltenen Fällen ein

gesetzliches Vorkaufsrecht. Das ist dann der Fall, wenn die Aufteilung in Wohnungseigentum während der Mietzeit erfolgte, § 577 BGB.

Frage: Bestehen Besonderheiten, wenn einer Gemeinde ein Vorkaufsrecht zusteht?
Antwort: Einerseits kann ein Vorkaufsrecht nur zum Wohl der Allgemeinheit ausgeübt werden, woran aber keine hohen Anforderungen gestellt werden. Wenn ein kommunales Vorkaufsrecht ausgeübt wird, so genießt die Gemeinde andererseits viele Vorrechte. So kann sie das Recht auch zugunsten einer oder eines Dritten ausüben, die oder der die städteplanerischen Zwecke erfüllen kann und wird. Vor allem aber darf die Gemeinde nach § 28 Abs. 3 BauGB den Kaufpreis auf den Verkehrswert reduzieren, wenn der Kaufpreis höher liegt. In diesem Fall darf der Verkäufer zurücktreten, ansonsten aber nicht. Auch der Erwerb einer Teilfläche ist der Gemeinde erlaubt.

Frage: Gibt es Fristen, in denen das Vorkaufsrecht ausgeübt werden muss?
Antwort: Je nach Art des Vorkaufsrechts ist die Ausübung nur binnen der jeweils bestimmten Fristen möglich, häufig – aber nicht immer – binnen zwei oder drei Monaten. Hierbei ist allerdings – zusätzlich zum Grundsatz „jeder Jeck ist anders" – unbedingt noch Folgendes zu beachten:
Die Frist fängt erst dann an zu laufen, wenn der oder dem Berechtigten der vollwirksame Kaufvertrag mitgeteilt worden ist. So haben die jeweiligen Eigentümer/innen etwa bei Erbbaurechten in der Regel nicht nur ein Vorkaufsrecht, sondern werden vom Notariat auch um Zustimmung zum Vertrag gebeten. Solange die Zustimmung nun aber nicht erteilt ist, beginnt grundsätzlich auch die Frist zur Ausübung des Vorkaufsrechts nicht zu laufen. So hat es in solchen Fällen die oder der Vorkaufsberechtigte in der Hand, die Frist fast nach Belieben zu verlängern.
Dies ist zwar schon vor Gericht hinterfragt worden, vom Unterzeichner etwa im inzwischen rechtskräftig abgewiesenen Klage-Verfahren 016 O 92/20 am Landgericht Münster, bislang jedoch nicht mit Erfolg. Gegen diese herrschende Auffassung spricht nicht zuletzt § 162 BGB, der die bewusste Vereitelung des Eintritts einer aufschiebenden Bedingung verbietet. Nichts anderes als eine solche Vereitelung ist nach meiner Ansicht aber das Hinauszögern einer Zustimmung, um etwa in einem halben Jahr noch das Vorkaufsrecht ausüben zu können. Das ist aber – wie gesagt – noch nicht herrschende Meinung.

Frage: Welche Folgen hat die Ausübung eines Vorkaufsrechts? Wie wird es vollzogen?
Antwort: Mit der Ausübung tritt die oder der Berechtigte grundsätzlich in den Vertrag und alle vereinbarten Rechte und Pflichten ein, so wie diese Rechte und Pflichten vorgefunden werden. Hiervon gibt es, wie bereits oben angeklungen ist, einige wichtige Ausnahmen. Es kommt immer entscheidend auf die Rechtsgrundlage an, jeder Jeck ist anders.
Die Umgehung des Vorkaufsrechts ist wirkungslos

Frage: Gibt es Möglichkeiten, das Vorkaufsrecht zu umgehen?
Antwort: Im Gegenteil gibt es sogar ein Verbot der Umgehung eines Vorkaufsrechts, § 465 BGB. Jedes Umgehungsgeschäft ist der oder dem Berechtigten gegenüber unwirksam. Allerdings habe ich zumindest für den Fall des kommunalen Vorkaufsrechts eine Methode entwickelt, die den Beteiligten ein wenig mehr Rechtssicherheit bietet, hierzu eingehend mein Artikel Rechtssicherheit gegenüber gemeindlichen Vorkaufsrechten beim Immobilienkauf.
Im Kern geht es darum, bereits vor Vollwirksamkeit eines Kaufvertrags den möglichen Verzicht der Gemeinde herbeizuführen. Sodann kann das Geschäft ohne Risiko genehmigt und damit voll wirksam werden.

Frage: Kann ein Vorkaufsrecht vererbt werden? Muss eine Erbengemeinschaft sich an das vom Erblasser vereinbarte Vorkaufsrecht halten?
Antwort: Erb/innen treten in sämtliche Rechte und Pflichten der Erblasser/innen ein, die nicht höchstpersönlich sind, wie etwa die Ehe. Somit ist eine solche Vererbung in Bezug auf die privatrechtlichen Vorkaufsrechte möglich. Die Erbengemeinschaft ist daher auch gegenüber Dritten nach wie vor verpflichtet und muss sich an vereinbarte Vorkaufsrechte halten, kann andererseits solche Gemeinschaftsrechte gemeinschaftlich ausüben.

Die Auflassungsvormerkung ist das wichtigste Sicherungsmittel im Grundstücksrecht

Frage: Kommen wir nun zum Thema Auflassungsvormerkung, diese ist ja ebenfalls ein wichtiger Bestandteil des Kaufs. Was ist eine Auflassungsvormerkung? Wieso wird eine Auflassungsvormerkung aufgesetzt und wer macht das?
Antwort: Es handelt sich bei der Auflassungsvormerkung um das wichtigste Sicherungsmittel im Grundstücksrecht. Mit einer Vormerkung kann insbesondere der Anspruch auf Verschaffung des Eigentums am Grundstück objektiv gegenüber jedermann gesichert werden. Und zwar nicht nur beim Immobilienkauf. Die Vormerkung erlischt jedoch, wenn der Anspruch erlischt. Das ist

etwa beim Rücktritt von einem Immobilienkaufvertrag der Fall. Daher sollten solche Gestaltungsrechte (hierzu ja schon soeben) niemals vorschnell abgegeben werden. Fragen Sie vorher Ihre Anwältin oder Ihren Anwalt.

Frage: Auflassung, Auflassungsvormerkung - was ist der Unterschied?
Antwort: Die Auflassung ist die Einigung über den Übergang des Eigentums an einem Grundstück bzw. einem Haus oder einer Wohnung. Diese Einigung wird traditionell so genannt, weil im germanischen Recht das Tor zum Grundstück offengelassen wurde, damit alle anderen Bewohnerinnen und Bewohner sich vom einvernehmlichen Eigentümerwechsel überzeugen konnten. Schon damals empfand man diese Öffentlichkeit, die Publizität, für den Rechtsfrieden als bedeutsam. Sie ist bis heute besonderes Merkmal im Sachenrecht.

Frage: Was ist dann eine Rückauflassungsvormerkung?
Antwort: Wir hatten soeben ja auch schon das Thema der Bedingungen. Nicht selten möchte sich ein Veräußerer eines Grundstücks für den Fall des Eintritts einer Bedingung die Rückforderung des Grundstücks vorbehalten. Eltern machen dies mitunter zur Sicherung der Wart und Pflege oder von Zustimmungsvorbehalten für eine Belastung des Grundstücks mit einer Grundschuld. Pflegt das begünstigte Kind entgegen der Vereinbarung die Eltern nicht oder lässt es ohne Zustimmung eine Grundschuld eintragen, so sollen die Eltern das lastenfreie Grundstück wieder zurückfordern können. Gemeinden setzen mithilfe einer solchen Vormerkung den Bauzwang durch.

Frage: Welche Rechte und Pflichten entstehen durch die Auflassungsvormerkung? Kann eine Auflassungsvormerkung übertragen werden?
Antwort: Die Vormerkung führt dazu, dass die oder der Berechtigte spätere Eintragungen löschen lassen kann. Solche Eintragungen sind zwar nicht gegenüber jedermann aber zugunsten der oder des Berechtigten unwirksam. Die Vormerkung hängt aber vom gesicherten Anspruch ab und wird mit diesem übertragen. Eine solche Übertragung kann vertraglich aber auch ausgeschlossen werden, wovon Bauträger oft Gebrauch machen. Der Weiterverkauf aus der Vormerkung heraus soll unterbunden werden. Die Kosten richten sich nach dem Wert des gesicherten Anspruchs

Frage: Mit welchen Kosten ist bei der Auflassungsvormerkung zu rechnen? Wer trägt diese Kosten?
Antwort: Es entstehen gesetzliche Gebühren bei Notarin oder Notar und beim Grundbuchamt, die man bei Bedarf auch nachprüfen lassen kann. Diese Kosten sind im Gesetz über Kosten der freiwilligen Gerichtsbarkeit für Gerichte und Notare (GNotKG) geregelt und hängen vom Wert des gesicherten Anspruchs

und von den weiteren vertraglichen Vereinbarungen ab, so dass hier keine Verallgemeinerungen möglich sind

Frage: Kann die Auflassungsvormerkung auch wieder erlöschen? Wie funktioniert das?
Antwort: Da die Vormerkung vom Bestand des Anspruchs abhängt, kann sie auch wieder erlöschen. Das Grundbuch ist dann unrichtig geworden und kann auf Antrag bei Vorlage gültiger Nachweise – öffentliche Urkunden oder Beglaubigungen – berichtigt werden.
Diesen Mechanismus macht man sich neuerdings in der Kunst der Beurkundung von Immobilienkaufverträgen wie folgt zunutze. Früher wurde das Notariat mit der Löschung der Vormerkung für bestimmte Fälle bevollmächtigt. Dies birgt für den Verkäufer aber das Risiko, dass der Käufer oder sein etwaiger Insolvenzverwalter diese Vollmacht jederzeit widerrufen könnte. Durch die – neue – auflösend bedingte Vormerkung ist ein solcher Widerruf nun nicht mehr möglich, was die Rechtssicherheit für die Verkäufer/innen erhöht. Noch nicht alle Notariate sind auf diese vorzugswürdige Methode umgestiegen, das ist aber lediglich eine Frage der Zeit.

69. Interview zum Thema Hauskauf

Bei Kauf oder Verkauf eines Hauses sind viele Dinge zu beachten. Einige der damit verbundenen Fragen werden im Folgenden angesprochen.

Frage: Verkaufe ich mein Haus besser ohne oder mit Maklerin oder Makler? Welche Aufgaben hat ein Maklerbüro?
Antwort: Jeder Jeck ist anders. Das lässt sich schlicht nicht verallgemeinern. Im Prinzip braucht die Maklerin oder der Makler lediglich Angebot und Nachfrage zusammenzubringen. Wie das gemacht wird, unterscheidet sich von Fall zu Fall. Manchmal braucht die Maklerfirma das Objekt nicht einmal zu zeigen. Manchmal sind aber auch zig Besichtigungstermine erforderlich, bis das Notariat mit der Anfertigung des Entwurfs beauftragt werden kann.
Ebenso ist es von Fall zu Fall unterschiedlich, ob die Einschaltung eines Maklerbüros sinnvoll ist oder genug eigene Kapazitäten für die Suche nach geeigneten Käufern vorhanden sind. Die Immobilienportale erleichtern heutzutage vieles. Aber wer will schon Hunderte von Mails prüfen?

Frage: Was ist ein Vorvertrag?
Antwort: Nach herkömmlicher Auffassung versteht man darunter ein Schriftstück oder auch eine mündliche Vereinbarung dahingehend, dass nach Eintritt bestimmter Bedingungen der Hauptvertrag geschlossen werden soll. Bei Immobiliengeschäften muss auch ein solcher Vorvertrag wie der Hauptvertrag in der Regel beurkundet werden, ansonsten könnte er formnichtig sein. Das gilt insbesondere auch für Reservierungsvereinbarungen, wenn mehr als 0,3 % des Kaufpreises an Gebühren anfallen.
Nach meiner kürzlich für den Bauprofessor entwickelten neuen Theorie der Vorvertragsmängel sind aber alle vorvertraglichen Absprachen als Vorvertrag zu verstehen, da die Käuferinnen und Käufer regelmäßig stillschweigend zustimmen, wenn ihnen etwas versprochen wird. Wird eine versprochene Beschaffenheit wie etwa eine bodengleiche Dusche dann doch nicht erfüllt, spricht man von einem Vorvertragsmangel. Angaben im Exposé werden der Verkäuferin oder dem Verkäufer zugerechnet.

Frage: Sind Angaben im Exposé des Maklerbüros verbindlich? Was für Folgen drohen der Verkäuferin oder dem Verkäufer bei falschen Angaben?
Antwort: Die Angaben auf Internetseiten oder im Exposé werden der Verkäuferin oder dem Verkäufer zugerechnet. Um solche Vorvertragsmängel geltend zu machen, sind aber hohe Hürden zu nehmen, insbesondere der standardmäßige notarielle Haftungsausschluss. Im Einzelfall ist daher zu prüfen, ob es sich

um eine Garantieübernahme handeln könnte oder sogar Arglist nach § 444 BGB (früher § 443 BGB) im Spiel ist.
Bei der Annahme von Arglist sind die deutschen Gerichte im europäischen Vergleich traditionell viel zu voreilig. Man hat manchmal den Eindruck, die Schwere eines solchen Vorwurfs wird gar nicht bedacht. Historisch dürften germanische Vorstellungen von Ehrbarkeit dahinterstecken, wie ich in einer im Entstehen begriffenen Forschungsarbeit zeigen möchte. Die Vorschrift ist aber schon sehr alt und wurde nicht erst zur Nazizeit ins BGB eingeführt.

Frage: Muss ich über mögliche Mängel des Hauses informieren? Was ist mit offensichtlichen Mängeln wie Setzrissen? Und wenn ich selbst gar nicht einschätzen kann, ob etwa die feuchte Kellerwand nun ein Mangel oder dem Alter des Hauses geschuldet ist?
Antwort: Auf jeden Fall ist man bei einem Verkauf verpflichtet, alle möglichen Mängel oder auch nur den Verdacht eines Mangels zu offenbaren. Ansonsten droht eine Inanspruchnahme aus dem Gesichtspunkt der Arglist, und zwar bis zu zehn Jahre noch nach der notariellen Beurkundung. Ist man unsicher, kann man auch darüber sprechen. Taktisches Zurückhalten von Wissen kann teuer werden. Ich empfehle jeder Verkäuferin und jedem Verkäufer eine minutiöse Auflistung der bekannten Mängel oder Mängel-Symptome in der Immobilie oder hilfsweise die Klarstellung, dass das Objekt nicht untersucht werden konnte. Aber auch hier kommt es immer auf den konkreten Einzelfall an. Allgemeingültige Regelungen zum sicheren Ausschluss einer solchen Haftung gibt es nicht.

Frage: Kommen wir zu den Unterlagen, was wird für den Verkauf benötigt?
Antwort: Alles was man über die Immobilie hat, sollte man beim Verkauf mit anbieten. Käuferinnen und Käufer erhalten bei mir immer eine Checkliste von Unterlagen betreffend die jeweilige Immobilie. Was häufig vergessen wird: Oft haben die Verkäuferinnen und Verkäufer noch Gewährleistungsansprüche gegenüber Handwerkern, die in den letzten Jahren dort Reparaturen oder gar Bauarbeiten durchgeführt haben oder bis zur Besitzübergabe noch durchführen werden. Dann gehören auch die entsprechenden Aufträge und Rechnungen oder Quittungen zu den Unterlagen und eine Unternehmerliste. Ist die Immobilie vermietet, sind auch alle mietrechtlichen Unterlagen bei Besitzübergabe – das ist regelmäßig der Zeitpunkt der Kaufpreiszahlung – herauszugeben.

Frage: Muss das Haus oder die Wohnung zuerst den aktuellen Mietparteien angeboten werden? Was ist beim Hausverkauf zu beachten, wenn Mietverträge bestehen?
Antwort: Mieter haben entgegen der landläufigen Vorstellung nicht in jedem Falle ein Vorkaufsrecht, sondern nur dann, wenn es vertraglich eingeräumt wurde oder das Objekt während ihrer Mietzeit in Wohnungseigentum aufgeteilt

worden ist. Es ist ein häufiges Missverständnis, dass man als Mieterin oder Mieter automatisch ein Vorkaufsrecht habe. Zu beachten ist eigentlich lediglich der Grundsatz „Kauf bricht nicht Miete", der besagt, dass die Käuferin oder der Käufer anstelle der Verkäuferin oder des Verkäufers in den Mietvertrag eintritt, ohne dass es eines Nachtrags zum Mietvertrag bedarf.
Ein solcher Nachtrag ist allerdings aus mehreren Gründen durchaus sinnvoll, nicht zuletzt auch im Falle eines mietrechtlichen Gerichtsverfahrens.

Frage: Geht es auch ohne Notariat? Was muss beim Kaufvertrag beachtet werden? Welche Angaben sollte der Immobilienkaufvertrag enthalten?
Antwort: Das Grundbuchamt darf Eintragungen nur aufgrund von öffentlichen Urkunden im Original oder in beglaubigter Abschrift vornehmen, so dass für den Hausverkauf eine Notarin oder ein Notar zwingend erforderlich ist. Die Möglichkeit einer Heilung durch Eintragung trotz Missachtung der notariellen Form ist eher theoretischer Natur. Nach richtiger Auffassung findet eine Heilung auch beim so genannten Schwarzkauf nicht statt.
Bereits die Erstellung des notariellen Entwurfs lässt die volle Vertragsgebühr entstehen. Notarinnen und Notare sind gehalten, auch beim Abbruch von Vertragsverhandlungen die vollen Gebühren entgegenzunehmen. Die Gebühren werden allein dann angerechnet, wenn eine zumindest ähnliche Beurkundung in absehbarer Zeit erfolgt. Immobilienkaufverträge enthalten immer Angaben zum aktuellen Grundbuchstand, Regelungen zur Fälligkeit des Kaufpreises und zum Besitz- und Eigentumsübergang, insbesondere Anträge an das Grundbuchamt. Zum eigenen Schutz vor einer Inanspruchnahme wegen mangelhafter Aufklärung werden regelmäßig auch die wichtigsten notariellen Hinweise und Belehrungen mit aufgenommen.
Ansonsten sollte der Immobilienkaufvertrag niemals lediglich Standard sein. Denn gar nicht selten kann man erhebliche Kostenfaktoren wie etwa die Vormerkung oder manchmal gar die Fälligkeitsmitteilung umgehen. Meine Mandantinnen und Mandanten haben schon mehrere Tausend Euro gespart, weil ich auf alternative Gestaltungsmöglichkeiten und solches Einsparpotential hinweisen konnte. Die Notarinnen und Notare sind verpflichtet, auf solche Wünsche auch einzugehen.

70. Schwarzkauf und Nichtigkeit beim Immobiliengeschäft

Die Beurkundung eines geringeren (oder auch höheren) Immobilien-Kaufpreises als des eigentlich gewollten Kaufpreises (Schwarzkauf) führt zur Nichtigkeit beider damit abgeschlossenen Verträge, §§ 117, 125, 139 und 311b BGB. Diese Nichtigkeit ist als Formnichtigkeit durch Grundbucheintragung nach herkömmlicher Auffassung heilbar, sodass der Erwerber beim Schwarzkauf dennoch Eigentümer wird. Diese Auffassung ist seit der sukzessive strengeren Schwarzgeld-Rechtsprechung des Bundesgerichtshofs nicht mehr haltbar.

Ausgangspunkt ist der Schulfall des Schwarzkaufs aus gängigen Lehrbüchern:

V und K sind beim Notar. Dieser beurkundet einen Immobilienkauf zu einem Kaufpreis von 300.000 EUR. Um Steuern und Notarkosten zu sparen, übergibt K dem V anlässlich der Beurkundung und vom Notar unerkannt in bar weitere 50.000 in einem Koffer. K wird im Grundbuch eingetragen.

Im notariell beurkundeten Vertrag liegt nach bisheriger Dogmatik ein Scheingeschäft gem. § 117 BGB vor, weshalb dieser nichtig ist. Der gewollte Vertrag mit dem wahren Kaufpreis von 350.000 EUR wiederum ist formnichtig nach § 125 BGB. Der Formmangel wird aber durch Eintragung im Grundbuch gem. § 311b Abs. 1 Satz 2 BGB geheilt, so die bisherige Dogmatik. K werde demnach Eigentümer. Eine Nichtigkeit gem. § 134 BGB wegen Verstoßes gegen gesetzliche Verbote wird verneint, da die Steuerhinterziehung gem. § 370 Abgabenordnung (AO) bzw. der Betrug gem. § 263 StGB zum Nachteil des Notars nicht Hauptzweck des Vertrags sei. Im selteneren Fall eines schwarz vereinbarten niedrigeren Kaufpreises und einer Rückzahlung ist unter anderem ein Verstoß gegen das Geldwäschegesetz zu prüfen.

Das Ergebnis, K wird trotz Schwarzkauf Eigentümer, muss verwundern. Denn immerhin beabsichtigt ein solcher Käufer mit diesem Vorgehen die Hinterziehung von Grunderwerbsteuern, die sich vornehmlich nach dem beurkundeten Kaufpreis richten. Ferner wird der Notar um einen Teil der Notargebühren betrogen. Durch die Verfälschung der Preise, die dem Gutachterausschuss der betroffenen Gemeinde gemeldet werden, leidet zudem die Zuverlässigkeit der öffentlichen Bodenrichtwerte.

Bereits die Annahme eines Scheingeschäfts gem. § 117 BGB ist unzutreffend. Denn V und K schließen das Geschäft vor dem Notar nicht nur zum Schein ab. Sie wollen in Wahrheit mit dem Notar gerade das beurkundete Geschäft abschließen. Ansonsten würde das illegale Steuersparmodell nicht funktionieren. Der Notarvertrag ist entgegen der herkömmlichen Auffassung also zunächst wirksam. V und K wollen zusätzlich aber noch einen weiteren Vertrag, einen Nachtrag oder eine Zusatzvereinbarung dahingehend abschließen, dass über den beurkundeten Kaufpreis hinaus ein weiterer Betrag „schwarz" vom Käufer an den Verkäufer fließen oder im umgekehrten Fall vom zu hoch verbrieften Kaufpreis ein Teil schwarz zurückfließen soll. Ob dies vor oder nach der Beurkundung geschieht, ist ebenso ohne Belang wie die Höhe des schwarz zu zahlenden Kaufpreisteils. Es liegt mithin kein Scheingeschäft vor. Es wird auch nicht etwa nur ein Vertrag nach den allgemeinen Regeln geschlossen. Beide Verträge sind vielmehr gewollt.

Im Schulfall wollen V und K gerade einen Notarvertrag unter Beteiligung des amtierenden Notars mit einem Kaufpreisteil in Höhe von 300.000 EUR. Darüber hinaus wollen sie eine Zusatzvereinbarung über einen weiteren Kaufpreisteil in Höhe von 50.000 EUR. Letzteren wollen sie unter der Maßgabe bzw. mit der Zusatzabrede, dass dieser Kaufpreisteil an Notar und Finanzamt vorbeizuzahlen ist.

Der Zusatz- bzw. Nachtragsvertrag wird nur geschlossen, um Steuern und Notargebühren zu hinterziehen. Er ist daher gem. § 134 BGB nichtig. Da Notarvertrag und Zusatzvereinbarung miteinander stehen und fallen, ergreift die Nichtigkeit der Zusatzvereinbarung über § 139 BGB den an sich wirksamen Notarvertrag.

§ 311b Abs. 1 Satz 2 BGB heilt nur einen Formmangel, nicht aber eine Unwirksamkeit aus anderen Gründen wie im Schulfall. Der Käufer kann in einem solchen Fall mithin mangels wirksamer Auflassung nicht Eigentümer werden. Im Hinblick auf seine zu Tage getretene Gesinnung ein gerechtes Ergebnis. Erfolgt dennoch eine Eigentumsumschreibung auf den Käufer, so wird das Grundbuch mit der Umschreibung falsch und ist auf Antrag hin zu berichtigen, wobei jedoch wiederum die Formerfordernisse des Grundbuchamtes zu berücksichtigen sind, § 29 Abs. 1 Grundbuchordnung (GBO).

Ob sich ein K gegenüber einer Gemeinde auf die Nichtigkeit berufen könnte, wenn auf eine solche Gestaltung hin ein Vorkaufsrecht ausgeübt wird, soll hier nicht weiter vertieft werden. Einerseits könnte es K aus dem Gesichtspunkt der Treuwidrigkeit nach § 242 BGB versagt sein, sich auf die Nichtigkeit zu berufen. Viel spricht indessen dafür, dass die Nichtigkeit von Amts wegen zu berücksichtigen ist und auch die Ausübung eines Vorkaufsrechts ausscheidet. Es wäre nicht zuletzt ein Ausweis einer zweifelhaften Gesinnung, wenn eine Vorkaufsberechtigte von einem Rechtsgeschäft zu profitieren versuchen würde, das Straftatbestände erfüllt.

71. Bauen in Baugemeinschaft – Alternative zum Bauherrenmodell und Bauträgermodell

Ein weiterer Weg zu den eigenen vier Wänden ist das Baumodell der „Bauherrengemeinschaft“, kürzer „Baugemeinschaft“ oder „Baugruppe“ genannt. Dieses verspricht vor allem, günstiger, sozialer und innovativer zu sein als der Schlüsselfertigbau, das Bauträgermodell, das Bauen in Eigenregie oder mit Generalunternehmer (Bauherrenmodell).

Der Bundesverband Baugemeinschaften e.V. wirbt für ein solches „Bauen in der Gemeinschaft“. Pluspunkte seien die mögliche Bewältigung auch schwieriger städtebaulicher Situationen (Baulückenerschließung, Brachen-Entwicklung oder Revitalisierung von Bestandsbauten). Baugemeinschaften wirkten sozial stabilisierend. Private Baugemeinschaften ergriffen die Initiative zur Umsetzung neuer, gemeinschaftlicher und selbst verwalteter Wohnformen wie Mehrgenerationenhäuser und Energieeffizienzhäuser. Dadurch, dass die Beteiligten mehr oder weniger gemeinsam den gesamten Prozess des Baus durchliefen – vom Grundstückserwerb über die Genehmigungs- und Ausführungsplanung bis hin zur Detailverwirklichung – wüchsen sie zusammen und entstünden lokal verankerte soziale Netzwerke.

Der zweiteilige Dokumentarfilm „Wohnen im Vauban“ von Reinhold Prigge und Hartmut Wagner (Juli 2011) zeigt ein gelungenes Beispiel einer Baugemeinschaft im Freiburger Stadtteil Vauban und zeigt Baukostenersparnisse und ökologische und soziale Vorteile des Bauens in einer Baugemeinschaft. Insbesondere für junge Familien sei dieser Weg zur eigenen Wohnung optimal, zumal die damit einhergehende soziale Vernetzung die Integration und auch eine glückliche Kindheit fördere, so die wesentliche Botschaft des Films.

Jeder Beteiligte haftet für die übrigen Parteien bezüglich des Grundstückspreises mit seinem Vermögen

Demgegenüber wird vor diesem Modell jedoch auch gewarnt. Die Rechtsform einer Baugemeinschaft ist regelmäßig eine Gesellschaft bürgerlichen Rechts. Dies bedeutet, dass jeder Beteiligte das Insolvenzrisiko der anderen trägt und zumindest für den Grundstückspreis mit seinem gesamten Vermögen haftet. Anderes gilt für die Planungs- und Baukosten, wo eine institutionelle Haftungsbeschränkung und damit eine bloß anteilige Haftung anerkannt ist. Der

Zusammenschluss der Bauherrengemeinschaft müsste, wenn ihr Zweck auch den Grundstückserwerb beinhaltet, notariell beurkundet werden, ebenso der Bauvertrag, wenn er mit dem Grundstückserwerb eine rechtliche Einheit bildet. Dies ist bereits dann der Fall, wenn aus Sicht auch nur eines Miterwerbers der Kauf von der Errichtung eines bestimmten Objekts abhängt.

Wichtige Punkte sollten vertraglich geregelt sein

Nicht zu unterschätzen ist die den Baugemeinschaften inhärente Gefahr, dass die Wünsche einzelner Miterwerber nicht ausreichend berücksichtigt werden. Zum Streit kann es ferner kommen, wenn die Rollen innerhalb des Projekts (insbesondere „Planung", „Steuerung" und „Abrechnung") nicht klar zugewiesen werden. Eine vorsorgende Vertragsgestaltung kann dem vorbeugen. Eine gründliche rechtliche Beratung lohnt sich daher in jedem Fall, um Risiken zu begegnen und Konflikte zu vermeiden.

72. Arbeitnehmerüberlassung am Bau

Arbeitnehmerüberlassung ist eine Unternehmenseinsatzform, bei welcher ein Unternehmer (Verleiher) einem anderen Unternehmer (Entleiher) Arbeitskräfte (Leiharbeitnehmer) zur Verfügung stellt. Der Verleiher ist dabei nicht in einer Arbeitsgemeinschaft (ARGE) mit dem Entleiher verbunden und tritt neben ihm auch nicht als Nebenunternehmer in Rechtsbeziehungen zum Bauherrn.

Der Entleiher kann Generalunternehmer oder Subunternehmer im Rahmen eines Bauprojekts sein. Die Arbeitnehmerüberlassung ist erlaubnispflichtig. Erlaubnisbehörde ist die Agentur für Arbeit, die zur Überwachung unter anderem der Auflagen und Anzeigepflichten weitere Behörden hinzuzieht.

Im Baugewerbe gelten hierfür Einschränkungen zur Gewährleistung sozialer Mindeststandards. Danach muss die Arbeitnehmerüberlassung im einschlägigen Tarifvertrag gestattet und der verleihende Betrieb nachweislich seit mindestens drei Jahren von denselben Rahmen- und Sozialkassentarifverträgen oder von deren Allgemeinverbindlichkeit erfasst sein.

Eine Überlassung zur Arbeitsleistung im Sinne des Arbeitnehmerüberlassungsgesetzes (AÜG) liegt vor, wenn dem Entleiher Arbeitskräfte zur Verfügung gestellt werden, die in dessen Betrieb eingegliedert sind und ihre Arbeit allein nach Weisungen des Entleihers und in dessen Interesse ausführen, siehe Urteil des Arbeitsgerichts Berlin vom 05.09.2013 – Aktenzeichen 33 Ca 5347/13. Im Rahmen eines solchen Leiharbeitsverhältnisses besteht ein Weisungsrecht des Auftraggebers (Entleihers) gegenüber den ausgeliehenen Arbeitnehmern, siehe das Urteil des Oberlandesgerichts Karlsruhe vom 15.10.2002 – Aktenzeichen 17 U 96/01. Der Auftraggeber (Entleiher) trägt die alleinige Verantwortung für die Bauausführung. Der Bauherr (Besteller) tritt mit dem ausleihenden Unternehmen und den ausgeliehenen Arbeitskräften nicht selbst in vertragliche Beziehungen.

Hiervon zu trennen ist die Tätigkeit eines Arbeitnehmers bei einem Dritten aufgrund eines Werk- oder Dienstvertrags, wobei der Unternehmer für den Auftraggeber (Besteller) die zur Erreichung des Erfolgs erforderlichen Handlungen nach den eigenen betrieblichen Voraussetzungen organisiert.

Ob ein solches Vertragsverhältnis vorliegt, oder Arbeitnehmerüberlassung entscheidet sich im Zweifel nach den auf der Baustelle vorherrschenden tatsächlichen Verhältnissen. Nicht selten werden einzelne Aufgabenbereiche als Werk definiert, um sie dann an Fremdarbeitnehmer zu vergeben. Die intensive

Nutzung von Werkverträgen kann in der Praxis die Arbeitnehmerüberlassung (also der Leiharbeitnehmer) aushebeln. Ist dies der Fall, so spricht man von „Scheinwerkverträgen".

Welches Rechtsverhältnis vorliegt, ist anhand der Gesamtwürdigung aller maßgebenden Umstände des Einzelfalls zu ermitteln. Widersprechen sich die Arbeitnehmerüberlassungsvereinbarung und tatsächliche Durchführung, ist letztere maßgebend, so das Urteil des Bundesarbeitsgerichts vom 25.09.2013 – Aktenzeichen 10 AZR 282/12. Vor allem betriebliche, zum „Kerngeschäft" gehörende Aufgaben, die unmittelbar den Betriebszweck verwirklichen, werden insoweit kritisch angesehen.

Daher bestehen erhebliche Haftungsrisiken, wenn beispielsweise ein Hauptunternehmer den nach Anwesenheit bezahlten Arbeitskräften seines Subunternehmers ad hoc Anweisungen erteilt, so dass diese faktisch in die fremde Betriebsorganisation eingegliedert werden. Das jeweilige Arbeitsverhältnis zwischen Hauptunternehmer und den Arbeitskräften des Subunternehmers kann in einem solchen Fall fingiert werden mit allen arbeitsrechtlichen Konsequenzen (Sozialkassenbeiträge, Betriebsrente, Erfordernis einer Kündigung bzw. Aufhebung des Arbeitsverhältnisses).

Bei fehlender Erlaubnis droht zudem dem fiktiven Entleiher sowie dem Auftraggeber jeweils ein empfindliches Bußgeld.

73. Störung und Wegfall der Geschäftsgrundlage

Das Institut des Wegfalls (oder Störung) der Geschäftsgrundlage hat seine rechtliche Grundlage im unabdingbaren Grundsatz von Treu und Glauben gemäß § 242 BGB und wurde mit der Schuldrechtsmodernisierung 2002 in § 313 BGB kodifiziert.

Es wird durch speziellere Vorschriften verdrängt, welche eine Risikozuweisung enthalten, so durch das Mängelgewährleistungsrecht, Urteil des Bundesgerichtshofs vom 30.09.2011 – Aktenzeichen V ZR 17/11 – und auch durch das Anfechtungsrecht und das Kündigungsrecht bei Dauerschuldverhältnissen.

Vertragliche Regelungen sowie Allgemeine Geschäftsbedingungen und die Regelungen der etwa einbezogenen VOB/B zur Änderung bestimmter Umstände gehen den gesetzlichen Regelungen zum Wegfall der Geschäftsgrundlage vor, soweit sie wirksam sind. Geschäftsgrundlage sind die bei Vertragsschluss zutage getretenen, dem anderen Vertragspartner erkennbar gewordenen und von ihm nicht beanstandeten Vorstellungen der einen Vertragspartei oder die gemeinsame Vorstellung beider Vertragsparteien von dem Vorhandensein oder dem künftigen Eintritt bestimmter Umstände, soweit der Geschäftswille beider Vertragsparteien hierauf aufbaut. Ein einseitig gebliebenes, also von der Gegenseite nicht erkanntes Motiv einer Partei oder auch die Kalkulationsgrundlage ist mithin nicht Geschäftsgrundlage, ebenso wenig wie der Vertragsinhalt selbst.

Anwendungsfälle sind Mengenabweichungen und Mehraufwand oder erhebliche Preis- und Lohnsteigerungen bei einem Festpreisvertrag, wie auch unter Umständen eine Pandemie wie die zuletzt erlebte. Die Flächengröße im Grundstückskaufvertrag kann Geschäftsgrundlage sein, Urteil des Bundesgerichtshofs vom 30.01.2004 – Aktenzeichen V ZR 92/03, ebenso die Erteilung einer behördlichen Genehmigung. Ob man auf die Grundsätze des Wegfalls der Geschäftsgrundlage zurückgreifen kann, hängt besonders stark von Regelungsgebiet und Umständen des Einzelfalls ab.

74. Fälligkeit

Die Fälligkeit ist der Zeitpunkt, ab dem der Gläubiger die Leistung fordern kann. Sie ist neben der Erfüllbarkeit (Zeitpunkt, ab dem der Schuldner zur Bewirkung der Leistung berechtigt ist) in § 271 BGB geregelt. Vom Grundsatz her kann der Gläubiger die Leistung sofort verlangen und der Schuldner sie sofort bewirken. Im Falle der Nichtleistung oder der Nichtannahme kann unter bestimmten weiteren Voraussetzungen (Mahnung beim Schuldnerverzug bzw. Angebot beim Annahmeverzug) Verzug eintreten.

Vertragspartner kann zur Vorleistung verpflichtet sein

Aufgrund gesetzlicher Regelung oder Parteivereinbarung kann etwas anderes gelten oder aus den Umständen anderes zu entnehmen sein. So kann insbesondere einer der beiden Vertragspartner gesetzlich oder vertraglich zur Vorleistung verpflichtet sein, so dass ihm entsprechende Sicherheiten wie etwa die Bauhandwerkersicherungshypothek zustehen.

Entscheidendes Kriterium beim Werkvertrag ist die Abnahme

Beim Kaufvertrag ist der Kaufpreis grundsätzlich bereits mit Vertragsschluss in voller Höhe fällig. Dies gilt auch für den Vertrag über die Lieferung einer herzustellenden oder zu erzeugenden beweglichen Sache. Denn § 650 BGB verweist auch für Sonderanfertigungen gerade nicht auf die Vergütungsregelung des § 641 BGB (Fälligkeit bei Abnahme). Beim Werkvertrag kommt es hingegen entscheidend auf die Abnahme an. Diese ist nach § 641 BGB Voraussetzung für die Fälligkeit der Vergütung. Somit ist der Unternehmer/Auftragnehmer grundsätzlich vorleistungspflichtig.

Dem Bauträger, der ja auf eigenem Grund baut, ist indes bei Erfüllung der besonderen Sicherungspflichten erlaubt, auch vor der Abnahme von Sondereigentum und gemeinschaftlichem Eigentum abhängig vom jeweiligen Bautenstand Erwerbspreisraten entgegenzunehmen. Dies wird in der Makler- und Bauträgerverordnung (MaBV) detailliert geregelt und entsprechend in die Bauträgerverträge übernommen.

75. Fachanwaltschaft für ziviles Revisionsrecht – Gegenmodell zum System der Singularzulassung beim Bundesgerichtshof für Zivilsachen

Um Mandanten in Zivilsachen vor dem Bundesgerichtshof (BGH) vertreten zu können, benötigt ein Rechtsanwalt eine besondere Zulassung, die sogenannte Singularzulassung. Nur ganz wenige, besonders zugelassene Rechtsanwälte dürfen in Zivilsachen beim Bundesgerichtshof vortragen.

Das Bundesverfassungsgericht hat das derzeitige System der Wahl der BGH-Anwälte mit seinem Nichtannahmebeschluss vom 13.06.2017 – Aktenzeichen 1 BvR 1370/16 - kürzlich bestätigt.

Das derzeitige System ist aber von Seiten der Rechtsanwaltschaft selbst in die Kritik geraten. Die Berufsfreiheit gem. Art. 12 GG werde beschränkt, das Auswahlverfahren sei intransparent und begünstige Nepotismus. Bei anderen Bundesgerichten und Oberlandesgerichten sei auch keine besondere Zulassung (mehr) erforderlich.

Die Rechtsanwaltschaft sollte aber erst eine Alternative aufbauen, nämlich die Fachanwaltschaft für ziviles Revisionsrecht. Man kann ein bestehendes System nicht sinnvoll ohne Gegenmodell angreifen. Eine funktionierende Fachanwaltschaft für ziviles Revisionsrecht wäre das stärkste Argument gegen die Singularzulassung. Wir Rechtsanwälte müssten die nötige Qualität gerade im anerkannt schwierigen zivilen Revisionsrecht selbst gewährleisten.

Inhaltlich stelle ich mir vor, dass von einem solchen Fachanwalt neben dem Verfahrensrecht die Historie der Rechtsfortbildung durch die Zivilsenate des Bundesgerichtshofs beherrscht werden muss, also im Grunde (mindestens) alle Grundsatzentscheidungen und die jeweiligen Kontexte. Gründliche Quellenkenntnis ermöglicht sensiblen Mit-Denkern vorsichtige Prognosen.

Qualitätskontrollen sind förderlich, ebenso wie Diversität und Arbeitsteilung. Ich fände es einerseits spannend, in einem baurechtlichen oder immobilienrechtlichen Fall selbst bis zum Bundesgerichtshof ziehen zu können und gegebenenfalls sogar eine Grundsatzentscheidung oder Rechtsprechungsänderung zu generieren. Andererseits würde ich aber gerne auch auf den Sachverstand revisionsrechtlich erfahrenerer Kolleginnen und Kollegen zurückgreifen wollen, auf sie verweisen oder sie mit einbeziehen. Eine Fachanwaltschaft für ziviles Revisionsrecht macht diesen Spezialisierungs- und Erfahrungsvorsprung nach außen weithin erkennbar und die Qualität kontrollierbar.

76. Die Verspätungsfalle bei Gericht

„Aber wir können das doch beweisen."

Das reicht leider nicht. Vor Gericht reicht es nicht aus, die Wahrheit auf seiner Seite zu haben, man muss den entsprechenden Vortrag zudem auch rechtzeitig vorbringen. Mit der Wahrheit dringt man unter Umständen vor deutschen Gerichten nicht mehr durch, wenn die Beweismittel zu spät vorgelegt werden und der Gegner diese bestreitet und erfolgreich die Verspätung rügt, § 296 Zivilprozessordnung (ZPO).

Dies ist oft nicht nachzuvollziehen. Dass deutsche Gerichte sehenden Auges einen objektiv unrichtigen Sachverhalt Ihrer Entscheidung zugrunde legen können, widerspricht dem Gerechtigkeitsgefühl und dem Idealbild der Justitia und ist in der Tat erklärungsbedürftig. Immerhin gibt es doch das grundrechtsgleiche Recht auf rechtliches Gehör, Art. 103 Abs. 1 GG.

Hintergrund ist die Prozessförderungspflicht. Danach haben beide Parteien die Pflicht, konstruktiv daran mitzuwirken, dass der laufende Rechtsstreit möglichst zügig erledigt werden kann. Die Prozessförderungspflicht trägt zur Effizienz der zivilen Gerichtsbarkeit in Deutschland bei. Sanktioniert wird insbesondere ein Taktieren durch Zurückhalten wichtiger Unterlagen oder aus reiner Bequemlichkeit. Der wahre Sachverhalt ist in der Regel differenziert, die Wahrheit nie eine Frage von Schwarz oder Weiß, sondern von unendlich vielen Zwischentönen. So mag es vorkommen, dass eine Partei ein Dokument, welches ihre Behauptungen nicht eins zu eins stützt oder sogar weitere Fragen aufwirft, bewusst zurückhält, um möglichst schnell und geschickt zum Ziel eines rechtskräftigen Urteils zu Lasten der Gegenseite zu gelangen. Oder man macht sich die Mühe nicht, einmal den gesamten im Verlaufe des Bauvorhabens gewechselten Schriftverkehr kritisch durchzusehen. Ein solches Taktieren oder eine solche Bequemlichkeit kann als grobe Nachlässigkeit zu beurteilen sein, so dass man im Nachhinein mit diesen Dokumenten nicht mehr durchdringt, insbesondere wenn eine Frist zum entsprechenden Vortrag gesetzt war und fruchtlos abgelaufen ist. Ich biete meinen Mandanten daher regelmäßig eine frühzeitige Gesamtschau aller Unterlagen vor Ort zum überschaubaren Festpreis an, um zum einen die Gefahr verspäteten Vorbringens auszuschließen und zum anderen aber auch die Wirtschaftlichkeit des Rechtsstreits möglichst zu gewährleisten.

Sofern das Gericht eine Verspätungsrüge der Gegenseite für erheblich hält, bleibt unter Umständen noch die sogenannte Flucht in die Säumnis. Um also zu verhindern, dass ein Urteil zum Nachteil des Verspäteten gefällt wird, kann man sich versäumen lassen, indem man keine Anträge stellt, und sodann Einspruch gegen das dann ergehende Versäumnisurteil erheben und diesen Einspruch dann wiederum ausführlich begründen, wobei auch hier wieder die Fristen zu wahren sind und die Verspätungsfalle droht.

Der Bundesgerichtshof hat kürzlich mit dem Urteil vom 16.10.2018 – Aktenzeichen VIII ZR 212/17 – einen weiteren wichtigen Beitrag zur Frage der Verspätung vor Gericht geleistet. Nach § 531 ZPO sind neue Verteidigungs- und Angriffsmittel nur zuzulassen, wenn deren Nichtgeltendmachung im ersten Rechtszug nicht auf einer Nachlässigkeit der Partei beruhte. Nicht verspätet sind nach diesem Urteil aber auch die Ausübung eines Gestaltungsrechts wie etwa des Widerrufs und der entsprechende Vortrag hierzu, selbst wenn dies erst in der Berufungsinstanz erfolgt.

Nach meiner unmaßgeblichen Auffassung ist in umfangreichen Baustreitigkeiten von einer Verspätung bis zum Ende der Güteverhandlung regelmäßig nicht auszugehen bzw. die Erhebung einer entsprechenden Rüge sogar unkollegial. Da jedoch der Übergang von der Güteverhandlung in die streitige Verhandlung auch bei solchen Baustreitigkeiten nahtlos sein kann, ist in jedem Falle die bestmögliche Prozessvorbereitung geboten.

77. Sowiesokosten und Vorteilsausgleichung

Bei der Bemessung der Höhe eines Schadensersatzanspruchs können dem Geschädigten zugeflossene Vorteile anzurechnen sein. Diese müssen ursächlich mit dem schadensstiftenden Ereignis zusammenhängen und zu einer messbaren Vermögensmehrung führen. Entsprechendes gilt auch bei der Nacherfüllung, Minderung oder Kostenerstattung. Es handelt sich um die Vorteilsausgleichung. Eine Fallgruppe der Vorteilsausgleichung sind die Sowiesokosten.

Die anzurechnenden Vorteile können beispielsweise in Nutzungen, Steuervorteilen oder ersparten Aufwendungen bestehen. Der Geschädigte soll wegen des Grundsatzes von Treu und Glauben gem. § 242 BGB durch das schadensstiftende Ereignis nicht bessergestellt werden, als er ohne dieses stünde. Die Anrechnung muss ihm zumutbar sein und im Einklang mit dem Schutzzweck der verletzten Norm stehen. Sie darf den Schädiger nicht unbillig entlasten. Zu berücksichtigen sind nur solche Vorteile, die mit dem geltend gemachten Nachteil in zeitlichem und innerem Zusammenhang stehen, Urteil des Bundesgerichtshofs vom 16.05.1980 – Aktenzeichen V ZR 91/79.

Der abzuziehende Vorteil kann auch in einer verlängerten Lebensdauer der Werkleistung bestehen, die durch eine Reparatur eintritt. Die Besonderheit dabei ist, dass der Vorteil hier nicht durch das schadensstiftende Ereignis entsteht, sondern erst durch die Ersatzleistung.

Sowiesokosten (auch Sowieso-Kosten) sind (Mehr-)Kosten für Leistungen, die von Anfang an zur mangelfreien Ausführung erforderlich waren, aber nicht in Auftrag gegeben wurden, im vereinbarten Preis nicht enthalten sind und im Rahmen der Mangelbeseitigung nachgeholt werden müssen.

Die Sowiesokosten sind mithin die Kosten, um die das Werk bei ordnungsgemäßer Ausführung von vorneherein teurer gewesen wäre. Sie sind bei der Bemessung der Höhe des Aufwendungs- oder Schadensersatzanspruchs des Bauherrn in Abzug zu bringen. Die Anrechnung der Sowiesokosten erfolgt nach den Grundsätzen der Vorteilsausgleichung, Urteil des Bundesgerichtshofs vom 17.05.1984 – Aktenzeichen VII ZR 169/82.

Als Sowiesokosten nicht ersatzfähig sind nach überwiegender Auffassung auch die Bausummenüberschreitung durch den Architekten sowie der Mehrbetrag durch ursprünglich fehlerhafte oder nachträglich verbesserte Bestelleranweisung. Es besteht ein fließender Übergang zu den umstrittenen Regelungen der Nachträge beim Bauvertrag. Für die Ermittlung der Sowiesokosten ist der

Preisstand maßgeblich, zu dem die Bauleistung „ordnungsgemäß hätte errichtet werden müssen“, Urteil des Bundesgerichtshofs vom 08.07.1993 – Aktenzeichen VII ZR 176/9.

Eine weitere Fallgruppen der Vorteilsausgleichung ist der „Abzug neu für alt“. Ein solcher Abzug ist in der Regel gerechtfertigt, wenn Schadensersatz für eine ältere Sache geleistet oder eine gebrauchte Sache durch eine neue ersetzt wird.

Literatur-Auswahl

Basty, Gregor: Der Bauträgervertrag, Carl Heymanns Verlag, 10. Auflage 2020

Blank, Manfred: Bauträgervertrag, RWS-Verlag, 5. Auflage 2015

Eschenbruch/Leupertz: BIM und Recht. Grundlagen für die Digitalisierung im Bauwesen, Werner Verlag, 2. Auflage 2019

Eschenbruch, Klaus: Projektmanagement und Projektsteuerung für die Immobilien- und Bauwirtschaft, Werner Verlag, 5. Auflage 2021

Grüneberg, Kommentar zum Bürgerlichen Gesetzbuch. Verlag C.H.Beck, 81. Auflage 2022

Krauß, Hans-Frieder: Immobilienkaufverträge in der Praxis, Carl Heymanns Verlag, 9. Auflage 2020

Merkle, Albrecht: Baukonflikte verstehen und umgehen, Fraunhofer Irb Stuttgart, 2017

Pause/Vogel: Bauträgerkauf und Baumodelle, Verlag C.H.Beck, 7. Auflage 2021

Reister, Dirk (Herausgeber): Nachträge beim Bauvertrag, Werner Verlag, 4. Auflage 2019

Schmitz, Claus: Die Bauinsolvenz, RWS-Verlag, 6. Auflage 2015

Werner/Pastor, Der Bauprozess, Werner Verlag, 17. Auflage 2020

Würzburger Notarhandbuch, Carl Heymanns Verlag, 6. Auflage 2021

Glossar

Abnahme – die Wasserscheide eines jeden Werkvertrags und Bauvertrags sowie Bauträgervertrags, und zwar die körperliche Entgegennahme des Werks im Wege der Besitzübernahme verbunden mit der Erklärung des Bestellers, dass er das Werk als in der Hauptsache vertragsgemäß anerkenne (Billigungserklärung); ist die körperliche Entgegennahme im Einzelfall faktisch ausgeschlossen (zum Beispiel bei einem Konzert), so reicht die (schlüssige) Billigungserklärung gegenüber dem Unternehmer; in Fällen, in denen auch die Billigung wegen der Beschaffenheit des Werks ausgeschlossen ist, reicht die Vollendung (§ 646)

Abnahmeformen – verschiedene Möglichkeiten der Abnahme, die rechtlich gleichgestellt werden

Abnahmereife – Zeitpunkt, zu dem das Werk ohne wesentliche Mängel vertragsgemäß hergestellt ist. Dann besteht eine Pflicht des Bestellers oder Auftraggebers zur Abnahme. Die Abnahmereife ist zu unterscheiden von dem Zeitpunkt der vollständigen Fertigstellung, die auch die Beseitigung unwesentlicher Mängel voraussetzt

Abnahmewirkungen – wie bei der Wasserscheide in der Geologie werden durch die Abnahme die Rechts-Regime voneinander geschieden – statt Vertragserfüllung nunmehr Nacherfüllung, Mängelrechte.

Allgemeine Geschäftsbedingungen (AGB) – alle für eine Vielzahl von Verträgen vorformulierte Vertragsbedingungen, die eine Vertragspartei (Verwender) der anderen Vertragspartei bei Abschluss eines Vertrags stellt, wobei Vertragsbedingungen im Unterschied zu unverbindlichen Bitten oder Empfehlungen Regelungen darstellen, die nach dem objektiven Empfängerhorizont den Vertragsinhalt festlegen wollen oder zumindest im Zusammenhang mit der vertraglichen Beziehung stehen; vorformuliert sind sie bei jeder Art von schriftlicher oder sonstiger Fixierung, sogar Auswendigwissen reicht, so dass die mit Wiederholungsabsicht jeweils handschriftlich in ein Formular eingefügte Klausel eine AGB ist; Vielzahl meint mindestens drei, dann aber schon bei der ersten; stellen bedeutet einseitig ihre Einbeziehung verlangen, also kein „Aushandeln" im Sinne des § 305 Abs. 1 S. 3; es genügt, dass eine Vertragspartei ein von einem Dritten (auch einer Notarin oder einem Notar) für eine Vielzahl von Verträgen angefertigtes Formular benutzt, auch wenn sie es ihrerseits nur für einen einzigen Vertrag verwendet

Analogie – kann bei einer planwidrigen Rechtslücke im Falle der Vergleichbarkeit der Sachverhalte erfolgen; Übertragung der für einen oder mehrere bestimmte Tatbestände im Gesetz vorgesehenen Regel auf einen anderen, aber rechtsähnlichen Tatbestand (vergleichbare Interessenlage) zur Ausfüllung einer planwidrigen Regelungslücke

Anerkannte Regeln der Technik – die theoretisch und in der Praxis bewährten Vorgehensweisen, Regeln der jeweiligen Handwerks-Kunst

Bauhandwerkersicherungshypothek – Sicherungsmittel der Werkunternehmerin oder des Werkunternehmers für die geschuldete Vergütung, im Eilverfahren durch Vormerkung zu sichern

Bauwerk – mit dem Erdboden fest verbundene unbewegliche Sache, die durch Arbeit und Material hergestellt wurde (auch durch Erneuerung, An- und Umbau), insbesondere Gebäude, Brücken, Tunnel; wesentlicher Bestandteil des Grundstücks

Belohnungsformel – Kooperationsformel von Neumann für den Bau, am Vorbild der Integrierten Projektabwicklung IPA

Beschleunigungsmaßnahmen – das direkte Eingreifen des Unternehmers in den Bauablauf, mit dem Ziel, die Bauzeit zu verkürzen und den Zwischen-/Endtermin einzuhalten (nach Reister)

BIM bzw. Building Information Management / Modeling – Sammelbezeichnung für verschiedene digitale Planungsmethoden

Erhaltungsrücklage – gemeinhin immer noch als Instandhaltungsrücklage bekannt, früher vom Gesetz Instandhaltungsrückstellung genannt

Fälligkeit – Zeitpunkt, ab dem der Gläubiger die Leistung verlangen darf

Geschäftsgrundlage – Umstand, der von mindestens einer Partei bei Vertragsschluss vorausgesetzt wurde (reales Element) und der von dieser auch – hätte sie daran gedacht – zum Vertragsinhalt gemacht worden wäre (hypothetisches Element) und auf die sich die andere Partei redlicherweise hätte einlassen müssen (normatives Element); nicht zum eigentlichen Vertragsinhalt erhobene, aber bei Vertragsschluss zutage getretene gemeinschaftliche Vorstellungen beider Vertragsparteien oder die dem Geschäftsgegner erkennbaren und von ihm nicht beanstandeten Vorstellungen der einen Vertragspartei von dem Vorhandensein oder dem künftigen Eintritt bestimmter Umstände, auf denen der Geschäftswille der Parteien sich aufbaut

Höhere Gewalt (früher: unabwendbares Ereignis) – betriebsfremdes, von außen durch elementare Naturkräfte oder durch Handlungen dritter Personen herbeigeführtes Ereignis, das nach menschlicher Einsicht und Erfahrung unvorhersehbar ist, mit wirtschaftlich erträglichen Mitteln auch durch äußerste Sorgfalt nicht verhütet oder unschädlich gemacht werden kann und auch nicht wegen seiner Häufigkeit in Kauf zu nehmen ist

Kampfmittelanfrage – Antrag an die zuständige (Sonder-)Behörde zur Klärung, ob es sich um eine Verdachtsfläche handelt

Mahnung – geschäftsähnliche Handlung, nicht formgebunden, und zwar jede eindeutige und bestimmte, an den Schuldner gerichtete Aufforderung, mit der der Gläubiger, unmissverständlich zum Ausdruck bringt, dass er die geschuldete, fällige Leistung verlangt, auch in höflicher Form möglich; Rechtswirkungen treten automatisch mit Zugang (oder Zugangsvereitelung) und ohne Einverständnis der Adressatin oder des Adressaten ein

Mangel – Abweichung der Ist-Beschaffenheit vom geschuldeten Soll, das sich nicht nur aus dem schriftlichen Vertrag ergibt.

Mangelfolgeschäden – diejenigen Nachteile, welche der Gläubiger infolge der Mangelhaftigkeit des Vertragsgegenstands an anderen Rechtsgütern erleidet und die über das Interesse an einer ordnungsgemäßen Erfüllung hinausgehen

Mitverschulden – Beiträge des Geschädigten selbst werden anspruchsmindernd angerechnet

Nachtrag – Anpassung der Vergütung für eine vom Bau-Soll abweichende Leistung, die erkannt werden muss und durchzusetzen ist

Rechtsgeschäft – setzt mindestens eine Willenserklärung und oft – aber nicht notwendig – weitere Bestandteile voraus. Das Gesetz knüpft daran Rechtsfolgen, weil diese vom rechtsgeschäftlich Handelnden gewollt sind

Rechtsmangel – liegt vor, wenn von Dritten aufgrund eines privaten Rechts oder aufgrund eines öffentlichen Rechts das Eigentum, der Besitz oder der unbeschränkte Gebrauch des Kaufgegenstandes beeinträchtigt werden kann

Sachenrecht – diejenige Rechtsmaterie, die die Zuordnung von Sachen zu Rechtssubjekten (Personen) mit absoluter Wirkung betrifft; das absolute Herrschaftsrecht, das diese Zuordnung bewirkt, wird auch als dingliches Recht bezeichnet; es verleiht grundsätzlich die Berechtigung, (1) das Objekt des Rechts in umfassender Weise eigenwirtschaftlich zu nutzen (Zuweisungsgehalt), (2) andere von dessen Nutzung auszuschließen (Abwehrfunktion), (3) über das Recht zu verfügen (Vermögenscharakter)

Sachmangel – negative Abweichung der Istbeschaffenheit von der Sollbeschaffenheit, wobei Beschaffenheit jedes der Sache anhaftende Merkmal ist, das für die Entscheidung für den Vertragsschluss von Bedeutung war, einschließlich tatsächlicher, rechtlicher, wirtschaftlicher und sozialer Beziehungen zur Umwelt

Scheingeschäft – simuliertes Geschäft, liegt vor, wenn die Beteiligten einverständlich nur den äußeren Schein eines Rechtsgeschäfts hervorrufen, die mit ihm verbundenen Rechtsfolgen aber nicht eintreten lassen wollen. Es fehlt ihnen mithin am Rechtsbindungswillen. Dieses Einverständnis über den fehlenden Bindungswillen wiederum ist kein Rechtsgeschäft.

Schlüsselfertigbau – bezeichnet die vollständige Erstellung eines Objekts durch einen Unternehmer zu einer pauschalen Vergütung, also (1) die komplette Herstellung in der Regel einschließlich Planungsleistungen (2) durch nur einen einzigen Vertragspartner, in der Regel einen Generalunternehmer (3) zu einem im Voraus feststehenden Preis.

Schwarzkauf – die Beurkundung eines anderen als des wahren Kaufpreises, die – vergleichbar der Schwarzarbeit – zu Sanktionen führt

Sonderwunsch – die Vereinbarung von Leistungen über die Standard-Baubeschreibung hinaus

Sowiesokosten – die Kosten, um die das Werk bei ordnungsgemäßer Ausführung von vorneherein teurer gewesen wäre

Verdeckter Mangel – allgemeinsprachlich für einen durch arglistiges oder arglistgleiches Verhalten verschleierten bzw. verborgenen Mangel, so dass eine tag-genaue zehnjährige Verjährungsfrist statt der regelmäßigen dreijährigen Jahresend-Verjährung gilt

Verspätungsfalle – die Folgen einer verspäteten Vorlage von beweiskräftigen Dokumenten oder anderen Beweismitteln ist der Ausschluss und eine Entscheidung unter Umständen sehenden Auges entgegen diesen Beweisen

Vertrag – die von den Vertragspartnern einverständlich aufgrund komplementärer Willenserklärungen getroffene Regelung eines Rechtsverhältnisses; die Vertragsschließenden stimmen in der Herbeiführung eines von ihnen gemeinsam gewollten rechtlichen Erfolgs überein

Vertragsfreiheit – Abschlussfreiheit darüber, ob und mit wem ein Vertrag abgeschlossen (oder auch beendet) wird und mit welchem Inhalt; eingeschränkt durch Kontrahierungszwang und Abschlussverbote einerseits und gesetzliche Verbote und sonstiges zwingendes Recht andererseits. Über das „Wie" des Vertragsschlusses entscheiden die jeweils vorgeschriebenen Formgebote wie etwa im Falle von Immobilien.

Vertragsstrafe – meist in Geld bestehende Leistung, die der Schuldner für den Fall der Nichterfüllung oder nicht gehörigen Erfüllung einer Verbindlichkeit verspricht; ihr Zweck ist die Sicherung der Erfüllung der Hauptverbindlichkeit (Druckmittel) und die Befreiung des Gläubigers vom Schadensbeweis – statt der Vertragsstrafe empfiehlt sich regelmäßig die Belohnungsformel

Vorkaufsrecht – ermöglicht es dem Berechtigten, von dem Verpflichteten das belastete Grundstück zu denselben Bedingungen zu kaufen, zu denen der Verpflichtete es an einen Dritten verkauft hat

Vormerkung – die im Grundbuch verlautbarte, mit dinglichen Wirkungen ausgestattete Sicherung eines auf eine dingliche Rechtsänderung gerichteten Anspruchs; arteigenes Rechtsmittel für schuldrechtliche – auch bedingte oder zukünftige – Ansprüche auf Änderung eines Liegenschaftsrechts; Sicherungsmittel sui generis, das dem Schutz eines persönlichen Anspruchs dient und nur in einzelnen Richtungen dingliche Wirkungen hat, also einem dinglichen Recht nur angenähert ist; Wirkungen: Sicherungswirkung, Rangwirkung, Vollwirkung in Insolvenz und Zwangsvollstreckung

Vorteilsausgleichung – wenn dem Geschädigten durch das schädigende Ereignis ein adäquat-kausaler Vorteil zugeflossen ist, die Anrechnung nicht dem Zweck des Schadensersatzanspruchs widerspricht und keine unbillige Entlastung des Schädigers eintritt

Vorvertragsmangel – Mangel aufgrund von Absprachen, die nicht Eingang in den schriftlichen Vertrag gefunden haben. Solche Mängel können sogar die Arglisthaftung begründen.

Willenserklärung – äußerlich erkennbarer Willensakt, der auf die Herbeiführung eines von der Rechtsordnung gebilligten Rechtserfolges gerichtet ist, der eintritt, weil er gewollt ist; äußerer (objektiver) Tatbestand ist das Verhalten des Erklärenden, aus dem allgemein oder in bestimmten Geschäftskreisen sein Wille zu einem Rechtsgeschäft deutlich wird; der innere (subjektive) Tatbestand setzt sich aus Handlungswille, Erklärungsbewusstsein und Geschäftswille zusammen, die Einzelheiten sind umstritten

Wucher – auffälliges Missverhältnis von Leistung und Gegenleistung; wann diese Schwelle überschritten ist, folgt aus einer umfassenden Würdigung des Einzelfalls, gemessen an der Marktüblichkeit und an den Risiken des Geschäfts

www.ingramcontent.com/pod-product-compliance
Ingram Content Group UK Ltd.
Pitfield, Milton Keynes, MK11 3LW, UK
UKHW021852290926
8980IPUK00005B/784

9 783631 868430